朱志文 ◎著

高中英语课堂教学的基本课型与设计

吉林大学出版社
·长春·

图书在版编目（CIP）数据

高中英语课堂教学的基本课型与设计 / 朱志文著. —长春：吉林大学出版社，2020.4
ISBN 978-7-5692-6272-8

Ⅰ.①高… Ⅱ.①朱… Ⅲ.①英语课—课堂教学—教学研究—高中 Ⅳ.①G633.412

中国版本图书馆CIP数据核字（2020）第054792号

书　　名	高中英语课堂教学的基本课型与设计
	GAOZHONG YINGYU KETANG JIAOXUE DE JIBEN KEXING YU SHEJI
作　　者	朱志文 著
策划编辑	刘子贵
责任编辑	刘子贵
责任校对	赵　莹
装帧设计	北京言之凿文化
出版发行	吉林大学出版社
社　　址	长春市人民大街4059号
邮政编码	130021
发行电话	0431-89580028/29/21
网　　址	http://www.jlup.com.cn
电子邮箱	jdcbs@jlu.edu.cn
印　　刷	北京政采印刷服务有限公司
开　　本	787mm×1092mm1/16
印　　张	16.25
字　　数	300千字
版　　次	2022年6月　第1版
印　　次	2022年6月　第1次
书　　号	ISBN 978-7-5692-6272-8
定　　价	45.00元

版权所有　翻印必究

序　言

教育三十载，
繁花一路开。
今夜星点点，
思绪飞窗外。

——题记

时光倒转到三十年前，我刚从广州师范专科学校毕业，被分配到花都区花东中学任教。从此，教师的标签贴到了我的身上，茫然的我，踏上了教育的征途。

冬去春来，花开花落，我在教育的沃土上默默耕耘，已不觉度过了三十个春秋。三十年的教育记忆，如一个个电影片段，在我的眼前闪现，有喜有悲，有苦有乐，有酸有甜。一切，都是美好的，值得珍藏，时常回味。

匆匆报到，微感失落。我记得，那是三十年前八月中旬的一天，我从教育局拿到工作报到的通知，报到学校：花东中学。什么样的学校？在哪儿？好吗？离家有多远？所有这些，我一无所知。我骑着自行车，一路问，一路行，走走停停，终于来到了花东中学。举目远望，微觉失落与惆怅：大多数同学都留在了城区，我却来到了乡下；校门并不高大，略为破旧；步入校道，一路是破败、低矮的砖瓦房，掩映在高大挺拔的树林中；井台凸起，井底幽深；周边杂草丛生，还见果园与鱼塘。心有失落，但不失望；有梦，就有路。

初进学校，感受温暖。那一年，和我一同分配到学校的新老师有六七人。开学的第一周，学校专门组织了一个欢迎会，简单的欢迎仪式，简单的水果、花生、瓜子，校长、书记、主任们说了许多热情而鼓励的话，在那一瞬间，我感受到了集体的温暖。教育，首先要令人感到温暖，学校温暖老师，老师温暖学生，我们温暖着别人而又被别人温暖着。教育，也正因为彼此温暖，才有温度。后来才听说，这样的欢迎会多年来还是第一次。在愉快的谈笑、交流中，我已不知不觉融入了这个大家庭，我的教书生涯也即将开启，这对我来说，是一个全新的挑战，我目光坚定，信心满满。

融入教学，渐入佳境。作为一位正式的英语教师，我怯生生地登上了讲台。三尺讲台虽小，却是人生的大舞台。望着台下一双双渴求的眸子，炽热而清澈，我平添了一种以前从没有过的深深的责任感与使命感，无论如何，我绝不能让这帮朴实、纯洁的孩子失望，哪怕只有一点点。每晚，在台灯下，我反复研读教材，阅读教参，一丝不苟地书写教案，力争上好每一节课。上课是教师的生命，不好好备课、上课，就是浪费自己的，也是孩子的生命。第一次上新教师的汇报课，第一次上交教案，参加评比，第一次参加科组内的评课研讨，第一次撰写教学心得，第一次参加粉笔字比赛……无数个日夜，无数个点滴，悄然编织着我的英语教学的网，也编织着我的教育的五彩梦。

多方试手，快速成长。入职的第一年，我任教初二年级，担三个班的英语课，兼任初二（三）班的班主任。当时年轻，年富力强，从早到晚，忙忙碌碌，日子过得很快而又很充实。早读课，早早到位，在学生琅琅的读书声中开启美好的一天；班会课，举例、说理、表扬、激励，德为先，润物细无声；定期家访，家校联动，实现教育的最大化。在花东中学工作的五年，从班主任到教研组长，再到年级组长，每一个工作岗位，都锻炼着我、鼓舞着我、推动着我，向教育的更深处漫溯。我增长了才干，也获得了荣誉：被评为花都区优秀青年教师、花都区优秀教师、广州市优秀教师，我非常感谢学校领导、老师们的包容、信任、鼓励与帮助。

转战邝中，继续前行。由于工作需要，我于1995年7月调到本区的重点中学邝维煜纪念中学工作。新学校、新开始，整装待发，满腔热情，投身战斗。在邝中，我又连续7年任教初三毕业班，从2003年始，转教高中。长期任教初中的我，转上高中，这又是一个全新的挑战。恰逢新课程改革，我踏着时代的节拍，与新课程一同成长，培训、备课、上课、研讨、反思，我忙得不亦乐乎。任教高中七年之后，我又有七年管理整个年级。做好高初中衔接，让学生尽快适应高中的学习生活，开展教师与学生的新课程培训，加强学生的学法指导，设计德育活动，开展研究性学习，激发学生的学习热情，开导学生，面见家长，一桩桩、一件件，永远都有做不完的事。管理年级千头万绪，却也收获良多，乐在其中。

登高望远，更上层楼。回顾自己三十年的教学历程，我从没有停下前行的脚步，似乎前面不远处有一盏灯，在夜空中闪烁，使人不会在寒冷的冬夜迷失方向，也带来丝丝温暖，催人奋进，砥砺前行。20岁时，专科毕业；30岁前，获取本科文凭；35岁前，在职攻读，取得教育硕士学位；45岁时，参加广州市"百千万"名教师培养对象的培训；50岁前，成为广州市名教师工作室主持人。从市、区优秀教师到市级名师，再到名师工作室主持人，我不断挑战自我、修炼自我，实现了一个又一个跨越，向教育的高峰攀登。

总结过去，思考未来。过去的三十年，社会在变化，国家在发展，教育也在悄然变化着。我在教育的路上，转换着不同的身份：为人子，孝敬父母，嘘寒问暖；为人父，育儿育女，教养成人；为人夫，关心拙荆，相互守候；为人师，循循善诱，谆谆教导。为人不易，尽责更难，战战兢兢，如履薄冰。教育，是需用心耕耘的事业，尽力为之，站在了这山尖，却又望着那山更高处，心向往之。孔子登东山而小鲁，登泰山而小天下；王之涣诗云"欲穷千里目，更上一层楼"；杜工部高唱"会当凌绝顶，一览众山小"。寄望有生之年，勤于学，善于思，积极探索教育教学规律，为教育尽自己的绵薄之力。

窗外，灯光微微，已近午夜；星光闪烁，不知疲倦。不知疲倦的，还有我，久久伫立窗前，遐思万千。

本书由于时间仓促，且自身的水平有限，难以尽善尽美，不足之处，在所难免。本书是自己从教三十年的教学心得，虽粗糙，却是发自内心的情感表达。

借此机会，向吉林大学出版社表示深深的谢意，编辑们付出了大量的、辛勤的劳动；向多年以来支持、帮助我的领导、师长、同事、家人、朋友们表示衷心的感谢。尤其要感谢华南师范大学的朱晓燕教授、宋春燕教授、广州大学的杨文滢教授、我的百千万培训导师冯蔚清老师、叶翠玲老师、花都区教研室曾燕文老师、花都区实验中学的梁汉强校长，以及我的工作室的学员老师们，没有他们的鼓励、指导、建议、督促，我的书难以成形。再次表示感谢！

2019年7月

目 录

第一章
绪　论

第一节　问题的提出 ………………………………………………… 2
第二节　教学思想 …………………………………………………… 3
第三节　教学思想与英语课程标准 ………………………………… 26
第四节　教学思想与英语学科核心素养 …………………………… 35

第二章
高中英语课堂教学的理念、目标与任务

第一节　高中英语课堂教学的理念 ………………………………… 42
第二节　高中英语课堂教学的目标 ………………………………… 44
第三节　高中英语课堂教学的任务 ………………………………… 46

第三章
高中英语课堂教学基本课型划分的理论基础

第一节　输入理论 …………………………………………………… 52
第二节　输出理论 …………………………………………………… 56

第三节　学伴用随原则 ·· 60

第四节　建构主义理论 ·· 63

第四章
高中英语课堂教学的基本课型

第一节　高中英语课型概述 ·· 70

第二节　高中英语课堂教学的实施原则 ······························ 74

第三节　高中英语听说课的价值与课堂操作模式 ··················· 76

第四节　高中英语听写课的价值与课堂操作模式 ··················· 85

第五节　高中英语读说课的价值与课堂操作模式 ··················· 93

第六节　高中英语读写课的价值与课堂操作模式 ··················· 104

第五章
高中英语教学设计举例

第一节　教学设计概述 ·· 118

第二节　教学目标概述 ·· 121

第三节　高中英语听说课设计举例 ···································· 123

第四节　高中英语听写课设计举例 ···································· 157

第五节　高中英语读说课设计举例 ···································· 178

第六节　高中英语读写课设计举例 ···································· 211

后　记 ··· 248

第一章

绪 论

　　英语课堂教学的有效性是由教师与学生决定的，而教师如何教好学生、把学生带到哪里、把学生培养成怎样的人等是由其自身的教学思想决定的。本章介绍了"鲜活英语（Fresh English）"的教学思想，内容包含快速阅读、反思、体验、策略、习惯等五个基本要素，此五要素与《英语课程标准》的内容六要素（主题语境、语篇类型、语言知识、文化知识、语言技能和学习策略）以及英语学科核心素养（语言能力、文化意识、思维品质和学习能力），三者的内容具有一致性。也就是说，"鲜活英语"的教学思想是符合课标的主要精神与英语学科核心素养的培养方向的，此思想引领下的高中英语课堂教学也具有可操作性。

第一节　问题的提出

　　长期以来，高中阶段的英语教学，甚至全国的英语教育，饱受诟病，那就是"费时低效""聋哑英语"。社会对英语教学的实效性忧心忡忡，究其原因，就是输入不足，输出无力。那么，能否从高中英语课堂教学的实效性入手，加强语言输入，创造更多的运用语言的机会，成功实现语言的输出，真正提高学生的语言综合运用能力？答案无疑是肯定的。

　　笔者从事英语教学近三十年，有执教初中、高中的经历，近二十年都在高中任教。回顾与反思自己前十多年的教学，主要是初中教学，有迷茫、盲从以及步入误区：只强调学生花大量的时间背记单词，而较少创造机会让学生运用词汇；教授课文匆匆而过，大多是详解文章中的重要语法、词组搭配与句型，没有充分利用课文去训练学生的阅读技能，更别谈欣赏文章，引导学生去感知、体验、思维、感受与运用了；总是让学生做大量的阅读理解题以应对考试，而学生真正的阅读能力却没有得到提升。后来，通过不断的学习与培训，不断的实践与思考，自己的教学发生了改变，教学思路也变得愈加清晰。作为一名高中英语教师，笔者终于认识到，教师要为学生的长远发展而教，教育教学是有规律可循的。英语学科是实践性很强的学科，是听、说、读、写综合运用的学科；有利于学生多听、多读、多说、多写的英语课堂就是高效的课堂，能把听、说、读、写有机地结合起来，我们的英语教学就具有了很强的实践性。《普通高中英语课程标准（2017年版）》指出了高中英语教学的准确定位：一是立德树人；二是为学生继续学习英语和终身发展打下良好基础，发展学生的英语学科核心素养，即强调对学生语言能力、文化意识、思维品质和学习能力的综合培养。也就是说，英语课堂要提高效率，就要努力完成立德树人与发展学生的英语学科核心素养两大任务，要教给学生最基本的东西，要培养学生终身受益的技能；使学生会朗读、喜阅读、能说会写；通过对教材中阅读材料的学习，学生能掌握方法，形成策略，理解文化，开拓思维，养成良好的学习习惯。

根据克拉申的语言输入假设与斯温纳的语言输出理论,语言的学习与运用就是语言输入—内化—输出的过程。在英语学习过程中,听、读属于语言输入,说、写属于语言输出,语言的输入与输出是相互影响、相互促进的。要切实改变英语教学"费时低效""聋哑英语"的现状,教师要紧紧抓住课堂,要加大课堂上的语言输入,创造性地实现语言输出,这样就出现了具有输入与输出特点的基本课型,这些课型都具有相对稳定的课堂操作程序,或称之为步骤,最大限度地促进学生的语言输出。

本书是广州市教育科学"十一五"规划课题《以句子输入为核心,构建高中英语高效课堂的研究》的主要成果之一,提出了"听说课、听写课、读说课、读写课"等四种基本课型,并开展教学实践,丰富典型课例,重视输入,实现输出。每种课型都有相应的操作模式,基本上都包含五个教学环节,着重培养学生的预测能力、概括能力、听说能力、读写能力。本书为广大一线英语教师提供可操作、可借鉴的课堂操作模式与课例,从而提高课堂教学的有效性。

第二节 教学思想

人的教学行为,源自人的头脑中对教育的理解与认识,这种对教育的理解与认识,可以笼统地称为教育思想、教学思想。哲学家帕斯卡尔曾经说过,思想成全人的伟大。人不过是一根苇草,是自然界最脆弱的东西;但他是一根有思想的苇草。人因思想而伟大。

谈及名师,最重要的就是要有自己的思想。霍懋征老先生对教师问题的阐述可谓其教育思想的精华。她认为,做一名教师,必须要有先进的教育思想,即全面发展的思想,这是教育教学工作的灵魂[1]。

---

[1] 程方平.霍懋征教育思想的启示[J].中国教师,2015(5):28-29.

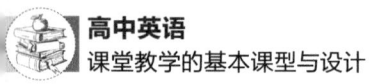

一、什么是思想

《说文解字》上说："思"者，上为"田"，下为"心"，"心之田"；"想"者，上为"相"，下为"心"，"心之相"。思想如何，你对事物的判断就如何。所谓"仁者见仁，智者见智"，"境由心造，相由心生"。

"思想"一词，在《辞海》中有三种解释：①思维活动的结果，即"观念"；②想法，念头；③进行思维活动。什么是"教学思想"？学界众说纷纭：就教学哲学的角度而言，教学思想是任何教学事实和行动的源头，是形成教师的个人教学世界观的研究基点，是教学哲学的研究对象。[①]思想决定行动，这种观点肯定了教学思想站得更高，影响着教师的教学行为。就思想的形成与特性的角度而言，教学思想是教师对教学问题的系统的、深刻的、清晰的思考和见解。它具有稳定性和统领性：稳定性意味着思想一旦形成，不容易改变；统领性指的是对教学行为的影响力，行为是由思想而生的[②]。这种观点是教师的教学想法和教学理念的结合。从从属关系角度来讲，教学思想是教师教育思想的一部分，而教学主张是教学思想的具体化、个性化与学科化，教学思想的最高境界是教学信念[③]。可见，教学思想具有理论性、系统性、实践性等特点，与教学想法、教学理念和教学主张是有区别的。

"世界上没有两片完全相同的叶子"，人亦如此，千差万别，每一个人都是独一无二的个体，对待事物都有自己的想法与观点。

二、我的教学思想

我们是教师，我们也是有思想的；我们从事教育教学，我们的教学也是思想影响下的教学。影响我们教学的头脑中的思想，可称为教学的思想。有人说，思想是课堂的风骨，教学思想走多远，课就能走多远。

教学思想是一个涵盖了教师关于教学的关键词、基本架构、基本观点、典

[①] 郝文武.教学哲学是教学思想的前提反思[J].天津师范大学学报（基础教育版），2007（3）.
[②] 余文森.论名师的教学主张及其研究——以福建省为例[J].教育研究，2015（2）.
[③] 同上.

型案例的综合体系，体现了教师的育人观、教学观、学科观，具有理论性、阶段性、实践性、变化性。[①]笔者认为，这一论述比较全面、准确地概括了教学思想的内涵，也认同这一表述。

回顾三十年教学，百感交集。三十年的教学思考与实践，也逐渐形成了自己"鲜活英语（Fresh English）"的教学思想，或称为教学观、教学特色、教学风格，或表述为教学追求吧。

Fresh English freshens our life. 鲜活英语，鲜活生命。

Fresh English makes our life fresher. 鲜活英语，保鲜生活。

Fresh English的内涵为：

F：fast reading（快速阅读）

R：reflection（反思）

E：experience（体验）

S：strategy（策略）

H：habit（习惯）

简单地用一句话来表述，即教师选择新鲜的语言材料，打造真实、有活力的课堂，着力培养学生快速阅读（fast reading）的能力、获取信息的能力、自我反思（reflection）的能力，体验（experience）语言活动，形成有效的学习策略（strategy），养成良好的学习习惯（habit），为学生的终生发展奠基。

三、鲜活英语

鲜活英语，或称鲜活教学、鲜活课堂。

鲜——新鲜。味道鲜美，原汁原味。材料要新，时代感强。语言的学习，强调输入，一是输入量大；二是语言地道。

活——有活水、活跃、活用、活动、活力、灵活等含义，重点在师生与课堂，具体包括如下六个方面：

（1）课堂需要注入源头活水，课堂要加大语言输入，输入的材料要鲜活。

[①] 陈燕.基于教学思想凝练的名师专业成长路径研究——以广州市"百千万"中学名师培养项目为例[J].教育科学研究，2018（1）：78-82.

（2）课堂上师生都要思维活跃，学生要动手动脑，开启学生的思维，提升思维品质。

（3）课堂上要活学活用语言，提高语言能力。

（4）课堂要有活动，学生在做中学，体现英语学习的活动观，学生的课堂参与度高。

（5）课堂要充满活力，师生都充满激情，乐学乐教。

（6）课堂上，师生的教法、学法要灵活。

Fresh English（鲜活英语）五要素，即fast reading（快速阅读）、reflection（反思）、experience（体验）、strategy（策略）、habit（习惯），相互之间有内容上的重叠，也相互补充，相互支撑，共同指向提升学生的英语核心素养，培养学生的语言综合运用能力。

（一）fast reading（快速阅读）

fast reading，即"快速阅读"。众所周知，阅读是运用语言文字来获取信息，认识世界，发展思维，并获得审美体验的活动。它从视觉材料中获取信息，而视觉材料主要是文字和图片，也包括符号、公式、图表等；阅读是一个主动的过程，是由阅读者根据不同的目的加以调节控制的，是理解、领悟、吸收、鉴赏、评价和探究文章的思维过程。学生学会快速阅读，就可以直接从书中获取知识，哪怕是教科书中的知识内容，也不能纯粹依靠老师的讲解来学习。一个掌握阅读技能的学生，能够更迅速、更顺利地掌握知识，学习也会变得更主动、更轻松。当然，我们所说的阅读技能并不是指能简单地读，而是指在阅读的同时能思考，在思考的同时能阅读的能力；是指迅速分清主次、把握书中内容的一种技能。这就要求学生掌握阅读技巧，加强读思结合，并且有意识地加快阅读速度，逐渐形成快速阅读技能。快速阅读的核心是一个"快"字，就是要掌握一定的方法，快速获取相关信息。具体来说，它包含如下五个方面的内容。

1. 读标题，清楚主题语境与语篇类型

主题语境涵盖人与自我、人与社会和人与自然，涉及人文社会科学和自然科学领域等内容，为学科育人提供话题和语境；语篇类型包括口语和书面语篇以及不同的文体形式，如记叙文、说明文、议论文、应用文、访谈、对话等连续性文本，以及图表、图示、网页、广告、漫画等非连续性文本，为语言学习提供文体素材。通过阅读标题，从标题中的关键词就可以大致确定文章的主题语境与语篇类型。当然，通过阅读标题，就确定文章的主题语境与语篇类型，只是一种预测。我们平时阅读报纸杂志、网络新闻，首先看标题，是否能引起自己的兴趣，如果没有兴趣，可能直接就略过去了。

2. 读标题、插图，预测文章内容

通过阅读文章的标题、插图，大致就可以预测文章内容，然后决定是否认真看这篇文章。如果是听力训练，你只要看到标题，就基本上可以锁定听力的内容、范围，有利于对听力的准确理解。

3. 读主题句，概括文章的主旨

寻找主题句是概括文章主旨的快捷办法，这与语篇类型有很大关系。确定了文章的语篇类型，就可以根据各种类型文章的行文特点，快速找到主题句，从而准确概括文章的主旨大意。

4. 通过skimming（跳读），查找重要信息

在当今时代，快速查找信息的能力是一项重要的能力，是学生必须通过学习与训练熟练掌握的阅读技能。

5. 通过scanning（扫读），吸收文章中承载的文化知识

文化知识指中外优秀人文和科学知识，既包含物质文明知识，也包含精神文明知识，是学生形成跨文化意识、涵养人文和科学精神、坚定文化自信的知识源泉。在阅读理解中，学生接触文化、理解文化、尊重文化、吸收文化。

例如，本书收集的教学课例中，基本上都有读标题、插图，预测主题语境、语篇类型、文章内容，以及概括文章主旨等，这些都是在培养学生的快速阅读技能。

（二）reflection（反思）

reflection，即"反思"。"反思"一词，据说首次出现于英国哲学家洛克的著作中，他将"心灵内部活动的知觉"称为"反思"。反思，是西方近代哲学的一个概念，意指不同于直接认识的间接认识。

在不同哲学家那里，这个词有不同的具体含义。英国哲学家洛克认为，"反思"或"反省"是人心对自身活动的注意和知觉，是知识的来源之一；人通过反省心灵的活动和活动方式，获得关于它们的观念，如知觉、思维、怀疑、信仰的观念等。荷兰哲学家斯宾诺莎认为，反思是认识真理的比较高级的方式。德国哲学家黑格尔认为反思是一个把握绝对精神发展的辩证概念，认为反思是从联系中把握事物内部的对立统一本质的概念。

从以上的论述，我们可以得到一些启示：①反思是对所学知识的再思考，不是简单地将课本中的表述直接搬到自己的笔记本上，把这些知识记下来；②反思是一种思维活动、思维方式，而且是比较高级的思维方式；③反思需要联系。

现在，人们通常把反思或反省视为对自己的思想、自己的心理感受等的思考。对于学生而言，到底应该反思什么，该如何反思？学生要在反思中成长，至少有如下五个方面的事情可做。

1. 梳理与反思所学的内容

高中阶段，学生的主要任务是打好基础、吸收知识，但学习知识并不是死记硬背、机械照搬，这时，梳理与反思就显得很重要了。教师要向学生提出梳理与反思的任务要求，有时，教师还要向学生示范如何做知识内容的梳理与反思，定期检查学生做得怎么样，组织同学之间交流，学习其他同学的做法等，最后找到梳理与反思的方法，养成梳理与反思的习惯。学生在梳理与反思的时候会自觉地翻看课本，学会归纳总结，促进他们对所学知识的复习。通过知识梳理，学生能够把一段时间所学的零散知识点串联起来，形成系统，找出各知识点之间的联系，加深理解。当然，学生在边学边做的过程中，慢慢就学会老师介绍的一些梳理知识的方法，如结构框图、表格、树状图、大括号图等形式。例如，本书举的教学课例中，Step 7 Summary：What have we learned today? 旨在对本课所学内容进行反思与总结，以使知识条理化，巩固所学的学习策略。如课例1 Good design is practical，归纳听前预测：读懂问题，把握关键，合理推测。

2. 反思所学方法

学习是一种复杂的心理活动，学生通过学习，一方面获得知识；另一方面将知识转化为智慧。因此，在知识转化为智慧的过程中，反思必不可少。学习内容是由许多知识点构成，由点形成线，由线组成相对独立的知识体系，构成彼此联系的知识网。知识的掌握也是有层次要求的，即识记、理解、应用、分析、综合、评价等不同层次。不同层次要求的知识和学习的方法也有所不同；另外，每个人的成长环境、心理潜能、意志、气质、个性、意识倾向性和发展需求等都不尽相同,这就决定了每个人学习方法的差异性。最适合的,就是最好的,在学习方法上也是如此。学生有反思的意识,就会反思自己的学习方法,会整体把握知识,形成知识网络。有几种方法比较适合学生:

(1)问题法。有句格言说:"如果你已经发现了问题,就离答案不远了。"问题法鼓励学生预习、自学,就是要自己看书、阅读、先学。学生先明晰教材中的问题,一边看书一边思考;或者,在预习时记下疑问、寻找问题,以便在听课时在老师讲解该问题时集中注意力听讲,最后在练习时努力地去解决一个个问题。

(2)对比法。英语中的两个词汇、两个语法现象、两个句型结构等,只要对比双方具有相似、相近或相对的属性,这就是可比性。对比法的优点很多,如对比记忆可以减轻学生的记忆负担,相同的时间内可识记更多的内容;对比学习有利于区别易混淆的概念、原理,加深对知识的理解;进行对比,可以把知识按不同的特点进行归类,形成容易检索的程序知识,有利于知识的再现与提取,也有利于知识的灵活运用。例如 arrive、get、reach 三个词都可以表达"到达"之意,但在用法上又有所不同,这样,就可以运用对比法进行学习。再如,名词性从句包括主语从句、宾语从句、表语从句、同位语从句等四种从句,四种从句既有相同之处,也有不同之处,这样,就可以运用对比法进行学习。

(3)联系法。事物之间存在着普遍的联系,知识之间也必然存在着联系,学习知识就要善于找到知识间的联系点。学生要有目的地去回忆、检索大脑中的信息,寻找出它们间的内在联系,要去构建新的知识联系,要敢于联想,要在学习新知识时联想到旧知识。

(4)归纳法。即通过归纳思维,形成对知识的特点、中心、性质的识记、理解与运用。

归纳法,作为一种学习方法,重要的是要归纳事物的特点、性质;同时,以归纳为基础,搜索相同、相近、相反的知识,把它们放在一起进行识记与理解,其最大的优点就在于能更快地记忆、理解。

3. 反思重难点

在知识体系中,有一些知识内容是学生必须掌握的,如基本概念、基本规律及由内容所反映的思想方法,我们称之为教学重点,或称之为学科教学的核心知识。我们把学生不易理解的知识或不易掌握的技能技巧，称为教学难点。教学难点与学生已有的认知水平之间存在较大的落差，学生掌握起来比较困难。当然，难点不一定是重点，也有些内容既是难点又是重点。难点有时又是根据学生的实际水平来定的，同样一个问题在不同班级、不同学生中，就不一定是难点。一般来说，课堂教学要分散重点，突破难点。在课堂上，学生要认真听，勤做笔记，有疑问的地方要做好标记，课后及时问老师；或者先记下有疑问之处，自己先阅读教材和相关辅导材料，尝试自己把问题弄懂，如果还是难以理解，课后就要问老师或同学，把疑难解决。不懂的知识内容，必须要弄懂，否则会影响以后的学习。

4. 反思不足

反思是一种方法、一种策略、一种习惯。学生学会反思，可以自行调节学习策略，选择学习方法，有利于提高学习质量。更重要的是，还可以培养学生自我调控的意识和能力，增强学生的主体意识和加强学生学习的自觉性和责任感。学生形成反思的习惯，将受益终生，尤其是反思自己的不足。在学习中，学生反思自己的不足，就是反思自己做得不够、还可以做得更好的地方，可遵循"发现问题—仔细分析—查找根源—寻求对策"的步骤。例如，今天老师授课的内容我懂了吗？能把知识要点说出来或写出来吗？我有不理解的地方吗？我没弄懂的原因是什么？是因为自己没预习、上课分神、以前的知识遗忘、知识太难而理解不了，还是其他原因？我应该怎么解决它？经过这样的反思，学生既可以温故知识，又会有新的发现、收获，重要的是，学生学会了自我检测与自我调控，有方法，有自信，学习就不再是负担。也鼓励学生做阶段性反思，如一周、一月、一学期，尤其是周反思，更值得坚持，因为它与知识复习是紧密结合的。

5. 反思收获

一谈到反思，人们往往认为就是反思不足，不断改进，争取更大进步，其实，反思收获也非常重要。收获，就是自己做得好的，把它记录下来，是成功经验，往往令人愉悦，也可不断增强自信心，这对于一个人的发展是必不可少的，也是人不断前进的原动力。当某个问题解决后，教师可引导学生从解决问题的方法、规律、思维策略等方面进行多角度、全方位总结，对自己的思考过程进行反思，力求在解决问题的过程中找出规律性，形成方法，以解决新问题。教师引导学生进行引申，借助生活经验来理解较抽象的概念，既解决了知识的难点，又培养学生理论联系实际的能力。

（三）experience（体验）

体验，在现代汉语词典中有两种解释：①通过实践来认识周围的事物；②亲身经历。体验学习（experiential learning）的思想最初来自美国著名教育家杜威的"经验学习"。经验是实用主义哲学的核心概念，杜威认为，经验包含两个要素，即体验（experience）和承受（undergoing）。体验是为求得某种结果而进行的尝试，承受是接受感觉或承受体验的结果。也就是说，只有当主动的尝试和被动的承受结合在一起的时候，才构成了经验。他认为，要保障人类经验的传承和改造，学校教育就必须为学生学习知识提供一定的材料，而他们要真正获得真知，则必须通过运用、尝试、改造等实践活动来获取，这就是著名的"做中学"（learning by doing）。延伸杜威的思想，在教学中，只有通过具体的"做"，才能真正学好。

在继承杜威、皮亚杰等前人理论成果的基础上，大卫·库伯1984年提出了体验学习圈，由具体经验（concrete experience）、观察反思（reflective observation）、抽象概括假设（abstract conceptualization）和主动检验（active experimentation）四个阶段构成。约翰·杜威认为"体验学习圈"不是一个循环的过程，而是一个螺旋上升的过程，每一个体验的阶段都具有发展的可能性。"具体经验"是建立在学习者对某种知识的体验过程中；"反思性观察"是学习者对已经掌握的、经历的体验进行思考；"抽象概念化"是学习者对所理解的知识内容进行吸收并得出合乎逻辑的概念过程；"主动实践"是学习者通过对这些概念的验证来获得具体的应用过程。[1]体验学习中的体验强调学习的过程，注重亲历性的经验；而学习强调结果，聚焦因经验而引发的变化。从这样的认识来讲，我们更倾向于将体验学习视为一种学习观点而非学习方式，它是一种集学习过程与学习结果于一体的学习观。[2]

---

[1] 王晓燕.基于体验教学模式的英语课堂跨文化意识构建[J].齐齐哈尔师范高等专科学校学报，2018（2）：153-155.

[2] 王映学.论体验学习：目标、过程与评价[J].教育理论与实践，2015，（28）：61-64.

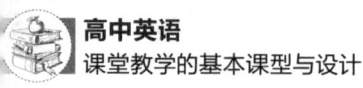

1. 体验活动

普通高中英语课程倡导指向学科核心素养的英语学习活动观，而学生在参与课堂语言活动时的亲身体验是学习与运用语言的保证，也体现了"做中学"。教师在设计教学活动时，根据学生的年龄特点，设计多种形式的教学活动，既有教学游戏、角色表演、练习等让学生动起来的活动，又有引导学生积极思考的讲授、欣赏、讨论、交流等让学生的身体静下来的活动，充分调动学生学习的积极性，使其感受语言，运用语言，用英语做事。在课堂教学中，活动比比皆是，课前、课中、课后皆可设计相应的活动，将教师、学生、知识、能力连在一起。

课堂导入活动，营造氛围，做好铺垫，引导学生以最佳的状态投入到语言学习中来；课堂上设计丰富的活动情境，采用参与式、讨论式、小组合作式、互动式、体验式等学习方式，促使学生自主学习、独立思考、互助合作、探究交流，使学生在活动中主动愉快地学习；精心设计活动情境，问题富有启发性，并留给学生足够的思考、讨论空间。

2. 体验语言

语言是人类经过体验获得的知识和技能。人类在参与语言活动时，首先形成语言感知体验，语言感知体验导致语言印象，构成了人类经验性反思，通过反思，人类逐步构建语言知识，发展语言能力。桂诗春指出："学习活动说到底是一个心理过程"。① 语言体验正是基于体验者与其对象不可分割地融合在一起，通过语境实现主体与客体在体验中产生相互依赖的内外部语言条件和环境，例如，在多媒体、数字化、网络技术支撑的语言学习生态环境和体验学习人文环境中，实现语言习得的教学目标。这恰与刘援（2011）提出的中国语境下"体验式"英语4E模型即"参与（engagement）""愉悦（enjoyment）""共鸣（enhancement）"和"环境（environment）"的教学理念相吻合②。体验将不发生直接联系的语言知识、能力和环境联系起来，即"环境—

---

① 叶宜生，张冬连.EFL语境下体验式英语教学模式之理论探索［J］.教学与管理，2014（9）：143-146.

② 同上.

体验—语言知识—技能",人类正是通过不断参与丰富多彩、形式多样的听、说、读、写、译等语言体验性的活动,使得身体和大脑与空间环境(语言情境)互动认知,进行意义协商和交流,来学得和习得语言知识,发展综合运用语言能力。①

3. 体验文化

语言承载着文化,文化丰富着语言。教学中的文化可分为三个层次:一般文化,用以扩大知识面;隐含文化,即语言体系隐含的文化因素,在教学中更为重要;交际文化,即跨文化交际的文化,对提高学生的交际能力起一定作用。②体验文化,就是通过课堂教学来增进学生对语言文化的感知,提升学生跨文化交际的意识,为更好地运用语言,得体地交际创造良好的交际环境。让学生在课堂上体验文化,教师可以从如下方面入手:

一是在授课中渗透文化知识。文化知识的渗透,要求教师有敏感的文化意识,随时在课堂讲授中融入文化知识,着重解释和探究。渗透,就是教师要善于将文化知识有意识地穿插到英语语言知识中,而学生又感觉不到教师的有意为之,这样,学生能够在获取知识的同时,接触、理解与吸收语言的文化价值,了解语言的得体表达。

二是在情境中融入文化知识。教师创设以文化为主题的教学情境,可以对课文内容进行改编,融入角色扮演;也可以植入课外的内容,如话剧、电影、表演等,这样,学生可以从对英语语言和英语文化的直接感知中,激发对英语文化的学习热情,更好地了解和应用文化知识。

三是在探究中培养英语文化意识。教师可以向学生布置"文化溯源""文化对比"等任务,引导学生课后通过上网查找资料,以制作手抄报、PPT演示文稿等方式展示文化学习成果。这样,学生能从英语语言材料的文化内涵挖掘中理解文化知识、剖析文化背景、分析文化现象、探究文化旨趣,从学习体验中来感受文化差异,培养跨文化意识。

---

① 吴吉东.基于语言体验性的基础英语教学设计与分析[J].基础教育研究(下半月),2014(2)):39-41.

② 崔俊阁.情感因素对英语学习的影响[J].科技信息,2007(23):228.

4. 体验愉悦

教育家乌申斯基说："没有丝毫兴趣的强制性学习，会扼杀学生探索真理的欲望。"可见，让学生体验学的愉悦多么重要。20世纪60年代，以Maslow（马斯洛）、Rogers（罗杰斯）等人为代表的西方人本主义心理学家认为，情感因素对外语学习有着极大的影响，它是学习者内部的一种生理、心理活动，是调动学生学习积极性的动力系统。Krashen（克拉申）认为，学习者动机不足、缺乏自信以及极度的学习焦虑会阻碍语言的摄入或习得；相反，低焦虑感、高动机、高自信会加速语言习得。[①]在建构主义观点下，教师不再停留在知识的传授者、灌输者的角色层面，而是整个教学过程的组织者、指导者、帮助者和中介者，指导学习者在主动建构意义的过程中确立学习目标、获取学习资源；同时有效地组织学习者与教师以及学习者之间的交流、合作，充分调动学习者的积极性。[②]愉悦的情感体验，使课堂教学事半功倍。教师要以学生为中心，努力营造接近第一语言的学习氛围，使学生体验到主人翁般的自信感觉，全身心地投入到学习中；使学生在情绪、思维、观念等各方面与所学的语言内容融为一体，在参与中获得愉悦，在愉悦中产生共鸣，在共鸣中发展语言能力。

在课堂上，教师要注意自己的言行，要调控好自己的情感状态，微笑教学，始终保持自信、从容、亲切；同时，要关注学生在课堂活动中的表现、感受，对学生的课堂表现给予正面、激励性评价，特别要关注那些缺乏自信心的学生。另外，积极开展小组合作学习，让学生彼此交流、共同思考、互相启发，在小组合作的良好情感氛围中加强互动。互动不仅能够调动学生学习的主动性、积极性，满足其自尊，同时增强学生学习的愉悦感受，提升教学效果。

5. 体验成功

追求成功、追求卓越是促使人们不断学习的内驱力。"成功的愉悦"是一种复杂的心理因素，其中包括求知需要的满足、自我实现需要的满足、尊重需

[①] 姚君如. 语言学习焦虑与实施情感策略初探[J]. 新课程研究，2009（1）：74-76.
[②] 高令阁等. 教师角色定位与学习者愉悦体验相关性研究[J]. 沧州师范学院学报，2016（3）：118-121.

要的满足。成功的愉悦能推动学生奋发向上，产生一种追求更多成功、更高成就的强劲动力。[①]因此，在课堂上，教师更重要的是让学生拥有成功的体验。让学生体验到成功，教师也是可以设计的，只要用心，路径很多。

一是方法指导，学有所得，在学业上体验成功。学习是需要方法的，教师传授学习的基本方法，学生运用正确的学习方法，养成良好的学习习惯，学业上不断取得进步，这会给他们带来持续的成功体验，也激励着他们向更高的目标迈进。

二是自主探索，合作交流，在互动中体验成功。在课堂上，教师会组织探索与交流活动，学生在这些活动中，围绕问题展开思考，提出自己的观点，大胆陈述理由，侃侃而谈，大方自信，在互动交流中收获成功的喜悦。

三是在老师肯定的话语中体验成功。在课堂上，教师的激励性教学语言、鼓励的眼神、信任的动作，都会给学生莫大的勇气和自信，让学生体验到成功。每个人都希望得到别人的肯定和赞扬，学生更希望自己获得老师的关注与期许。在老师的肯定中，学生增强了学习的自信心，他们产生自豪感和成就感，从而形成自我激励、积极向上的心理机制。

四是让学生在多渠道的舞台展示中享受成功。每一位学生都希望自己能得到别人的肯定，都希望把自己最优秀的一面展现在老师、家长、同学的面前。因此，教师应鼓励学生大胆地表现自己，展示自己的才华，最大限度地为学生提供这样的机会，以满足他们的"表现欲"，这样才能更好地激发他们奋发向上的学习动力。

（四）strategy（策略）

strategy（策略），是为了实现某一个目标，预先根据可能出现的问题制订的若干对应的方案，并且在实现目标的过程中，根据形势的发展和变化来制订出新的方案，或者根据形势的发展和变化来选择相应的方案，最终实现目标。本书所谈的策略，为学习策略。

一般来说，高中学生需要掌握的学习策略主要有四种：一是元认知策略，指学生为了提高英语学习效率，计划、监控、评价、反思和调整学习过程或学

[①] 曹颐平.让学生在物理学习中体验成功的愉悦[J].教学月刊（中学版），2005（10）：21-22.

习结果的策略；二是认知策略，指学生为了完成具体语言学习活动而采取的步骤和方法；三是交际策略，指学生为了争取更多的交际机会、维持交际以及提高交际效果而采取的策略；四是情感策略，指学生为了调控学习情绪、保持积极的学习态度而采取的策略。[①]学习策略有许多，高中学生需要掌握基本的策略。英语学习策略对高中生英语学习成绩的影响是巨大的，而Chamot和O'Malley（1994）的研究表明，大多数学生可以从学习策略教学中受益。[②]

1. 计划策略

"凡事预则立，不预则废"，说的是计划的重要性。计划、反思都属于元认知策略。

计划是实现目标的蓝图，重在实行，也考验一个人的意志力，有利于学习习惯的形成。合理的计划安排可以提高学习效率，减少时间浪费。

要想制订好学习计划，一般要考虑以下几方面：

（1）制订计划前，先分析自己的实际状况。制订学习计划不能好高骛远，要认真考虑诸如自己的知识与能力、可利用的时间、学习上的漏洞、老师的教学进度等问题，要抓住重点。

（2）计划要具体、考虑周全。学习计划是指学习的具体安排，应尽可能全面、详细，列出时间节点，有利于任务的完成，忙而不乱。

（3）预留出自由安排的时间。学习计划的时间不能安排得太满，要有可自由支配的时间，否则，容易出现意外事件而打乱原有计划。学习时间可以分为两部分：一是常规学习时间，主要用来完成当天老师布置的学习任务，消化当天所学的知识；二是自由学习时间，是指完成了既定学习任务后所剩下的时间。教师鼓励学生提高常规学习时间内的学习效率，以便增加自由学习的时间，使学习的主动权越来越大。

（4）计划要长、短结合。学习计划有长期、中期、短期之分。以一个学期来算，学期计划可算长期计划，长期计划不可能太具体，但需要解决的问题可

[①] 中华人民共和国教育部.普通高中英语课程标准（2017年版）[M].北京：人民教育出版，2018.

[②] 沈志萍.英语学习策略对学习成绩的预测力[J].山东师范大学外国语学院学报（基础英语教育），2006（1）：31-37.

以列出来，做到心中有数。应把一个在短期内无法完成的学习任务分到每周、每天。周、日计划属于短期计划，要尽可能详细，具体时间要做什么事都列清楚，并严格按照计划去做。有了具体的短期计划，长计划中的任务可以逐步得到实现；有了长期计划，就可以在完成具体学习任务时具有明确的学习目的。

（5）效果至上，提高时间的利用率。制订计划，就是希望少时间、多做事、效率高、效益好。早晨和晚上，头脑清醒，记忆力佳，可以安排需要记忆的内容；心情比较愉快，注意力比较集中，时间又比较长时，可以安排学习比较枯燥或自己不擅长的科目；零星的注意力不容易集中的时间，可以安排学习自己最感兴趣的学科。另外，还要注意学习时间和体育活动要交替安排，文科和理科要交替安排，相近的学习内容不要集中在一起学习等。

（6）根据实际，不断调整。计划不是一成不变的，关键是检查效果。如果效果好，可继续坚持；如果效果不好，要寻找与分析原因，及时做出调整。

2. 语境学习策略

语境即言语环境，它包括语言因素和非语言因素。上下文、时间、空间、情景、对象、话语前提等与语词使用有关的都是语境因素。波兰人类学家B. Malinowski（马林诺夫斯基）早在1923年就提出了"语境"这一概念，他认为："话语和环境紧密地结合在一起，语言环境对于理解语言来说是必不可少的。"Halliday（韩礼德）将语境分为语言语境、情景语境和文化语境。具体来讲，语言语境是指文章上下文，指的是文章自身的结构衔接及逻辑关系；情景语境，指的是文章产生时周围的情况、时间、地点、方式等，也包括外界的经历和内心的心理经历；文化语境，指的是说话人或作者所在语言环境的历史文化和风俗人情。Halliday说："一切语言都是在情景语境中才起作用。所有的语言都是在情景语境中应用的语言。"[1]语境制约着语言单位的选择、意义的表达与理解，词语意义必须在上下文中才能精确化、具体化。同样，一个句子可能有很多不同的意思，甚至相反的意思，理解该句的准确意思必须结合语境。

《新课标》要求，指向学生学科核心素养的英语教学应该以主题为引领，

---

[1] 刘晶.基于语境创设的英语词汇学习策略研究［J］.辽宁广播电视大学学报，2016（4）：49-51.

高中英语教师在教学工作中要针对英语语言知识，在人与自我、人与社会、人与自然等社会语境和自然语境中灵活设置英语教学主题，并注重英语知识在不同语境中的灵活使用，为学科育人创设话题与语境。

如何创设语境，让学生在提升语言技能的同时也提升思维品质？教师可以做如下尝试：

（1）在课堂上，教师创设情境，让学生用英语描述事物，即"What is ×××？"或者以设置谜底的形式，说出一段话，让别人猜。学生只有准确地描述，其他人才有可能猜得出来，这对出题者来说也是一个挑战，同时，也给学生带来成功感。

（2）在课堂上，学生尝试用不同的方式解释同一事物，即练习"How to explain things in different ways？"在日常交流中，尤其是现在国际间的交流日益频繁，交流的双方背景不同，语言水平必然存在差异，这时，其中一方就要能用不同的表达方式或者举简单易懂的例子来解释同样的东西，只有对方能明白你要表达什么，对话交流才有可能继续下去，使双方都愉悦并有收获。

（3）学生学习英语的习语表达。同一意思的表达，如果能使用上习语，将会更加传神。

（4）教师创设语境，训练学生的猜测能力。利用语境可以帮助学生掌握词汇的意思，尤其是一词多义；利用文化语境可以帮助学生了解词汇的文化意义，而了解英语国家的社会历史文化传统和风俗习惯等，又有助于准确理解词汇的文化内涵；利用语境可以提高学生猜词语意思的能力。

3. 预测策略

心理语言学家们发现，我们之所以能有效地获取口头信息，是因为我们不自觉地对进入听觉系统的信息进行了预测、筛选、释义和总结等一系列心理加工。[①]从心理语言学角度来说，预测是语言产生和理解过程相互作用的媒介，是运用语言和学习语言的基本技巧，是理解口头语言的重要程序。阅读教学专家 Neil J. Anderson 在他编写的《积极英语阅读教程》一书中对"预测"是这样解释的："Good readers make predictions before they read. They use what they

---

[①] 汪学立.如何提高学生英语听力效率[J].外语界，1999，75（3）：44—47.

know about the topic to guess what the reading will be about. Using this skill can help you to better understand what you will read."预测可以激活读者关于话题的背景图式，帮助读者做好阅读的准备，让读者更加主动地参与到阅读过程中去。读者在不断的、新的预测和对旧的预测的修正中能够一直保持对阅读的专注和热情。[①]可见，不管是听力还是阅读，预测都是一项关键的技能，它可以帮助我们更好地理解信息。教师可以从如下几方面进行预测：

（1）标题预测。教师可以引导学生从文章的标题入手，在听前或读前进行大胆预测，预先判断文章的结构特点和大体内容。我们平时浏览海量信息，往往从文章的标题就可以预测大致内容，从而决定是否需要仔细阅读文章，这样的阅读就会节省时间，也容易抓住主题，提高阅读的效率。

（2）主题句预测。根据英语文章的特点，主题句大都出现在一篇文章或一段文章的开头和结尾，旨在说明文章的议题和中心思想。因此，教师可以引导学生寻找主题句，然后通过把握主题句的含义，从而对文章的内容进行有效预测。

（3）背景知识预测。学生具有的文化背景知识有利于听力或阅读材料内容的预测。因此，平时多读书、广涉猎，丰富课外知识，了解时事政治，有助于学生预测材料内容。

（4）关键词预测。关键词预测是指利用文章中的关键词对听力或阅读进行预测。听力理解过程中反复出现的关键词，是一篇文章或短文的核心所在，学生捕捉到关键词，就把握住了文章的核心。

（5）功能词预测。文章中的功能词能表明说话人的心理态度，帮助学生了解认知功能词，符合《新课程标准》的基本要求。在英语教学中，教师要善于引导学生总结归纳语境中表示转折、并列、顺联、过渡、因果等关系的功能词，比如：however、but、therefore、moreover、thus、on the contrary、as a matter of fact、in a word、to sum up、that is to say、to begin with、because、so、since、considering that、now that、so that、in order that、as a result、for example 等。功能词汇能帮助学生把握预测内容的方向。

[①] 王丹、李力.预测策略在高中英语阅读教学中的运用[J].教学月刊·中学版（教学参考），2014（10）：21-23.

4. 概括策略

概括是指从纷繁复杂的各种现象中发现事物本质或把各种信息通过分析、比较、抽象，将其内部性质或本质属性归纳为精要概念的思维过程。概括能力是进行归纳、总结、综合等活动时所表现出的一种抽象思维能力。英语阅读中的概括能力，是英语能力素养中一种最基本、最重要的能力。[1]

要形成概括策略，教师可从如下几方面入手：

（1）分析文章的标题。标题是整篇文章内容的高度浓缩，通过它可以透视文章的内容，感知文章的主旨。

（2）关注文体特点。不同体裁的文章有不同的概括主旨的语言形式。

（3）找出主题句。主题句往往是首句或尾句，和文章的主旨有很密切的关系，能为正确归纳文章的中心寻出一条途径。

（4）把握文章的背景。文章总是应时而生，真实地反映时代的主题，把握文章的时代背景，也就容易把握文章的主旨。

（5）抓住关键词或关键句。关键词，也可称为"文眼"，是文章中最精彩传神的词语或句子，也是作者思想感情的凝聚点。抓住关键词就等于抓住了文章的主旨。

（6）综合层意，概括主旨。先给文章划分层次，概括出层次大意，再将各层次意思进行综合，这也是归纳主旨的好方法。

5. 情感策略

情感策略指学生为了调控学习情绪、保持积极的学习态度而采取的策略。[2]情感是影响外语学习的重要因素。外语学习中的情感投入既包括学习者对外语及其学习过程的兴趣和心情，也涉及对外语学习价值的认识、自信心以及在外语学习过程中形成的与其他学习者和教师间的关系等。[3]教师要注重方法指导，帮助学生形成情感策略，开启美好人生。

---

[1] 钱建源.高中学生英语阅读概括能力培养［J］.基础英语教育，2015（1）：71-75.

[2] 中华人民共和国教育部.普通高中英语课程标准（2017年版）［M］.北京：人民教育出版社，2018.

[3] 郭继东，刘林.外语学习投入的内涵、结构及研究视角［J］.江西师范大学学报，2016（6）：181-185.

（1）以激情唤醒激情，培养学生正面的情绪。学生会受到教师言行举止的潜移默化的影响，正所谓"亲其师而信其道"。教师的激情、热情和人格魅力影响着学生。

（2）激发兴趣，增强自信心，合作共赢。"兴趣是最好的老师"，让学生了解学习英语的重要性，明确学习目的；为学生的语言实践搭建平台，让学生在做中学、用中学，在合作交流中进步，不断增强学生的成功感与自信心。

（3）学会自我调整，大胆尝试，积极运用。学生在学习过程中会出现诸如焦虑等情绪，要正确认识这些情绪，并积极分析这些情绪背后的原因，思考并采用有效方法进行自我调整，努力把学习坚持下去。之所以会出现"聋哑英语"的状况，其中的一个主要原因是学生羞于开口，总怕出错，而要取得英语学习的进步就要在使用英语时不怕出现错误，大胆尝试，不断在语言实践中修正自己的错误，多听、多读、多练、多用。

（4）坚持不懈，乐于分享，拓展学习。英语学习，要有正确的方法，也要有持久的学习动力与毅力，勇于坚持，创造机会运用英语；要有学习与分享的良好心态，既能自主学习，又能与人合作；既能学习他人的成功经验，也乐于将自己的心得与他人分享；既能努力学习课内知识内容，也能主动向课外延伸，不断丰富自己。

（五）habit（习惯）

习惯，可以这样定义："一种动作，一种行为，多次重复，就能进入人的潜意识，变成习惯性动作，这就叫习惯。"习惯一经养成就会成为支配人生的一种力量，成了行为的自动化，不需要特别的意志努力，不需要别人的监控，不论在什么情况下，人都会按已形成的意志去行动。

习惯有三方面的含义：习惯不是生来就有的，它是在生活实践中逐步形成的，它可以养成，当然也可以改变，只是培养起来容易，改变起来却困难；习惯有良好习惯与不良习惯之分，良好习惯造就人，不良习惯毁掉人；习惯具有稳定性，习惯左右人的思维方式。本书谈及的习惯，主要指与语言学习相关、有利于学生终身发展的习惯。

1. 朗读的习惯

古人云，"读书有三到：心到、眼到、口到。"这里的"口到"，就是指"朗读"。宋代的朱熹对朗读曾提出过严格的要求：凡读书必须要读得字字响亮，不可牵强暗记，要多读几遍，自然上口，久远不忘。朗读，就是一个将无声的书面语言转换为有声语言的过程，是眼、口、耳、脑协同作用的创造性阅读活动，它对中学生识记和理解英语课文、培养英语语感、提高口语表达等语言技能有着重要作用。[①]在读准单词发音的基础上，进一步做到语言连贯、节奏分明、语速适中、语音清晰。朗读的方式有很多，在课堂上，有轮读课文、配乐朗读、分角色朗读、领读、范读、赛读、演读、自由读等；在课后，学生可以自己朗读，充分展示个性，并真正感悟到语言美、意境美。

朗读不仅仅是一种学习方式，更是传递情感、传承精神的一种手段。

2. 阅读的习惯

阅读习惯是由实践巩固下来的阅读方式、方法、程序等的通称，即适应阅读所需要的、熟练的行为方式与思维定式。思维的趋向性有积极的一面，也有消极的一面，习惯也有优劣之分。好的习惯正确反映阅读能力，终身受用，有利于学习；坏的习惯对阅读起干扰作用，影响学习。好的阅读习惯，有认真、仔细读书，善于思考质疑。[②]

阅读习惯是一个学生学习行为的自动化、常态化的学习过程。如何养成阅读的良好习惯？如下方法供参考：

（1）定时定馆，爱上阅读。定时，就是每天至少抽出10~15分钟的读书时间；定馆，就是有条件的话，周末去图书馆，体验读书的氛围，相互影响，也会养成习惯。

（2）有目标、有规划。阅读属于重要但不紧急的事情，需要定出目标，一步一步地达成。如高中三年，要读10本书，然后完成任务，关键是享受读书的过程，从阅读中发现乐趣。

（3）选好书、随时读。找几本有趣、耐读的书，坚持阅读。一旦养成了阅读的习惯，阅读的层次会越来越高。当然，阅读先从有趣开始。同时，也养成随身携带书籍、阅读书籍的习惯。

（4）营造阅读氛围，分享阅读乐趣。远离电视、电脑、音乐、喧闹，追求

[①] 倪爱林.培养学生良好习惯提升英语学习软实力［J］.中小学教学研究，2017（8）：56-59.
[②] 顾明远.教育大辞典［M］.上海：上海教育出版社，1998.

阅读之乐；把自己的读书感受分享给他人，也是读书的动力。

（5）写心得、建博客。读书，要留下印记，如写下所读的书名、作者、读书的起止日期，写下感受；也可以建立自己的读书博客，让他人浏览你的博客，给你提出阅读建议，发表评论。这也是你坚持读书与学习的源泉。

3. 预习的习惯

预习是体现自主学习的一种良好习惯，应该长期保持。对于学生而言，英语预习分常规性预习与选择性预习两种。一般来说，常规性预习每天都要做，为下一节课提前自学、做好准备；选择性预习，则以单元或话题为基础，学生对要学的新内容先大概地了解，针对单元相关的话题网上收集信息，有侧重地预习，增长知识，便于课堂上与老师深入探讨。

一般的英语课前预习应包括如下几个步骤：

（1）听。对于第二天老师的授课内容，学生可以先听一遍录音，记下能听懂的关键词，然后用自己的话复述一遍文章的内容，能把文章的主旨说清楚即可，主要是找一个训练听力的机会。这一部分，只听一遍，没有必要反复多次去听，因为我们不是精听，而只是在有限的时间内预习而已。但是，这一部分如果有条件的话，即有录音机或电脑、有磁带、有环境，我们应该坚持去做；如果条件不允许，比如在学校住宿、没有设备等，这一环节可以忽略。

（2）猜。这是英语预习至为关键的一个环节。很多学生，甚至一部分老师也认为，英语预习能提前朗读课文单词表中的单词，看一下课文的内容，标记一下不懂的词汇就可以了。当然，这比完全不看书要好些，但这样做的作用其实并不大，并不能提高学生的能力。

预测能力是《新课标》要求的必需的能力，要在日常的学习中不断训练，而预习就是一种较好的提高预测能力的学习过程。学生不应该先看课本后面的词汇表，而应先阅读课文，把阅读中不懂的词汇用铅笔画出来，不知道如何正确发音的词汇也画出来，根据上下文，猜测单词的词义，把自己猜的单词的中文意思写下来。这个时候，要大胆猜测、速战速决，不要停留太久，因为停留太久就是在浪费时间。花费太多的时间并不是明智的。

（3）核。在阅读过程中猜测词义，只是猜测而已，是否准确，可以看课本后面的词汇表，印证自己的猜测是否正确，这就是核对，然后读准读音，学习词义，这就是查对。猜测正确，固然令人欣喜，证明方向正确，方法正确；猜测甚远，也无伤大雅，毕竟学习是试误而已。但这样的猜测过程是非常有价值的，学生正是在这样的过程中，能力得到提升的。

（4）画。上一步是发现与猜测词义，而这一步是找出文章中表达优美的句子，一篇文章能找出三五句即可，句子不在于多少，而在于我们在找优美的句子时，心情是愉悦的、主动的、没有负担的；同时，学生也画出几句难以理解的句子，这些句子可能是包含新的语法而不大懂，也可能是含有太多的新词汇而无法理解，也可能是因为文化的差异而难以明白，这些都没什么，都可以先画出来，第二天听课的时候有重点地听，或有针对性地提问，总之，学习就是为了解决疑难。对于这些疑难问题，学生可以借助词典自己解决，也可以上课时通过听、问、讨论等多种方式来解决。

（5）思。对于课本后面的词汇表，学生可通过音标进行拼读，掌握每个单词的准确读音，也可以通过录音磁带明确单词的读音，每个单词读上三五遍，熟练朗读；课文读上两遍，顺口即可。朗读过后，有疑问，哪怕与课文内容无关，也可以写在课文空白处，待提问。

上述五个步骤，属于高中英语课前预习的基本步骤，不一定每次预习都做到这五个步骤，可根据实际情况有所偏重，但总的原则是：预习的时间不宜过长，把握主要内容。①

4. 复习的习惯

俗话说"温故而知新"，就是说，复习过去的知识能得到很多新的收获。这个"新"主要指的是知识达到了系统化，能融会贯通。根据艾宾浩斯的遗忘曲线，识记后的两三天，遗忘速度最快，然后逐渐慢下来。因此，学生要学会及时复习，并形成及时复习的学习习惯。

复习，不是简单的内容重复，而是对已学知识的温习、巩固、系统和延伸，是知识的深化，是一个系统提高的过程。同时，复习能够查漏补缺，保证知识的完整性。

课后复习的主要方法如下：

（1）尝试回忆。或称之为"回放电影"，就是不看书，独立地把老师讲课

---

① 朱志文. 高中英语课前预习五步法探究［J］. 英语教师，2018（15）：33-36.

的内容回想一遍。回忆，能把知识的精要、梗概、脉络等提纲挈领地复述出来，这是对能否真正弄懂知识的一个检验过程，也是对知识理解的一个深化过程。

（2）研读教材。回忆后，应认真钻研课本，弄懂最基本的概念和最基础的知识，尤其是在回忆时想不起来、记不清楚、理解模糊的知识内容，更加要反复研读，彻底弄通、弄透。

（3）整理笔记。记笔记，不仅要记下老师课堂上讲课的要点，课后也应阅读教材，结合课堂上的记录进行整理，使之条理化、系统化，形成富有个性的复习资料。

（4）课外拓展阅读。主要指与课堂所学相关的内容，教材所选内容由于篇幅所限，大多是节选内容，因此，课后可找原著进行阅读，既能加深对原有知识的理解，也能起到扩充和引申的作用。

5. 总结的习惯

归纳总结，就是对所学过的知识进行思考，挖掘出每个知识点后面的本质，找出不同知识点之间的联系和区别，得出一般的结论。学习的过程就是提高和总结的过程，某些同学成绩突出，正是由于他们掌握了归纳总结的方法，养成了归纳与总结的学习习惯。在教学中适时地进行实践探究、归纳总结、反思提炼，可以促进学生从教学知识中获取新的知识，同时提升学生的思维能力、探究能力[1]。知识具有系统性和连贯性，归纳总结可把所学内容与前后的知识进行联系，帮助学生更灵活、更深刻地理解掌握所学的知识，丰富自己的知识体系[2]。归纳总结可以提高学习效率，变被动学习为主动学习，锻炼和提高思维能力。归纳总结可在每堂课结束前进行，2~3分钟即可，归纳要点；可在一个单元完成后，列举重点内容，明晰前后知识的联系，做好前后知识衔接；可在一册书完成后或期中、期末复习之时，对知识进行系统的归纳。

归纳总结，使知识系统化、条理化、结构化、形象化，使之便于理解、记忆、应用。归纳总结的形式常见的有摘要式、提纲式、表解式、图解式、综合

---

[1] 李伟.初中数学"归纳总结、实践探究及反思提炼"的教学探析[J].数学教学通讯（中旬），2016（11）：30-31.

[2] 周刚刚.从"求学"到"做学问"——对教学中知识梳理 归纳总结环节的思考[J].课程教育研究（下旬），2016（12）：110-111.

式等。

（1）摘要式。摘要式是摘取相关知识点的要点，部分原文复制或浓缩，再以简练的文字呈现出来的一种笔记形式。这是一种较简单、易掌握的归纳总结方式，抓住要点是其关键。

（2）提纲式。提纲式是对相关知识点的重点内容，按一定的系统归类，以简练的文字呈现出来的一种笔记形式。这也是一种常见、易掌握的归纳总结方式，抓住重点与分类是其关键。

（3）表解式。表解式是对相关知识点的重点内容，按一定的系统归类，以填充表格呈现出来的一种笔记形式。这是一种应用极广的归纳总结方式，抓住重点、分类、对比是其关键。

（4）图解式。图解式是对相关知识的概念、规律、方法，以图示的方式揭示其间的内在联系，呈现知识的网络结构的一种笔记形式。这是一种极为重要的归纳总结方式，抓住内在联系、形象直观是其关键。

（5）综合式。综述各种归纳总结形式，各有各的优势，也各有各的弱点，为了优势互补，常取几种方式综合运用，这就是综合式。

第三节 教学思想与英语课程标准

《国家中长期教育改革和发展规划纲要》（2010—2020年）指出："……鼓励学校办出特色、办出水平，出名师、育英才。"[①]而名师是需要有自己的教学思想的，同时，名师的教学思想也是与教育规律、教学原则等相吻合的，是从教学实践中提炼出来的。

---

① 中华人民共和国教育部.家中长期教育改革和发展规划纲要（2010-2020年）［EB/OL］. http://www.moe.edu.cn/srcsite/A01/s7048/201007/t20100729_171904.html，2010-07-29/2018-08-13.

笔者提出"鲜活英语（Fresh English）"的教学思想，其核心包含五个基本要素，即fast reading（快速阅读）、reflection（反思）、experience（体验）、strategy（策略）和habit（习惯）。而《课标》也指出，英语课程内容是发展学生英语学科核心素养的基础，包括六个要素：主题语境、语篇类型、语言知识、文化知识、语言技能和学习策略。"鲜活英语"的教学思想的五要素与英语课程六要素也是相通的，其内涵与要求是高度一致的。

"鲜活英语"的思想与英语课程内容是一致的。如图1.1所示：

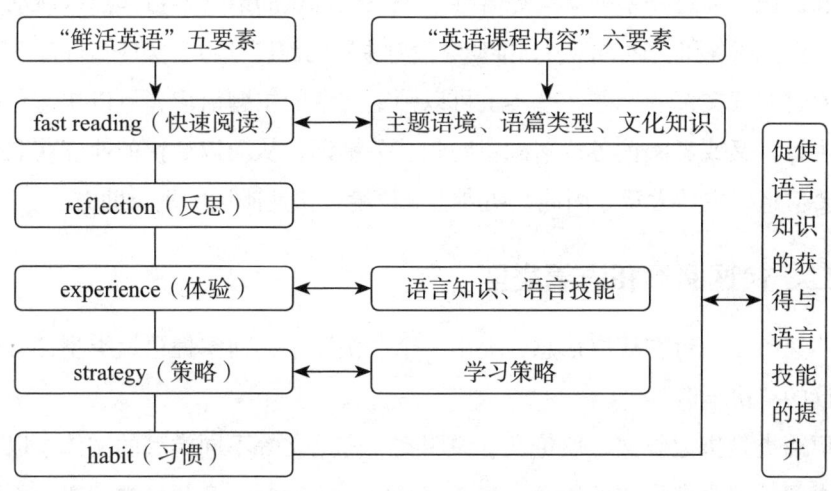

图1.1 "鲜活英语"五要素与"英语课程内容"六要素

一、快速阅读和主题语境

fast reading（快速阅读），是一种阅读技能、一种阅读习惯、一种阅读方法，重在快速获取信息。快速阅读法只是将人们对图像的识别方法运用到文字的阅读中去，改变人们多年来形成的传统阅读习惯，这是完全可以实现的，也是人人都能学会的新的快速阅读习惯和技能。在本书中，快速阅读也是语言输入的重要手段。

《课标》指出，学生对主题意义的探究应是学生学习语言的最重要内容，直接影响学生语篇理解的程度、思维发展的水平和语言学习的成效。在人与自我、人与社会和人与自然这三大主题语境中，人与自我涉及"生活与学习""做人与做事"等两个主题群下的九项子主题；人与社会涉及"社会服务与人际沟通""文学、艺术与体育""历史、社会与文化""科学与技术"等四个主题群下的十六项子主题;人与自然涉及"自然生态""环境保护""灾害防范""宇宙探索"等四个主题群下的七项子主题。[1]

英语课程应该把对主题意义的探究视为教与学的核心任务,并以此整合学习内容,引导学生语言能力、文化意识、思维品质和学习能力的融合发展。

在主题探究活动的设计上,要注意激发学生参与活动的兴趣,调动学生已有的基于该主题的经验,帮助学生建构和完善新的知识结构,深化对该主题的理解和认识。通过一系列具有综合性、关联性特点的语言学习和思维活动,培养学生语言理解和表达的能力,推动学生对主题的深度学习,实现知行合一。[2]

通过阅读文章的标题,基本上可以锁定文章的主题语境,可以快速获取文章的主旨;又或者阅读各段落的主题句、关键词,从而以最快的速度获取文章的主要信息、主旨大意,因此,明晰主题语境是快速阅读的重要助力。

二、快速阅读和语篇类型

快速阅读,旨在获取信息,突出一个"快"字,而掌握语篇类型,就进入了阅读的"快车道"。

语篇类型指记叙文、议论文、说明文、应用文等不同类型的文体,以及口头、书面等多模态形式的语篇,如文字、图示、歌曲、音频、视频等。不同的语篇,有不同的行文特点,知晓了这些特点,就容易把握其内容要点。同时,教师在选择语篇时,也应注意长短适中,由易到难,尽量涵盖实际生活中各种类型的语篇,包括多模态语篇。语篇的选择还要考虑该语篇在促进学生思维、体现文化差异、形成正确价值观等方面的积极意义,应真实、多样,应对未来。

语篇分为口头语篇和书面语篇。我们常说的语篇分析包括微观和宏观两个方面。语篇的宏观组织结构包括语篇类型、语篇格式、语篇中段与段的关系以及语篇各部分与语篇主题之间的关系等;而语篇的微观组织结构则包含句子内

---

[1] 中华人民共和国教育部.普通高中英语课程标准(2017年版)[M].北京:人民教育出版社,2018.

[2] 中华人民共和国教育部.普通高中英语课程标准(2017年版)[M].北京:人民教育出版社,2018.

部的语法结构、词语搭配、指代关系、句子的信息展开方式等。[①]语篇的衔接手段主要有五大类：照应、替代、省略、连接词语、词汇衔接。这些衔接主要体现在语篇的表层结构上，使语篇能够形成一个网络。[②]在英语阅读课堂教学中，学生可以通过不同主题语境阅读各种语篇，学习语音、词汇、语法、语篇和语用等语言知识及听、说、读、写、看等语言技能；他们还可以在对语篇的深层次分析中领略语篇所承载的文化知识，并锻炼自己的学习策略。[③]

学生明晰语篇的类型，就会根据不同的语篇特点、语篇结构，快速捕捉到关键信息、主旨大意。这样，阅读的效率就会提高，阅读的能力也会在不断的训练中得到提升。

三、快速阅读和文化知识

快速阅读，是阅读的一种方式，旨在快速获取信息，第一时间获得有价值的信息。同时，在快速浏览之后，也做出决定：文章是否值得再读？把握哪些细节？做哪些思考？尤其在碰到文化知识的介绍的时候。

文化知识指中外文化知识，是学生在语言学习活动中理解文化内涵，比较文化异同，汲取文化精华，坚定文化自信的基础。掌握充分的中外多元文化知识，认同优秀文化，有助于促进英语学科核心素养的形成和发展。

文化知识包括物质和精神两个方面。物质方面主要包括饮食、服饰、建筑、交通等，以及相关的发明与创造；精神方面主要包括哲学、科学、教育、历史、文学、艺术，也包括价值观念、道德修养、审美情趣、社会规约和风俗习惯等。学习中外优秀文化，有助于学生对不同文化进行比较、鉴赏、批判和反思，拓宽国际视野，理解和包容不同文化，增强对中华优秀传统文化的认识，形成正确的价值观和道德情感，从而成为有文明素养和社会责任感的人。

文化知识的学习，经历感知—比较—认同—汲取—内化—形成行为的过程，同时，学会用英文讲述中国的故事，可坚定文化自信，增强国家意识。

针对文化知识开展教学，可做到四个结合：

---

① 毛方艳.语篇分析理论在高中英语阅读教学中的应用[J].考试周刊，2018（80）.
② 董晓敏.语篇分析在高中英语阅读教学中的应用探究[J].英语教师，2018（22）：137-140.
③ 宗兆宏.在阅读教学中落实英语学科核心素养培养[J].英语教师，2016（24）：48-53.

一是结合教材。教师可就教材内容，与学生一起讨论语篇所承载的文化内涵和价值取向，从教材中汲取养分，丰富文化知识。

二是结合英语习语和成语。学习语言，必然伴随着学习文化，语言是文化的载体。结合英语成语、习语的学习，学生在准确、熟练地运用成语、习语的同时，也在悄然地接受着文化。

三是结合主要节日。节日是文化的集大成的体现，是文化的传承、发扬，它是民族的，也是世界的，节日中蕴藏着丰富的文化元素。

四是结合专题。学习提倡群文阅读，组成专题，有比较、有发现、有感悟。

阅读理解意味着明白词汇意义，知悉语法结构，掌握主题思想，了解文化内容。心理语言学认为，理解实际上是一个人的概念能力、背景知识和处理策略三者之间相互作用的结果。

美国语言学家Johnson把阅读理解形象地称为"在未知和已知之间架起的桥梁"。阅读并不是一种单向的信息接受活动，也不是通过对词、句、篇的解码而获得意义的过程，而是读者已有的语言知识、背景知识等与阅读文本之间相互作用的动态过程。语言和文化是紧密相连的，语言是文化的组成部分，是文化的载体；语言反映了文化，文化又渗透于语言之中，语言与文化的密不可分性决定了语言教学不能脱离文化内容。

四、体验和语言知识

英语课不是理论课，不是知识课，而是实践课，这道出了语言学习的本质。语言知识包括语音、词汇、语法、语篇和语用知识。

通过体验，学习与训练语音。英语的语音包括重音、语调、节奏、停顿、连读、爆破、同化等。语音的变化可以表达不同的意义，反映出不同的态度、意图、情感等。高中阶段的语音知识学习，可以增强学生的语感，体会语音知识的表意功能，帮助学生建构语音意识和语音能力，引导学生进一步体验、感知、模仿英语的发音，注意停顿、连读、爆破、节奏等，帮助学生形成良好的英语发音和一定的语感，并通过学习相关的语音知识，形成一定的语音意识。在语境中，教师组织语音实践活动，重视通过听力练习、口头模仿和朗读训练、英文诗歌朗诵、戏剧表演、影视配音等活动帮助学生形成一定的语感、提高表达的自信心和流畅性。

通过体验，学习词汇。学习词汇不只是记忆词的音、形、义，更重要的是在语篇中通过听、说、读、看、写等语言活动，注重体验，使学生身临其境，理解和表达与各种主题相关的信息或观点。高中阶段的词汇教学重点是在语境中培养学生的词块意识，并通过广泛阅读，进一步扩大词汇量，提高运用词汇准确理解和确切表达意义的能力。一方面，教师可以结合主题语境，不断地复现有关词语，有意识地促使学生在讨论中使用新学的词语；另一方面，教师可以根据主题，引导学生使用思维导图梳理词汇。

通过体验，学习语法。英语语法知识包括词法知识和句法知识：词法关注词的形态变化，如名词的数、格，动词的时、态（体）等；句法关注句子结构，如句子的成分、语序、种类等。词法和句法之间的关系非常紧密，学生应学会在语境中理解和运用新的语法知识，进一步发展英语语法意识，语法知识的使用要做到准确、达意、得体。在教学中，教师应重视在语境中呈现新的语法知识，在语境中指导学生观察所学语法项目的使用场合、表达形式、基本意义和语用功能，并通过课内外和信息化环境下的练习和活动，巩固所学语法知识。

通过语篇，体验语言。语篇知识就是关于语篇是如何构成、语篇是如何表达意义以及人们在交流过程中如何使用语篇中各要素之间存在复杂的关系，如句与句、段与段、标题与正文、文字与图表之间的关系。语篇知识有助于语言使用者有效理解听到或读到的语篇，比如，关于语篇中的立论句、段落主题句、话语标记语的知识可以帮助读者把握文章的脉络，从而提高阅读效果。教师应该有意识地渗透有关语篇的基本知识，帮助学生形成语篇意识，把握语篇的结构特征，从而提高理解语篇意义的能力，最终达到运用语言与他人沟通和交流的目的。

学习语用知识，体验语言。语用知识指在特定语境中准确理解他人和得体表达自己的知识。掌握一定的语用知识有助于学生根据交际目的、交际场合的正式程度、参与人的身份和角色，选择正式或非正式、直接或委婉、口头或书面语等语言形式，得体且恰当地与他人沟通和交流，达到交际的目的。因此，在英语作为国际通用语的背景下，学习和掌握一定的语用知识有利于提升高中学生有效运用英语的能力和灵活的应变能力。在教学中，教师要增强语用意识，在设计口、笔头交际活动时，努力创设接近真实世界的交际语境，使交流顺畅。

五、体验和语言技能

语言技能包括听、说、读、看、写等方面的技能。听、读、看是理解性技能，说和写是表达性技能。理解性技能和表达性技能在语言学习过程中相辅相成、相互促进。学生应通过大量的专项和综合性语言实践活动，发展语言技能，为真实语言交际打基础。

在语言运用过程中，各种语言技能往往不是单独使用的，理解性技能与表达性技能可能同时使用。因此，在设计听、说、读、看、写等教学活动时，教师既要关注具体技能的训练，也要关注技能的综合运用，可以设计看、听、说结合，看、读、写结合，看、读、说、写结合，以及听、说、读、写结合等综合性语言运用活动。课内的听、说、读、看、写等教学活动重在培养兴趣、指点方法、提供示范、训练思维，而课外的学习活动旨在开阔视野、增强兴趣、运用技能、促进自主学习和养成良好的学习习惯。[①]

语言的学习与人的体验密切相关。认知语言学的体验语言观认为人类的语言源于人对世界的体验，语言的音义、词汇、语法等都具有体验性。[②]体验观教学理念强调学生从自身的生活经验、社会场景来解释语言现象，理解语言知识，体验语言的各个层面，即词汇、篇章、句法、语用等，其目的是体验出英语所运用的社会活动、交际策略、文化现象、意识形态等问题。[③]由此我们可知，教师从事的课堂语言学习应该是可体验的，这样才符合语言学习的规律。在体验式英语教学模式的指导下，教师应该更多地关注学生语言习得的过程，既要有效地激发学生对语言的心智体验能力，又要构建与其相互沟通的体验桥梁。同时，学生也应该更主动地参与到课堂的教学活动中，并且在语言的习得体验中寻找到适合自身学习的认知机制和规律，不断地融入教师所提供的真实的语言体验之中。[④]

因此，在课堂上，教师要注重学习过程，注重学生的参与、体验，要通过

---

① 邱乐乐，李瑛. 从体验哲学和认知语言学看语言体验观 [J]. 中国培训，2017（2）：67.
② 王寅. 认知语言学与语篇连贯研究——八论语言的体验性：语篇连贯的认知基础 [J]. 外语研究，2006（6）：6-12.
③ 柳超健. 论体验式英语教学理论的哲学基础 [J]. 湖州师范学院学报，2015（7）：94-98.
④ 王晓宏. 语言的体验性与外语教学 [J]. 当代教育论坛，2011（5）：61-62.

情景的设计，吸引学生参与到课堂语言活动中来。教师是课堂语言活动的组织者、引导者、促进者，在老师的帮助下，如通过网络、电影、书刊，让学生体验中西文化差异，鼓励学生相互交流、积极互动；也可以以演讲、短剧、辩论、写作、展示等形式呈现；也可以通过对比、思考，使学生既可以感受异国文化，又对本土文化产生更深刻的认识，例如，饮食文化、服饰文化、民俗文化、地理文化等的差别。在这个体验的过程中，学生的语言知识与语言技能都得到了提升。

六、学习策略

"鲜活英语（Fresh English）"教学思想中的strategy（策略）直接对应英语课程六要素之一的学习策略，两者的内涵是一致的。

学习策略主要指学生为促进语言学习和语言运用而采取的各种行动和步骤。有效使用学习策略有助于提高学生学习英语的效果和效率，有助于学生发展自主学习的习惯和能力。学习策略的使用还具有迁移性，有助于促进学生终身学习能力的发展。常用的学习策略包括：元认知策略、认知策略、交际策略和情感策略等。教师在教学中应重视对学生学习策略的培养，有意识地引导学生学习并尝试使用各种不同的学习策略，逐步形成适合自己的学习方法。

学生学会规划学习，反思效果，调控情感；教师帮助学生在语言实践活动中通过有效运用各种学习策略，提高分析语言和文本结构的能力、理解与沟通的能力以及创建文本的能力。

形成有效运用策略的能力是一个循序渐进的过程。完成学习活动后，教师可组织学生对策略的使用情况和作用进行讨论，分享经验，反思运用策略的效果，鼓励和指导学生组合运用多种学习策略。

本书提出了学生应该掌握的英语学习的五大策略，即计划策略、语境学习策略、预测策略、概括策略与情感策略。应该说，学生要掌握的策略有很多，这五大策略是高中生学好英语、打好英语基础必须要掌握的策略，其能够促进学生的进一步发展。

（1）掌握计划策略，合理安排时间。在老师的指导下，学生应学会合理安排自己的学习时间，提高自己的学习效率。

（2）掌握语境学习策略，充分利用外部资源。学生在英语学习中要结合语境进行词汇学习，并学会利用工具书、老师、同学、网络等外部资源来为自己的学习活动服务。另外，学生要学会在小组内相互分享学习经验，解决学习上的难题，提高自己的学习效率。

（3）掌握预测策略，锻炼自己的思考力。思考往往从预测、猜想开始，熟练掌握预测策略，可以锻炼逻辑思维能力。

（4）掌握概括策略，抓住文章主旨。"千淘万漉虽辛苦，吹尽狂沙始到金。"熟练掌握概括策略，才会读有所得，抓住要点，有所收获。

（5）运用情感策略，增强学习动力。学生学会设定明确的学习目标，学习活动不盲目，全身心甚至忘我地投入学习中去，从而在不知不觉中有效达成自己的预期目标。

七、反思、习惯和语言技能

"鲜活英语（Fresh English）"教学思想五要素之中的两大要素，reflection（反思）和habit（习惯），促使语言知识的获得与语言技能的提升。反思的内容主要包括：梳理与反思所学的内容、反思所学方法、反思重难点、反思不足、反思收获。习惯的内容主要包括：朗读的习惯、阅读的习惯、预习的习惯、复习的习惯、总结的习惯等。

语言知识的学习与语言技能的提升是一个系统工程，具有长期性的特点，而学生具备反思能力与良好的学习习惯，会对语言知识的学习与语言技能的提升有极大的促进作用。在课堂上，教师指导下的听、说、读、看、写等教学活动重在培养学生学习的兴趣、指点方法、提供示范、训练思维。

学习与掌握语言技能，需要不断反思，养成良好的学习习惯。需要反思的地方有很多，至少有如下几个方面的内容：

一是创造语言学习环境，提高听、说、读、看、写等技能。多听英文广播、英语歌曲、英语故事等，多进行语言输入，为语言输出做好准备。

二是在多听的基础上尽可能多说，创造语言输出的机会。在不同的场合，抓住一切机会与人用英语交谈，快速提升口语表达能力。

三是多朗读，勤背诵。高声朗读、背诵英语课文，也是学习英语的重要路径之一。朗读英语，感受英语语言文化的魅力。

四是勤于写作，多运用语言。我们平时将所听、所看、所读的文章写成一篇篇英语作文，不仅可以强化我们对语言的把控能力，还可促进我们合理运用英语，培养自己的写作能力和逻辑思维能力。

五是学习文化。语言与文化息息相关，我们在学习语言的时候，其实也在学习文化、了解文化、接受文化。勤于反思，在提高语言技能的过程中，文化的种子已在我们的心中生根、发芽。

第四节　教学思想与英语学科核心素养

2014年，教育部在《关于全面深化课程改革落实立德树人根本任务的意见》（以下简称《意见》）中首次以文件的形式，正式提出"核心素养"这一概念。《意见》指出，核心素养是学生应具备的适应终身发展和社会发展需要的必备品格和关键能力。具体而言，核心素养是学生适应个人终身发展和社会发展所必需的关键知识、能力和态度的综合表现，是跨学科、跨领域的共同要求。①2006年欧盟向各成员国推荐了关于核心素养（key competencies）的建议案，将核心素养定义为知识社会中每个人发展自我、融入社会及胜任工作所必需的一系列知识、技能和态度的集合，主要涉及母语、外语、数学与科学技术素养、信息素养、学习能力、公民与社会素养、创业精神以及艺术素养等八大核心素养体系。②

核心素养体系框架在美国体现为"21世纪技能"，主要分为学习与创新技能、生活与职业技能、信息媒体与技术技能三大类，具体表现在保留传统的英语、阅读和语言艺术、外语、艺术、数学等核心课程的基础上，增加了全球意识、理财素养、公民素养、健康素养、环保素养等③，而对于英语核心素养的

---

① 钱丽欣.课程整合：回应未来社会对学生核心素养的期待[J].人民教育，2015（24）：34.
② 李艺，钟柏昌.谈"核心素养"[J].教育研究，2015（9）：18.
③ 肖驰，赵玉翠，柯政.基于核心素养的课程政策——第十三届上海国际课程论坛综述[J].全球教育展望，2016（1）：114-119.

内涵的论述很多，如英语核心素养主要包括阅读能力、写作能力、多元文化理解能力、跨文化交际能力等[①]；英语学科的核心素养主要由语言能力、思维品质、文化意识和学习能力四方面构成。[②③]

学科核心素养是学科育人价值的集中体现，是学生通过学科学习而逐步形成的正确价值观念、必备品格和关键能力。英语学科核心素养主要包括语言能力、文化意识、思维品质和学习能力。"鲜活英语（Fresh English）"的教学思想，旨在塑造学生的必备品格和培养学生的关键能力，这与学科素养的培养目标是一致的。另外，该教学思想的五个基本要素与英语学科核心素养的基本内容也是高度匹配的。

"鲜活英语"的思想与英语学科核心素养内容是一致的，如图1.2所示：

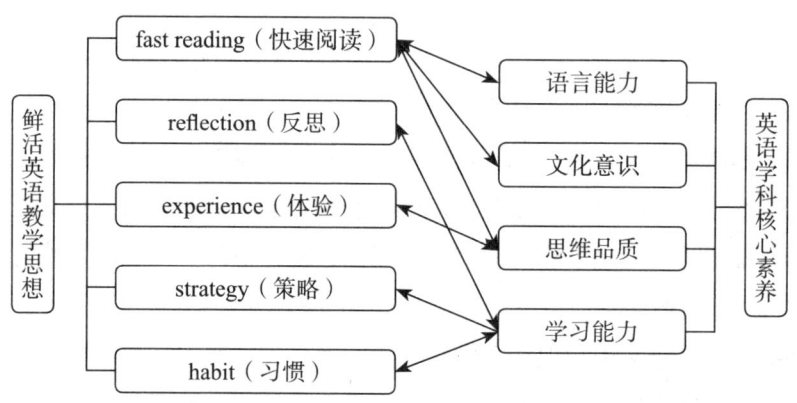

图1.2 "鲜活英语"教学思想与英语学科核心素养

一、快速阅读和语言能力

快速阅读是阅读的一种重要方式，在掌握一般的阅读技能的基础上着重提出"快速阅读"的概念，特点是获取信息的速度快、效率高，以适应当今知识

---

① 沈为慧.何为核心素养[J].新课程教学（电子版），2016（1）：1.

② 王蔷.从综合语言运用能力到英语学科核心素养——高中英语课程改革的新挑战[J].英语教师，2015（16）：7.

③ 陈艳君，刘德军.基于英语学科核心素养的本土英语教学理论建构研究[J].课程·教材·教法，2016（3）：51–53.

爆炸的形势，应对未来。

语言能力指在社会情境中，以听、说、读、看、写等方式理解和表达意义的能力，以及在学习和使用语言的过程中形成的语言意识和语感。在常见的具体语境中整合性地运用已有语言知识，理解口头和书面语篇所表达的意义，有效地使用口语和书面语表达意义和进行人际交流。

快速阅读不仅是获取信息的主要手段，也是学习和掌握语言的有效途径。快速阅读，是一种阅读技能，是可以通过科学的训练而得到提升的。在课堂上，教师要有意识地训练学生的快速阅读的技能，同时，通过阅读学生也可以学习语言基础知识。教师可以加强如下训练，提高学生的语言能力：

一是限时训练，提高学生的阅读速度。课堂是教师传授方法、训练技能的主阵地，通过正确的方法与适当的训练，学生可以掌握相关技能，逐渐形成习惯与策略。教师先提出具体的要求，然后让学生在规定的时间内看完教材中的文章，并理解相关内容。在经过一段时间的训练后，可以选择课外的相关性强的阅读材料，让学生快速地看完，然后说出大意，每次训练5分钟左右，每周安排至少一次，要求一次比一次快。

二是整体阅读，领会主题。教师引导学生学习与掌握整体阅读法，即从文章的整体上进行理解。首先，浏览全文，寻找重点句子，捕捉关键语句。其次，对文章整体感知后，弄清文章各段落之间的关系，准确理解重点语句的含义与作用。再次，总体把握文章的主题思想，归纳和概括文章的主旨。

三是重视语言输出。通过说与写，学生把阅读文章获取的信息、语法句式、核心观点等展现出来，既训练了思维，又提升了语言能力。

二、快速阅读、体验和思维品质

快速阅读不仅仅是一种阅读方式，它伴随着思维的发展，与语言能力的提升同步发展。通过快速阅读，学生不但可以掌握快速获取信息的方法，思维能力也在这个过程中得到了提升。

在20世纪50年代，美国教育研究中心的Benjamin Bloom教授就提出一个教育目标分类框架，叫Bloom's Taxonomy，即布卢姆分类法。这个框架把思维学习分为六个层次，自低到高依次是记忆、理解、应用、分析、评价、创造。快速阅读的过程，包含了思维学习的理解、应用、分析、评价、创造等层级，由低阶思维向高阶思维发展。

《课标》也指出，思维品质指思维在逻辑性、批判性、创新性等方面所表现的能力和水平。思维品质体现了英语学科核心素养的心智特征。思维品质的发展有助于提升学生分析和解决问题的能力，使他们能够从跨文化视角观察和认识世界，对事物做出正确的判断。能辨析语言和文化中的具体现象，梳理、概括信息，建构新概念，分析、推断信息的逻辑关系，正确评判各种思想观点，创造性地表达自己的观点，具备多元思维的意识和创新思维的能力。[1] 快速阅读也有利于学生语言基础知识的学习，而学习知识的目的是运用，通过参与活动，在活动中体验语言、学习与运用语言，在语言的积累与运用中，也必然伴随着思维能力的提升。

三、快速阅读和文化意识

快速阅读使学生在快速获取文章信息与学习语言知识的同时，也了解文章中所包含的文化。

《课标》指出，文化意识指对中外文化的理解和对优秀文化的认同，是学生在全球化背景下表现出的跨文化认知、态度和行为取向。文化意识体现英语学科核心素养的价值取向。文化意识的培育有助于学生增强国家认同和家国情怀，坚定文化自信，树立人类命运共同体意识，学会做人做事，成长为有文明素养和社会责任感的人。[2] 有助于学生获得文化知识，理解文化内涵，比较文化异同，汲取文化精华，形成正确的价值观，坚定文化自信，形成自尊、自信、自强的良好品格。

从字面上看，快速阅读是一种阅读技能，而文化意识是一种意识、感觉，两者似乎没有关联，其实并非如此。Tobias认为背景知识和阅读的速度和准确性以及对主题的兴趣方面也有相关性。[3] 有文化意识，有对某种文化现象的基本了解，理解相关的文章就会驾轻就熟。阅读是读物内容与读者的背景知识相

---

[1] 中华人民共和国教育部.普通高中英语课程标准（2017年版）[M].北京：人民教育出版，2018.

[2] 同上。

[3] 樊永仙.英语教学理论探讨与实践应用[M].北京：冶金工业出版社，2004.

互作用的过程，而阅读理解则是读者利用自己的背景知识对读物内容进行思维的过程。①由于不同的国家在文化教育、风土人情、社会生活等方面都存在着较大的差异，而中国学生长期以来接受的是中国文化的教育，因此，学生了解所学语言的文化背景知识显得尤为重要。

语言与文化的关系密不可分。一方面，语言是文化的主要载体，文化体现在语言之中，正如人类学家克拉克洪所说，离开了语言，人类文化是不可想象的。另一方面，文化是语言的底座，离开了文化，语言也就失去了内容与意义。拉多在《语言教学》一书中就指出："我们不掌握文化背景就不可能教好语言。语言是文化的一部分，因此，不懂得文化的模式和准则，就不可能真正学会语言。"

国家教育咨询委员会委员王本中认为，英语教育在中国过去几十年的变化可以简单地理解为从原来的英语教学到现在的英语教育。"英语教学"是将英语视为一种交流工具，而"英语教育"则是从文化、人文、育人的角度看待英语学科。英语教育包括三个层面：第一个层面是一般的听、说、读、写，对于学生们来说，达到这个层面比较容易；第二个层面是学生们需要在专业领域中进行两种语言的理解与互换交流；第三个层面是英语学习背后对于文化的理解。《课标》提出将"文化意识"作为英语学科培养的核心素养之一，就是希望通过英语这个平台，培养下一代肩负我们东学西渐的责任。

四、反思、策略、习惯和学习能力

"鲜活英语"教学思想中的反思、策略与习惯，都指向学生学习能力的培养，而学习能力是学生应对未来的最为宝贵的东西。

反思是对自己的思维过程、思维结果进行再认识的检验过程。它是学习中不可缺少的重要环节。当代建构主义学说认为，学习要在活动中进行建构，要求学生对自己的活动过程不断地进行反省、概括。②

学习策略是认知方式的一种体现，指学生为了有效地学习和发展而采取的

---

① 孙美华.高中英语教材中背景知识的开发研究［D］.上海：上海师范大学，2011.
② 反思.百度百科.https://baike.so.com/doc/6973508-7196197.html.2019-07-17

各种行动和步骤，英语学习策略即指一个学生在整个英语学习过程中经常采用的、习惯化了的、受本人偏爱的态度、风格、途径、方法与技巧。

学习习惯在学习过程中经过反复练习形成并发展，成为一种个体需要的自动化学习行为方式。学生养成良好的学习习惯，有利于形成学习策略，提高学习效率，培养自主学习能力，获益终生。英语学习习惯的内容主要包括：朗读的习惯、阅读的习惯、预习的习惯、复习的习惯、总结的习惯等。另外，还有其他良好的学习习惯，包括按计划学习、讲求效益、独立思考、自学、认真听课、独立完成作业等。[1]

《课标》也指出，学习能力指学生积极运用和主动调适英语学习策略、拓宽英语学习渠道、努力提升英语学习效率的意识和能力。学习能力构成英语学科核心素养的发展条件。学习能力的培养有助于学生做好英语学习的自我管理，养成良好的学习习惯，多渠道获取学习资源，自主、高效地开展学习。它进一步使学生树立正确的英语学习观，保持对英语学习的兴趣，具有明确的学习目标，能够多渠道获取英语学习资源，并有效规划学习时间和学习任务，选择恰当的策略与方法，监控、评价、反思和调整自己的学习内容和进程，从而逐步提高使用英语学习其他学科知识的意识和能力。

教师在课堂上有意识地培养学生的反思能力、学习策略、学习习惯，实际上就是在培养学生的学习能力。

---

[1] 习惯. 百度百科. https://baike.so.com/doc/6217712-6430992.html. 2019-07-17

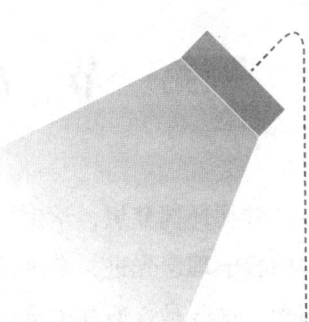

第二章

高中英语课堂教学的理念、目标与任务

理念影响行动,理念规范行为,理念引领方向,理念引发思考。高中英语教师每天都在上课,年复一年、日复一日地进行着英语课堂教学,如果没有理念的指引,每天的教学就变成了机械的、雷同的、枯燥的重复性工作;相反,如果心中有理念的牵引,每天都会遇到教学上新的问题,每天都在挑战自己,这样,每日的教学工作也会变得神圣而有使命感。本章扼要地介绍了高中英语课堂教学的理念、目标与任务。教师深感责任在肩,奋力前行,内心必将燃烧生命的激情,教学工作也因有意义而使生命闪光。

第一节　高中英语课堂教学的理念

教师怀揣梦想，学生也必定有梦；教师志向远大，学生也将志存高远。教师的教学理念先进，学生也将收获良多、成绩斐然。《课标》提出了五大基本理念，这既是普通高中英语课程的设计理念，也是高中英语课堂教学中教师要坚持的理念。教师心有标准，工作也将尽力为之。

一是落实立德树人。普通高中英语课程具有重要的育人功能，旨在发展学生的语言能力、文化意识、思维品质和学习能力等英语学科核心素养，落实立德树人的根本任务。

二是夯实语言基础。普通高中英语课程应在有机衔接初中学段英语课程的基础上，通过必修课程为所有高中学生搭建英语学科核心素养的共同基础，使其形成必要的语言能力、文化意识、思维品质和学习能力，为他们升学、就业和终身学习构筑发展平台。

三是提高学用能力。教师应设计具有综合性、关联性和实践性特点的英语学习活动，使学生通过学习理解、应用实践、迁移创新等一系列融语言、文化、思维为一体的活动，获取、阐释和评判语篇意义，表达个人观点、意图和情感态度，分析中外文化异同，发展多元思维和批判性思维，提高英语学习能力和运用能力。

四是开展有效评价。评价应聚焦并促进学生英语学科核心素养的形成与发展，采用形成性评价与终结性评价相结合的多元评价方式，重视评价的促学作用，关注学生在英语学习过程中所表现出的情感、态度和价值观等要素，引导学生学会监控和调整自己的英语学习目标、学习方式和学习进程。

五是技术深度融合。普通高中英语课程应重视现代信息技术背景下教学模式和学习方式的变革，充分利用信息技术，促进信息技术与课程教学的深度融合，根据信息化环境下英语学习的特点，科学地组织和开展线上线下混合式教学，丰富课程资源，拓展学习渠道。

第二章
高中英语课堂教学的理念、目标与任务

在上述理念的引领下，教师的教育教学行为也将适应新变化，顺应新要求：

一是立德树人放首位。"士有百行，以德为先"，意思是人有各种德行，良好的道德修养是人终身发展的基础。教师将立德树人放在首位，要认识立德树人的内涵：教育的本质是培养人；要促进人的德性成长；道德发展与人的全面发展是辩证统一的关系。教师内心存有"立德树人"的意识，教学站位要更高，对教学内容的关注度也要更高，对教学材料的选择的思考要更深入，对学生的教育与教学材料结合更紧密。教师有"立德树人"的理念，内心不会彷徨，教学不会急功近利，教育会耐心、用心，责任感、使命感会不断增强，教育教学工作变得高尚而有意义。

二是语言基础要打好。高中英语教师通过课堂教学，应该使学生的语言能力、文化意识、思维品质和学习能力都有提升。具体而言，就是对《课程标准》提出的主题语境、语篇类型、语言知识、文化知识、语言技能和学习策略等六要素构成的课程内容要基本掌握。通过教师与学生的共同努力，学生能够在一定的情境中，围绕主题语境，使用所学的语言知识和文化知识，有效运用学习策略，理解语篇所传递的意义、意图和情感态度，理解语篇中不同的文化元素及其内涵，分析不同语篇类型的结构特征和语言特点，并能以口头或书面形式陈述事件、传递信息、表达观点和态度等。

三是关键能力需提升。英语学科核心素养主要包括语言能力、文化意识、思维品质和学习能力。而在高中阶段，培养学生的预测、概括、速记、捕捉信息、反思总结等能力都是非常重要的。根据文章的标题、插图预测文章的体裁与内容，根据主题句、关键词等概括段落或整篇文章的主旨大意，听听力内容，快速记下关键词，利用关键词，迅速捕捉文章重要信息，反思总结所学内容等，都是教师应该指导学生并要求学生熟练掌握的关键技能。

四是有效评价多尝试。开展有效评价，其目的在于激励学生、发现问题、提高课堂教学效益。美国著名的教育评价专家斯塔弗尔比姆说，"评价最重要的意图不是为了证明，而是为了改进"。教师采用形成性评价与终结性评价相结合的多元评价方式，就是希望学生一方面通过评价，肯定自己的成绩与为此而付出的努力；另一方面，及时发现自己的不足，分析问题存在的原因，寻找解决问题的对策。

五是信息技术巧融合。一方面，信息技术要进入教育教学过程，改变教育

教学模式，形成新的教学方法和模式，发挥信息技术对教育教学改革的推动作用；另一方面，要实践新的教育教学理念和模式，必须有与之相适应的信息技术支撑，同时也为信息技术的发展提供了新的方向。正因为如此，教师要由课堂教学的主宰和知识的灌输者，转变为课堂教学的组织者、指导者，学生建构意义的帮助者、促进者，学生良好情操的培育者；学生要由知识灌输的对象和外部刺激的被动接受者，转变为信息加工的主体、知识意义的主动建构者和情感体验与培育的主体。

第二节 高中英语课堂教学的目标

普通高中英语课程的总目标是全面贯彻党的教育方针，培育和践行社会主义核心价值观，落实立德树人的根本任务，在义务教育的基础上进一步促进学生英语学科核心素养的发展，培养具有中国情怀、国际视野和跨文化沟通能力的社会主义建设者和接班人。

基于课程的总目标，普通高中英语课程的具体目标是培养和发展学生在接受高中英语教育后应具备的语言能力、文化意识、思维品质、学习能力等学科核心素养。

核心素养对应的能力目标，实际上也是高中英语课堂教学的教学目标，其表述有如下内容：

在语言能力目标方面：语言意识和英语语感的培养是第一要务；创造语境，指导学生结合语境运用所学的语言知识；听懂、读懂英语语篇；学会与人有效沟通、交流。

在文化意识目标方面：学习与了解英语文化知识，懂得其文化含义，并学会扬弃，形成正确的价值观，增强民族自豪感，养成良好品格；增强文化意识，学会跨文化沟通，主动传播中华优秀文化。

在思维品质目标方面：能具体分析语言与文化现象；能快速查找信息、概括信息、分析信息；能正确评价各种思想观点；准确地表达个人想法，开拓思维。

在学习能力目标方面：使学生对英语学习有热情、有兴趣，学习目标明确、具体；能规划英语学习的时间与任务；能有效利用学习资源；能准确选择学习的策略与方法；能反思和恰当调整自己的学习进程；能利用已有知识学习新知识。①

目标是远方的灯光，照亮我们前进的方向，但要达到目标，还要走好脚下的每一步。英语教师至少在如下五个方面应有所作为：

一是分解目标，具体可行。核心素养对应的能力目标的描述概括性极强，但课堂教学的成效要体现在具体的每一节课上，因此，在总体描述的目标的基础上，教师要善于将大的目标分解成小的目标，分解成每一节课的具体目标，即课时目标。课时目标也是通过具体的教学步骤来完成的。另外，学生要达到目标，也不是教师通过一两节课可以完成的，需要教师传授给学生基本的方法，学生通过大量的训练，思考、尝试、熟练、内化，形成相应的技能，此时方可认为是达到了目标。

二是选材用材，加大输入。教师制订具体的课时目标是提高课堂教学实效性的第一步，可是，要实现课时目标，就要选择合适的语言材料，加大语言输入，而且是可理解性输入。教师在选好语言材料的基础上，充分利用语言材料，精心设计教学环节与相应的教学活动，促使学生能积极参与课堂教学活动，为实现语言输出做好准备。

三是设计活动，实现输出。新课程倡导指向学科核心素养的英语学习活动观，因此，在英语课堂上，教师应设计具有综合性、关联性和实践性特点的英语学习活动，通过这些活动，学生可以理解知识内容，开展应用实践，实现知识迁移，最终实现语言输出，真正提高英语运用能力。

四是问题导向，开拓思维。开拓学生思维是课堂教学的重要任务，而开拓思维也是从课堂提问开始的。在课堂上，教师要精心设计问题，以"问题"为教学活动的起点，启发学生思考。当然，教师在进行课堂提问时，最好是采用

---

① 中华人民共和国教育部.普通高中英语课程标准（2017年版）［M］.北京：人民教育出版社，2018.

"问题链"的方式，引导学生思考，问题环环相扣，思考逐步深入。教师也可以组织学生开展堂上小组活动，让学生探究问题、分享观点、共享资源、互助合作，形成学习共同体，最终目的是引导学生积极思考、开拓思维，培养学生运用所学知识解决实际问题的能力。

五是激发动机，反思提升。学生唯有想学，方能学好，说的就是激发学生学习的动机的重要性。激发学生的学习动机，可以尝试如下做法：①立志教育，教师引导学生树立远大志向，做对社会有贡献的人，做最好的自己；②增强自我效能感，教师创造条件让学生获得成功感，自信满满，迎接挑战；③学会正确的归因，分析失败的原因，找到改进的方法，继续努力；④进行恰当的奖惩，教师应善于观察学生，发现学生的进步，当学生表现好时要奖励，做得不好时要惩罚，但要适度。

什么是反思？简单地说，反思就是对过去经历的再认识。学生要善于从经历中提炼出宝贵的经验。反思是一种思维方式、一种学习能力、一种学习方法。学生可以建立一个"反思本"，记录学习中的得失，分析原因，并记录改进方法。当然，教师要培养学生的反思意识，帮助学生学会反思。

第三节　高中英语课堂教学的任务

普通高中英语课程作为一门学习及运用英语语言的课程，与义务教育阶段的课程相衔接，旨在为学生继续学习英语和终身发展打下良好基础。对于学生而言，高中阶段是其人生中的一个重要阶段，心智逐渐走向成熟，独立性与个性渐渐彰显；高中阶段又是学生求学的道路上承上启下的阶段，走得好、走得平稳将有利于学生的终身发展。教师要明确任务，实施计划，稳步推进，有条不紊。

一、落实立德树人

立德，就是培养学生崇高的思想品德；树人，就是培养高素质的人才。

"立德"强调的是道德养成，"树人"强调的是能力培养；"立德"是"树人"的前提，"树人"是"立德"的目标，"立德树人"体现了"立德"和"树人"的唯物辩证关系。立德树人就是聚焦学生健康成才成长，以德为先，培养塑造德才兼备的中国特色社会主义事业建设者和接班人。立德树人的目的是促进人的全面发展，教育是把"自然人"转化为"社会人"的过程，最根本是促进人的道德层次提升的过程。[1]"国无德不兴，人无德不立。"教育要着眼于学生的健康成长，不局限于授业、解惑，更应该着重于传道，帮助学生养成终身受用的品格和能力，使学生能适应时代的要求，具有爱国主义、集体主义精神，热爱社会主义，继承和发扬中华民族的优秀传统和革命传统；具有社会主义民主法制意识，遵守国家法律和社会公德；逐步形成正确的世界观、人生观、价值观。

二、打好语言基础

《课标》在描述其课程性质时指出，普通高中英语课程强调对学生语言能力、文化意识、思维品质和学习能力的综合培养，其具有工具性和人文性融合统一的特点。普通高中英语课程应在义务教育的基础上，帮助学生进一步学习和运用英语基础知识和基本技能，发展跨文化交流能力，为他们学习其他学科知识、汲取世界文化精华、传播中华文化创造良好的条件，也为他们未来继续学习英语或选择就业提供更多机会。普通高中英语课程同时还应帮助学生树立人类命运共同体意识和多元文化意识，形成开放包容的态度，发展健康的审美情趣和良好的鉴赏能力，加深对祖国文化的理解，增强爱国情怀，坚定文化自信，树立正确的世界观、人生观和价值观，为学生未来参与知识创新和科技创新，更好地适应世界多极化、经济全球化和社会信息化奠定基础。[2]

三、开拓学生思维

发展学生的思维是教学的第一要义。语言既是文化的载体，也是思维的工

---

[1] 谢安国.习近平立德树人思想的科学内涵和重大意义[J].国家教育行政学院学报，2018（8）.
[2] 中华人民共和国教育部.普通高中英语课程标准（2017年版）[M].北京：人民教育出版社，2018.

具。语言能力的提高应与思维品质的发展和文化意识的形成同步,即使语篇的选择也要考虑该语篇在促进学生思维等方面的积极意义。教师要在帮助学生发展语言能力的同时,促进他们思维品质的发展,引导学生树立正确的价值观。因此,《英语课程标准》力求把对学生思维品质和文化意识的发展要求有机融入语言知识和文化知识的学习中。在教学中,教师要引导学生感知、理解、整合、内化语言和文化知识,获取信息、分析问题、解决问题、鉴赏评价、自主表达,使这一过程成为学生语言能力的发展过程、思维品质的提升过程、文化意识的建构过程和学习能力的形成过程。①

四、掌握学习策略

学习策略主要指学生为促进语言学习和语言运用而采取的各种行动和步骤。学习策略的使用表现为学生在语言学习和运用的活动中,受问题意识的驱动而采取的调控和管理自己学习过程的学习行为。学习策略的培养可以帮助学生逐步形成适合自己的学习方式和方法,提高学生的自主学习能力,为学生的可持续发展和终身学习奠定良好的基础。课程中所列出的学习策略要求高中学生形成终身学习能力的基础,在必修阶段占有特别重要的位置,对学习策略的培养要融入语言学习、信息整合、意义探究、文化比较和价值判断的学习活动中。②

五、培养良好习惯

教育在于培养良好习惯,大教育家孔子说:"少成若天性,习惯如自然。"我国当代教育家叶圣陶说:"教育就是培养习惯。"英国哲学家弗郎西斯·培根在《随笔集》中指出:"习惯真是一种顽强而巨大的力量,他能够主宰人生。因此,人自幼就应通过完美的教育,去建立一种好的习惯。"法国启蒙思想家卢梭在其教育名著《爱弥儿》一书中指出:"在儿童时期没有养成思想的习惯,将使他从此以后一生都没有思想的潜力。"《课标》也指出,广泛

---

① 中华人民共和国教育部.普通高中英语课程标准(2017年版)[M].北京:人民教育出版社,2018.

② 同上.

第二章
高中英语课堂教学的理念、目标与任务

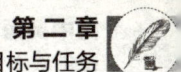

阅读可以让学生体验更丰富的语篇文体，如对话、小说、传记、新闻报道和报刊文章、网络媒体的代表性文章等语篇类型，使他们逐步养成良好的阅读习惯。①

针对上述五大任务，英语教师在备课、上课、开展活动等诸多方面都大有可为。

一是激情投入，情感带动。德国教育家第斯多惠说："教学的艺术不在于传授的本领，而在于激励、唤醒、鼓舞。"我们从中可以得到启示，教师的肩上挑着两大责任：传授知识与激励唤醒。在高中阶段，英语教师不但要上好英语课，而且要点燃学生的学习激情，完成立德树人这一根本任务。当然，教师要点燃学生的学习激情，首先自己要对教育教学充满激情。激情是点燃学生学习热情的火炬，是促进学生学习的动力；激情可以弥补教师知识的不足，补偿教师教学方面的缺陷，产生创造力。②"动之以情，晓之以理"，情感在教育人中发挥着巨大作用。

二是无缝对接，润物无声。在立德树人方面，教师应该学会在课堂渗透德育。教师可以结合学习内容，有机渗透德育，毕竟学生思想品德的形成是以学科知识为基础的，同时，德育教育要融入其中。例如，在必修三第一单元"世界节日"的教学中，教师可以介绍中国的春节、端午节、重阳节、清明节等，弘扬中华民族的优秀传统文化，让学生知道、懂得民族的才是世界的。又如，在讲必修五第一单元"伟大的科学家"时，教师可以在理解课文内容的基础上让学生进一步感悟钱学森等科学家的爱国主义精神，从而使学生感受到为国做贡献的伟大与自豪。又比如，必修一第四单元"地震"、必修二第四单元"野生动植物保护"、必修三第二单元"健康饮食"等，通过课堂上对相关话题的讨论、演讲、分享，增强学生环境保护、安全防范、关爱生物等的意识。教师应该利用一切可学习的资源，与学生共同探讨，让学生在潜移默化中受到教育，得到熏陶。

三是学业基础，重点突破。高中阶段的英语学习任务是与初中相衔接的，

---

① 中华人民共和国教育部.普通高中英语课程标准（2017年版）[M].北京：人民教育出版社，2018.
② 王玉秋.浅谈如何成为一名充满激情的中专日语教师[J].才智，2011（15）：263.

旨在为学生继续学习英语和终身发展打下良好基础。既然是打基础，就是有所为，有所不为，就是有重点地去作为，而不是面面俱到，结果什么都没有达到。在高中阶段，需要重点突破的点有：培养学生的预测、概括、速记、捕捉信息、反思总结、口头、笔头表达等能力。

四是开拓思维，促进成长。思维品质指思维在逻辑性、批判性、创新性等方面所表现的能力和水平，它体现英语学科核心素养的心智特征，而课堂教学是开拓学生思维的重要抓手。在课堂上，要开拓学生的思维，首先，要提高学生的课堂学习专注度。其次，要引导学生动手实践，在实践中发现问题并解决问题，而寻找办法、解决问题的过程，实际上就是思维提升的过程。心理学家皮亚杰也认为："智慧从动作开始，学生的多种感官参与认知活动，可以使信息不断刺激细胞，促使思维活跃，便于储存和提取信息，同时易于激发学生的好奇心和求知欲，产生学习的内驱力。"再次，利用思维导图来整理自己的思维逻辑。思维导图在内容上是由精细的观察能力、形象的思维能力、高效的记忆力、创造想象力、对亮度色彩和线条的敏感性、手的协调运动和丰富的表达能力组合而成，思维导图能促进学生观察力、记忆力、想象力的发展。

五是策略习惯，渐进养成。习惯改变人生。多一个好习惯，人就多一份自信，多一个成功的机会，多一个享受生活的能力。美国心理学家威廉·詹姆士有一句格言："播下一个行动，收获一种习惯；播下一种习惯，收获一种性格；播下一种性格，收获一种命运。"我国著名教育家叶圣陶先生也说过："什么是教育？简单一句话，就是要养成习惯。德育就是要养成良好的行为习惯，智育就是要养成良好的学习习惯，体育就是要养成良好的锻炼身体的习惯。"在英语课堂上，教师要有意识、有计划地培养学生的学习策略，如反思策略、语境学习策略、预测策略、概括策略、跳读策略、扫读策略、交际策略、情感策略等。教师更要有意识地培养学生的良好的学习习惯，如朗读与阅读的习惯、预习与复习的习惯、归纳与总结的习惯、反思与调整的习惯。策略与习惯相辅相成，有时策略也可以成为一种学习习惯。

第三章

高中英语课堂教学基本课型划分的理论基础

课型，有其相对稳定的课堂教学操作模式，有利于教师的教与学生的学。依据不同的标准，英语课可以划分成不同的课型，划分课型的标准隐含着不同的理论依据。本章介绍了四种基本课型的基础理论，即输入理论、输出理论、学伴用随原则和建构主义理论，以及这些理论带来的教学启示。

第一节　输入理论

美国语言学家克拉申博士是美国加州南加州大学语言学系的教授，基于学习与吸收他人的研究成果以及自己的研究，其于20世纪80年代初期提出了第二语言是如何习得的语言学习理论，又被称为监察模式（Monitor Model）。克拉申的监察模式包括五个假设：习得—学习假设、自然顺序假设、监察假设、输入假设和情感过滤假设。这五个假设道出了语言学习的不同侧面，它们又互相联系。克拉申第二语言习得理论中的输入假设影响力更大，因此，也有人将克拉申第二语言习得理论简称为输入理论。

一、克拉申的"语言输入假设"

1. 习得—学得假设（Acquisition–Learning Hypothesis）

习得是一种自然的方式，觉察不到，像小孩子习得母语，自然获得使用语言的能力。学得是指有意识地学习语言规则的过程，但学得不能导致习得。该理论阐明外语学习是不同于母语习得的，不能用母语习得的方法去进行外语教学。

2. 自然顺序假设（Natural Order Hypothesis）

自然顺序假设强调习得语言规则是有一定的次序的。按自然顺序假设，一种语言的语法规则或结构是按一定的、可以预示的顺序习得的。因此，教师在教学中可遵循先听后说、先读后写的顺序。

3. 监察假设（Monitor Hypothesis）

克拉申认为，学习只是对运用的语言进行编辑或监察，教师要给学生充足的时间去掌握语言规则，避免语法错误。要使学得的监察作用得到发挥，必须具备如下三个条件：一是要有充裕的时间；二是必须把注意力放在语言形式的正确性方面；三是必须懂得规则。该假说提示教师要允许学生犯错误，给予学生一定的时间通过错误去理解消化所学知识。

4. 情感过滤假设（Affective Filter Hypothesis）

心理或情感因素对外语学习有很大影响，这些因素包括一个人的动机、信心和忧虑程度。在外语学习过程中，强的动机及自信心和低的忧虑状态对习得来说是较为有利的。

5. 输入假设（Input Hypothesis）

克拉申的"输入假设"在20世纪80年代中期被介绍到我国，其为外语教学和学习中的语言输入问题提供了相应的理论依据。克拉申语言输入假设的主要观点有如下三点：

（1）输入是语言习得的首要条件。关于语言习得中的语言输入问题，通常有三种主要的观点。第一种观点认为语言输入包括"刺激"和"反应"两个要素；输入材料提供了"刺激"，学习者产生"反应"。因此，获得有效"刺激"是语言习得的关键。第二种观点认为学习者是"巨大的引发剂"（grand initiator），输入信息起到"板机"的作用，用来触发学习者内在的语言习得机制；"引发剂"是习得关键。第三种观点则认为语言习得是通过学习者思维能力和周围语言环境相互作用的结果。①这三种观点从不同的角度阐述了输入与语言习得之间的关系，强调了语言输入的重要作用。克拉申认为促成语言习得的发生应具备两个基本条件：一是为学习者提供所需要的、足够量的可理解输入；二是学习者本身应具有内在的可加工语言输入的机制。②

（2）有效性语言输入。克拉申认为语言习得有赖于大量的语言输入信息，而这种语言输入必须是有效的。理想的输入应具备四个特点：可理解性（comprehension）；既有趣，又有关联（interesting and relevant）；非语法程序安排（not grammatically sequenced）和要有足够的输入量（i+1）。③克拉申特别强调，语言习得是通过理解信息，即通过接收"理解性输入"而产生的。

（3）"i+1"原则。克拉申在强调"有效性语言输入"的同时，提出了"i+1"输入原则。他认为，语言输入全部是习得者能够很容易理解的材料也

---

① Ellis, R. The Study of Second Language Acquisition［M］. Oxford: Oxford University Press. 1994.
② Krashen, S. Second Language Acquisition and Second Language learning［M］. New York: Pergamon Press, 1981.
③ 同上。

是不可取的。这无法起到激发学习者兴趣和动机的作用。克拉申指出："为了使语言习得者从一个阶段进入到另一个更高的阶段，所提供的语言输入中必须包括一部分下一阶段的语言结构。"克拉申用"i"表示学习者现有水平，用"1"表示略高于"i"的水平。这就是克拉申的"i+1"语言输入原则。[①]

（4）此时此地原则。克拉申提出，在语言输入的过程中，应该遵循"此时此地"原则。该原则的实质是，所输入的语言信息必须是真实的，因为语言习得只有在真实的语境中才能产生；在真实的语言环境中，语言交流活动才能体现有效意义，才能排除母语的干扰，达到音、形、意的一致。

二、"语言输入假设"对英语课堂教学的启示

1. 选择真实的材料，创设真实的语境，加大课堂可理解性语言输入

学生生活在现实生活中，生活中的事件必然影响着学生的成长；同时，学生通过课堂学习而得到的知识与技能，也必然在生活中用得到，他们可以用知识去解释生活中的现象，这样的学习才是相辅相成、学用结合的学习。因此，教师应努力从生活中汲取营养，开拓更多的教学资源，多采用生活中的素材作为语言材料。而且，源于生活的语言材料可以为学生的语言学习提供真实语境，激发学生学习语言的兴趣，引导学生在真实的语境中运用语言。真实的语言材料学生有可能听过或看过，有熟悉的感觉，他们更容易理解与学习。教师可根据学习内容选择学生经历的活动、熟悉的话题或社会事件作为课堂活动的素材。原汁原味的语篇，如英文歌曲、电影、广告、新闻、旅游介绍、说明书等，具有真实性的特点，更容易引起学生的共鸣与学习期待，是可理解性语言输入的良好语料。

2. 选择的材料的难度应略高于学生的现有水平

课堂是学生学习的主阵地，学生正是通过每一节课的学习来吸收知识与提升技能。教师借助语言材料开展课堂教学，选择合适的材料对学生的语言发展至关重要。人总是乐于挑战困难，这是一种正常的心理，是一种成功的心理需

[①] Krashen, S. Second Language Acquisition and Second Language learning［M］. New York: Pergamon Press, 1981.

要。因此，教师选择的听力材料或阅读材料的难度要略高于学生现有的水平，只有这样，在学生进行英语听力、阅读的过程中，才能够不被大量不认识的单词所吓倒，能够把听力与阅读继续下去，并不会因为词汇问题而产生挫败感，同时，由于材料的难度略高于阅读者现有的英语水平，所以，学生在听力、阅读的过程中能学到更多的东西。当然，材料不能太难，也不能太易，略高于学生水平即可。

3. 材料或活动，有趣又有关联

克拉申认为理想的语言输入应具备四个特点，其中第二个特点提到了"既有趣，又有关联（interesting and relevant）"。普通高中英语课程也倡导指向学科核心素养的英语学习活动观，鼓励教师设计具有综合性、关联性和实践性特点的英语学习活动。因此，在英语课堂上，教师选择语言材料与设计语言活动应该遵循"有趣又有关联"这一输入原则，毕竟学生处于活泼好动、对世界充满好奇的年龄阶段，他们对有趣的事物、有趣味的文章与信息关注度更高，也容易产生内心的愉悦感与认同感，这有利于他们的学习；同时，语言材料与活动与学生的原有知识要有关联，这样有利于学生把新知识纳入他们的知识系统，学东西可以循序渐进，有利于产生知识学习的正迁移。

4. 激发学生内在学习动机，培养自信心

学生都有学习、学好的欲望，但每个人的学习动机又不尽相同，学生的学习动机也是需要教师不断激发的。那些新奇的事物总能引起他们很大的兴趣，因此，英语课堂教学更应注意教学方式的灵活多样，充分利用多媒体、网络、信息技术等激发学生的学习兴趣。另外，创设问题情境，也是激发学生学习动机的重要渠道。对于高中生而言，复杂的、有难度的、有深度的问题更能吸引他们的注意力，激发他们探求的欲望。教师要注意培养学生的自信心，让学生获得成功的体验，毕竟自我信念是动机系统的核心成分，只有当人们感到自己能够完成某些活动，认为自己在这些方面有能力，才会产生对这些活动的内在动机。

5. 允许学生犯错，让学生学会从错误中学习

学习本身就是一个不断探索的过程，对学生而言，在求学的旅途中充满着无数的未知，老师告诉他们走出丛林的途中会遇到很多陷阱，会迷路，会跌倒，会失败，但老师不能让他们完全避开陷阱、迷路、跌倒、失败，老师教给

学生的最重要的是永远也不要丧失走出丛林的希望。因此，学习就是从犯错误的教训中获得体验、获得真知。当然，在学习过程中，老师要允许学生犯错，更要耐心地对待学生的错误，因为学生正是通过错误去理解消化知识，真正的学习并不是死记硬背知识，而是要从错误中学会探索、发现、总结与创造。教师允许学生犯错，才不会扼杀学生的好奇心、探索的兴趣和信心，才不会扼杀学生的创造性，毕竟当今社会需要的是有信心、耐挫折能力强的、有创新精神的人。

第二节　输出理论

　　输入假设提出以来就引起了很大的争议："可理解输入"是如何被理解的？新的语言知识又是如何被输入并融入学习者的语言系统的？为什么接受了相同的语言输入语言习得的程度却不一样？克拉申没有对此做很明确的解释。

　　斯温纳（M. Swain）通过对加拿大法语沉浸式教学（immersion program）进行的调查提出了可理解输出假设，明确阐述了输出能促进第二语言学习者语言表达的流利度和准确性。Swain对加拿大法语沉浸式教学进行研究，发现对母语是英语的学生全部用法语进行课程授课，经过七年法语沉浸式教学，学生接受的"可理解输入"可谓非常丰富，他们在法语听力和阅读能力方面得到了显著的提高，但口头表达和书面语水平仍然达不到本族语水平。由此可见，大量的语言输入并不一定会导致高质量的语言输出。Swain认为产生这一现象主要原因在于学生输出机会太少，对输入仅仅停留在理解层面，还没有内化成自己的知识，成为内在认知的一部分，以至于不能充分地运用及发挥二语能力。由此，Swain提出仅仅依靠"可理解输入"并不能促进二语全面发展，学习者要想使他们的二语表达既流利又准确的话，更需要"可理解输出"。[1]

---

[1] Swain, M. "Three Functions of Output in Second Language Learning", In : G. Cook & B. Seidlhoer(eds.), Principles and Practice in Applied Linguistics, Oxford: Oxford University Press. 1995.

第三章
高中英语课堂教学基本课型划分的理论基础

一、语言输出理论

Swain对输出假设进行了明确的论述，输出可以从三个方面促进二语习得，即输出具有三大功能：注意/触发功能、假设检验功能和元语言功能。①

1. 注意/触发功能（noticing / triggering function）

语言输出能促使二语学习者注意到他们想要表达和能够表达之间存在着差距，这种差距使他们意识到自己所不知道的目的语知识，从而引起他们对语言形式的注意。Richard Schmidt（1990）认为注意是输入转化为吸收的必要条件。Swain & Lapkin用有声思维材料（think-aloud protocols）对法语沉浸式教学的八年级学生进行了研究，来获取有关学习者内在认知过程的信息，检验输出是否能引起他们注意自己的语言问题，结果表明学习者确实意识到了自己表达中的问题，并且激活了与二语习得有关的内在认知过程。学习者在进行语言输出时，既要注意语言的意义，还要注意语言的形式，而对语言形式的关注是至关重要的，没有对语言形式进行有意识的关注就不可能使学习者对自己的语言进行分析。②

2. 假设检验功能（hypothesis-testing function）

Swain认为二语学习过程是一个不断对目的语提出假设并不断检验和修正的过程，而输出正是验证假设的重要手段。第二语言学习者在目的语学习过程中，经常会通过口头或书面的形式检验自己学习的目的语形式和结构，通过同伴、老师或本族语者的直接或间接的反馈来修改输出中出现的错误或不恰当的表达，逐渐提高自己的目的语水平，从而使自己熟练地运用目的语。

3. 元语言功能（metalinguistic function）

元语言就是学习者所具有的关于语言知识的总和，即学习者通过反思和分析语言所得到的关于语言的形式、结构及语言系统其他方面知识的雏形。元语言功能就是学习者运用语言来反思语言、解释语言的运用。当学习者在语言学习或用二语表达过程中遇到问题时，他们可能会运用已经学过的目的语知识来

---

① Swain, M. "Three Functions of Output in Second Language Learning", In : G. Cook & B. Seidlhoer(eds.), Principles and Practice in Applied Linguistics, Oxford: Oxford University Press. 1995.

② 李涛. 语言输出假设理论研究综述［J］. 外国语文，2013（6）：76-79.

57

进行反思，从语法、词汇、结构等方面分析语言形式，进行句法加工，以此来促进语言知识的控制和内化。[①]

另外，语言输出能提高表达的流利性。学习者越频繁地使用语言越能提高该语言的流利性。流利性就是从受控制的处理发展到自动化处理。所以增强流利性并非简单地指加快说话速度，流利性是自动化处理的一个标志。当某种输入与某种输出形式之间有着一致的、规律的连接，这种过程即成自动化。因此，输出与语法之间的一致的、规律的成功映射即可导致处理的自动化，进而提高表达的流利性，在某一层次上达到流利性可以使得你的注意力资源用于更高一个层次上的信息加工。[②]

二、语言输出理论对英语课堂教学的启示

1. 设计课堂语言输出活动

要实现语言输出，教师在传授语言知识的同时，要设置语言情境，设计符合学生水平的活动，学生在参与活动的过程中输出语言。在课堂教学中的各个环节都可以设计相应的语言输出活动，如在导入环节，可以设计师生交流、共享已有知识和经验；在讲解互动环节，教师给出简洁明了的指令后，学生可以组织语言回答问题；在反馈环节，教师可以设计一些与反馈内容相关的问题，使学生带着问题去参与课堂活动。

2. 引起学生的注意，关注语言形式

在心理学中，注意是心理活动对一定对象的指向和集中，它分为有意注意与无意注意两种。有意注意是指自觉的、有预定目的，需要经过意志努力而主动发起的注意；无意注意是指没有预定目的、无须意志努力，不由自主地对一定事物发起的注意。在英语课堂教学中，教师指导学生，更多时候使用的是有意注意，如在课文中找出含有宾语从句的句子，然后进行对比，发现句子之间的共同特点，从而归纳出宾语从句的语法特征。

[①] 周静，薛业浩. Swain输出假设研究综述［J］. 北京城市学院学报，2018（1）：58-63.
[②] 李涛. 语言输出假设理论研究综述［J］. 外国语文，2013（6）：76-79.

3. 多说多写，加强课堂上的输出训练

听与读属于输入，说与写属于输出。根据语言输出理论，教师要为学生创造语言输出的机会。在课堂上，教师可采取形式多样的写作形式，如归纳性写作、标题性写作等，以激发学生的写作兴趣，促使学生关注英语的习惯搭配、遣词造句的规则，不断激活输入的语言材料以求得恰当的表达方式。当然，在语言输出环节，老师不再做过多的指导和讲解，把时间还给学生，空间留给学生，鼓励学生大胆地把所思所想写下来。由于教师敢于放手，学生乐于写作，写自己心里想写的东西，他们的写作积极性就很高，这样，课堂上的语言输出活动才可以顺利进行。

4. 加强反思，促使转化

语言输出，并不是自然而然就形成的，也需要反思与内化。反思不仅仅是"回忆"或"回顾"已有的心理活动，而且要找到其中的"问题"以及"答案"。反思，并非易事，它其实也是一种学习策略。教师应该成为学生反思活动的促进者。在课堂上，教师要创设轻松、信任、合作的气氛，帮助学生看到学习中的问题所在，使反思活动得以开展。教师在反思的方法与策略上要指导学生，有时甚至要亲身示范，学生掌握了基本的方法之后，才会越做越好，越思考越深入，才会真正发现与掌握知识的要点，并纳入自己已有的知识系统，才会成功实现语言输出。

5. 增强语言的流利性

语言的流利性是经过学习、内化、掌握与熟练的必然结果。教师应设计形式多样的输出活动，使课堂成为语言学习的实践场所，有效地帮助学生通过语言输出将语言输入内化、吸收，在习得语言知识的基础上切实提高英语表达能力。在课堂上，学生对感兴趣的话题进行课堂讨论、角色扮演、情景对话等，这些都有助于学生体验、运用英语。教师要提高学生的语言表达的流利性，就要多提供给学生表达的机会。

第三节　学伴用随原则

"学相伴、用相随"是王初明教授于2009年首次提出的外语学习原则，简称"学伴用随"，强调在学习过程中引入恰当的语境，以利于后续启动外语的使用。相伴正确，使用才能正确；相伴错误，使用就会出错。后来，王初明提出"学伴用随"教学模式的核心理念，是基于四个高效促学的关键因素：交际意图、互动协同、语境相伴、理解与产出相结合。[①]

一、高效促学的四个关键因素

1. 交际意图，是语言学习和使用最基本的内驱力

社会生活中，人们要交往，交往时有意图要表达，表达时要创造内容，还要调用表达内容的语言和非语言手段，因此，交际意图带来交际需要。

2. 互动协同是对话中必不可少的

对话是一种人类社交互动活动，互动需要相互合作，合作需要相互协同，协同是对话互动的一个重要机理。无互动便无协同，互动强，协同强；互动弱，协同弱。如果学习者在互动过程中习得某一语言结构，协同便将它与情景模式关联起来，所有相伴的情景模式变量均可视为这个语言结构的语境，其中包括心境、情境、认知状态、上下文等。相关联的情境模式变量与语言结构相互启动，带动语言的使用。

3. 语境相伴是指语境有双重功能

一是促进语言理解，二是启动语言使用。语言结构需要附上语境标识才具有使用的功能，需要借助语境去激活才能用得出来。语境的作用告诉我们，语言使用与语境不可分割，学语言是为了用，自然要在丰富的语境中学习，学过

---

① 王初明. "学伴用随"教学模式的核心理念［J］. 华文教学与研究，2016（1）：6-63.

的语言知识是否能用出来，用出来是对还是错，取决于语言知识在学习的过程中与什么语境相伴。

4. 理解与产出相结合

语言理解体现在语言输入，包含听和读；语言产出体现在语言输出，包含说和写。理解与产出结合有四种对应的语言技能基本组合：听了之后接着说，听了之后接着写，读了之后接着说，读了之后接着写。在这四种活动里，听和读涉及"学相伴"，说和写体现"用相随"。

这四个促学的关键因素之间有着密切的联系，是高效教学模式的有机组成部分。交际意图是语言学习的发动机，语境相伴是语言使用的助推器，理解与产出相结合是学习效应的倍增器，互动协同是促学增效的加速器，它们共同铸就了"学伴用随"教学模式的核心理念。这是超越学习语种和学习者母语背景，促进语言学习，提高学习效率，构建高效教学模式的基本成分。

二、学伴用随原则对英语教学的启示

1. 多设计与组织交际性活动

英语是国际交流与合作的重要沟通工具，是思想与文化的重要载体。也就是说，语言学习的重要目的就是为了沟通与交流，在英语教学中教师设计的课堂活动应体现和遵循交际性原则，教师是语言交际活动的组织者，根据教学目的和学生的实际情况把已授和新授的语言知识融入交际训练中去；学生是语言交际活动的积极参加者，在教师的引导下，在交际环境中真实地使用所学语言知识进行交际。交际是人与人之间的一种需要，正是由于这种需要，人们才努力去学习语言，从而更好地沟通与交流。

2. 创设真实语境，引导学生在语境中学习

语言的运用伴随着语境，人们是在一定的语境下展开交流的，不同的词汇在不同的语境中会呈现出不同的意义。教师在课堂上要善于创设语境，当然，教师在语境中教英语，不仅要充分运用现成的语境，更重要的是要创造语境。真实的语境并非指的都是现实的语境，更多时候是教师利用一切可以利用的材料和手段构成模拟的真实，并运用角色扮演及其活动来实现语境的"真实"。单词、短语、语句等基本语言单位只有在一定的语境下才具有其确切、真实的含义，脱离了语境，语言单位就不具备交际功能。任何教学内容包括词汇、语

音、语法等如果脱离了语境进行教学，教学效果都将大打折扣，学生也不可能确切掌握所学语言知识的交际功能。在课堂教学中，教师创设语境的方法有很多，如可以利用时事、新闻、重大事件等创设语境，可以利用学生的日常生活创设语境，也可以利用课堂中的冲突事件创设语境。教师只要用心，生活之中处处皆语境，创设贴近学生生活的语境，学生的学习会事半功倍。

3. 加强课堂中的师生互动、生生互动

德国教育家第斯多惠说："教学的艺术不在于传授的本领，而在于激励、唤醒、鼓舞。"有互动，才有交流与分享，互动的过程也是语言输出的过程。互动，之所以重要，是因为它具有如下几个特点，而这些特点与语言输出活动息息相关。其一，互动有信息的交流和意义的协商。教师在组织课堂互动时，要尽量做到让学生进行有意义的学习。其二，互动应该符合学生的实际水平，具有共性和个性，教师要根据具体的教学情境尽量做到和学生进行平等的双向交流。其三，互动要求学生具有一种开放性和合作性。其四，互动能激发学生的内在驱动力。其五，互动应引导学生了解、熟悉和掌握学习英语所需要的背景知识。

4. 语言输入后应马上进行语言输出活动

人做事情需要趁热打铁，语言学习也是如此。语言学习的过程必然伴随着语言的输入与输出的过程，因此，在英语课堂上，教师对学生进行大量的可理解性语言输入是必要的，但教师不能局限于此，因为实现语言输出才是一节英语课的最大价值所在。在日常教学中，教师也会经常碰到这样的情况，当要进行语言输出活动时，往往下课的时间也到了，多数时候，学生并没有进行语言输出的时间。因此，这一情况也要引起我们的注意：教师授课要环节紧凑，讲解要简明扼要，对整节的时间把控要恰当，尽可能留出多一些的课上时间让学生去讨论、思考、内化，并成功实现语言输出。而且，教师要考虑语言输入与语言输出的一致性、即时性，尽可能在语言输入后尽快进行语言输出活动，使学生学了就用，学用结合。

5. 学习语言强调运用，而不仅仅是记忆语言知识

学英语需要记忆大量的词汇与语法规则，这一点毋庸置疑，但记忆不是语言学习的全部，学习语言重要的是运用。在英语课堂上，教师要创造机会让学生去说、去写，总之，需要运用，而不是机械地记忆一大堆语法规则。在一

第三章 高中英语课堂教学基本课型划分的理论基础

定的语境中,词汇的不同意义才会显现出来,因为有语境,词汇才能建立起联系,与学生学过的知识联系起来;因为运用,学生才会觉得记忆的东西有价值,才会激起他们不断深入学习的欲望,才会乐于追求新知,获得语言学习的愉悦。

第四节 建构主义理论

建构主义理论(constructivism)是认知心理学派中的一个分支。建构主义理论一个重要概念是图式,图式是指个体对世界的知觉理解和思考的方式,是心理活动的框架或组织结构。图式是认知结构的起点和核心,或者说是人类认识事物的基础。本书提到的建构主义理论,更多的是指建构主义学习理论。

建构主义理论,概括地说,即以学生为中心,强调学生对知识的主动探索、主动发现和对所学知识意义的主动建构。它以学生为中心,强调的是"学"。

一、建构主义理论的四大要素

建构主义认为,知识不是通过教师传授得到的,而是学习者在一定的情境即社会文化背景下,借助其他人(包括教师和学习伙伴)的帮助,利用必要的学习资料,通过意义建构的方式而获得。由于学习是在一定的情境即社会文化背景下,借助其他人的帮助即通过人际间的协作活动而实现的意义建构过程,因此建构主义学习理论认为"情境""协作""会话""意义建构"是学习环境中的四大要素或四大属性。①

"情境":学习环境中的情境必须有利于学生对所学内容的意义建构。这就对教学设计提出了新的要求,也就是说,在建构主义学习环境下,教学设计

---

① 张亚娟.建构主义教学理论综述[J].教育现代化,2018(12):171-172.

不仅要考虑教学目标分析，还要考虑有利于学生建构意义的情境的创设问题，并把情境创设看作是教学设计的最重要内容之一。

"协作"：协作发生于学习过程的始终。协作对学习资料的搜集与分析、假设的提出与验证、学习成果的评价直至意义的最终建构均有重要作用。

"会话"：会话是协作过程中不可缺少的环节。学习小组成员之间必须通过会话商讨如何完成规定的学习任务；此外，协作学习过程也是会话过程，在此过程中，每个学习者的思维成果为整个学习群体所共享，因此会话是达到意义建构的重要手段之一。

"意义建构"：这是整个学习过程的最终目标。所要建构的意义是指，事物的性质、规律以及事物之间的内在联系。在学习过程中帮助学生建构意义就是要帮助学生对当前学习内容所反映的事物的性质、规律以及该事物与其他事物之间的内在联系达到较深刻的理解。这种理解在大脑中的长期存储形式就是前面提到的"图式"，也就是关于当前所学内容的认知结构。由以上所述的"学习"的含义可知，学习的质量是学习者建构意义能力的函数，而不是学习者重现教师思维过程能力的函数。换句话说，获得知识的多少取决于学习者根据自身经验去建构有关知识的意义的能力，而不取决于学习者记忆和背诵教师讲授内容的能力。

二、与建构主义理论相适应的教学模式

与建构主义学习理论以及建构主义学习环境相适应的教学模式为："以学生为中心，在整个教学过程中由教师起组织者、指导者、帮助者和促进者的作用，利用情境、协作、会话等学习环境要素充分发挥学生的主动性、积极性和首创精神，最终达到使学生有效地实现对当前所学知识的意义建构的目的。"主要的模式有以下几种。

1. 支架式教学（Scaffolding Instruction）[①]

支架原本指建筑行业中使用的脚手架，在这里用来形象地描述一种教学方式：儿童被看作是一座建筑，儿童的"学"是不断地、积极地建构着自身的过

---

① 建构主义. 百度百科. https://baike.baidu.com/item.2019-07-17

程；而教师的"教"则是一个必要的脚手架，支持儿童不断地建构自己，不断建造新的能力。支架教学中的"支架"应根据学生的"最近发展区"来建立，通过支架作用不停地将学生的智力从一个水平引导到另一个更高的水平。支架式教学由以下几个环节组成：

（1）搭脚手架——围绕当前学习主题，按"最近发展区"要求建立概念框架。

（2）进入情境——将学生引入一定的问题情境。

（3）独立探索——让学生独立探索。探索开始时要先由教师启发引导，然后让学生自己去分析；探索过程中教师要适时提示，帮助学生沿概念框架逐步攀升。

（4）协作学习——进行小组协商、讨论。在共享集体思维成果的基础上达到对当前所学概念比较全面、正确的理解，即最终完成对所学知识的意义建构。

（5）效果评价——对学习效果的评价包括学生个人的自我评价和学习小组对个人的学习评价，评价内容包括：①自主学习能力；②对小组协作学习所做出的贡献；③是否完成对所学知识的意义建构。

2. 抛锚式教学（Anchored Instruction）[①]

确定真实事件或问题，即"抛锚"，因为一旦这类事件或问题被确定了，整个教学内容和教学进程也就被确定了（就像轮船被锚固定一样）。建构主义认为，学习者要想完成对所学知识的意义建构，即达到对该知识所反映事物的性质、规律以及该事物与其他事物之间联系的深刻理解，最好的办法是让学习者到现实世界的真实环境中去感受、去体验（即通过获取直接经验来学习），而不是仅仅聆听别人（如教师）关于这种经验的介绍和讲解。由于抛锚式教学要以真实事例或问题为基础（作为"锚"），所以有时也被称为"实例式教学"或"基于问题的教学"或"情境性教学"。抛锚式教学由这样几个环节组成：

（1）创设情境——使学习能在和现实情况基本一致或相类似的情境中发生。

（2）确定问题——在上述情境下，选出与当前学习主题密切相关的真实性

---

① 建构主义. 百度百科. https://baike.baidu.com/item. 2019-07-17

事件或问题作为学习的中心内容。选出的事件或问题就是"锚",这一环节的作用就是"抛锚"。

（3）自主学习——不是由教师直接告诉学生应当如何去解决面临的问题,而是由教师向学生提供解决该问题的有关线索,并特别注意发展学生的"自主学习"能力。

（4）协作学习——讨论、交流,通过不同观点的交锋,补充、修正、加深每个学生对当前问题的理解。

（5）效果评价——由于抛锚式教学的学习过程就是解决问题的过程,由该过程可以直接反映学生的学习效果。因此对这种教学效果的评价不需要进行独立于教学过程的专门测验,只需在学习过程中随时观察并记录学生的表现即可。

3. 随机进入教学（Random Access Instruction）[①]

在教学中,学习者可以随意通过不同途径、不同方式进入同样教学内容的学习,从而获得对同一事物或同一问题的多方面的认识与理解,这就是所谓的"随机进入教学"。显然,学习者通过多次"进入"同一教学内容将能达到对该知识内容比较全面而深入的掌握。每次进入都有不同的学习目的,都有不同的问题侧重点。因此多次进入的结果,绝不仅仅是对同一知识内容的简单重复和巩固,而是使学习者获得对事物全貌的理解与认识上的飞跃。随机进入教学主要包括以下几个环节：

（1）呈现基本情境——向学生呈现与当前学习主题的基本内容相关的情境。

（2）随机进入学习——取决于学生"随机进入"学习所选择的内容,而呈现与当前学习主题的不同侧面特性相关联的情境。在此过程中教师应注意发展学生的自主学习能力,使学生逐步学会自己学习。

（3）思维发展训练——由于随机进入学习的内容通常比较复杂,所研究的问题往往涉及许多方面,因此在这类学习中,教师还应特别注意发展学生的思维能力。

（4）小组协作学习——围绕呈现不同侧面的情境所获得的认识展开小组讨论。在讨论中,每个学生的观点在和其他学生以及教师一起建立的社会协商环

[①] 建构主义. 百度百科. https://baike.baidu.com/item. 2019-07-17

境中受到考察、评论，同时每个学生也对别人的观点、看法进行思考并做出反应。

（5）学习效果评价：包括自我评价与小组评价，评价内容包括自主学习能力、对小组协作学习所做出的贡献、是否完成对所学知识的意义建构。

三、建构主义理论对英语课堂教学的启示

1. 坚持以学生为中心，有效开展课堂教学

"以学生为中心"是教师应具有的一种理念，在这种理念的指导下，教师的课堂教学会开辟出一个新天地。也就是说，学生是课堂学习的真正主人，是知识意义的主动建构者；教师只对学生的意义建构起帮助和促进作用，不主张教师直接向学生灌输知识。在课堂上，教师应充分发挥学生的主动性，要为培养学生的创新精神助力；要创造机会，让学生能在不同的情境下应用他们所学的知识；要让学生学会自我反馈，找到解决实际问题的办法。

2. 联系学生的已有知识经验，促进学生的知识迁移

学习不是由教师把知识简单地传递给学生，而是由学生自己建构知识的过程。学生不是简单、被动地接受知识，而是主动地建构知识的意义。学生学习，是以他们自己原有的知识经验为基础，对新信息重新认识和编码，建构自己的理解。教师在传授新的知识内容时，要清楚学生已有的知识基础，找到新旧知识之间的关联点，把新知识纳入学生已有的知识系统，这样，学生学习如上楼梯，上高一层楼梯总是以前一台阶为基础，步步高升。

3. 课堂上尝试问题解决，开拓学生的思维

学生学习，是为了增长知识，更重要的是开拓思维。在课堂上，教师与学生、学生与学生之间经常针对某些问题进行探索，并在探索的过程中相互交流与质疑，分享彼此的看法。问题解决是学习的抓手，围绕着问题，师生之间、生生之间可以有许多思维的碰撞，这些对问题的不同看法和理解就是思维的源泉，学生通过对问题的探究，思维能力得到提升，这是课堂教学的最大价值所在。

4. 利用资源，创设情境，开展合作探究

在课堂上，教师要为学生提供各种信息资源，尤其是在智慧课室、智慧教学、信息技术支持下的多种教学资源的充分利用，鼓励学生自主学习和协作式

探索。利用信息化手段，创设教学情境，学生在这种环境中可以通过实验、独立探究、合作学习等方式来展开他们的学习。

5. 重视课堂发现和小组交流

在课堂上，学生在建构意义的过程中需要主动地搜集和分析相关资料，对所学的问题提出各种假设并努力加以验证。联系和思考是意义建构的关键，学习小组就是一个学习共同体，成员之间可以讨论如何完成规定的学习任务，实现意义建构的目标。

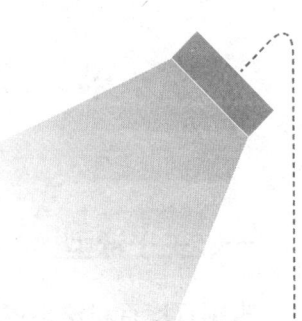

第四章

高中英语课堂教学的基本课型

本章首先扼要介绍了课型的概念、课型的划分依据、基本课型的特点以及英语课堂教学的实施原则，然后重点研究高中英语课堂教学的四种基本课型，即听说课、听写课、读说课、读写课存在的问题、价值与课堂操作模式。

第一节　高中英语课型概述

一、关于课型

根据百度百科给出的概念定义，"课型"，一是指课的类型，它是在对各种课进行分类的基础上产生的。《中国大百科全书》教育卷（1985）中关于课的类型，是指根据不同的教学任务或按一节课主要采用的教学方法来划分课的类别。在教学中，有的课主要是传授新知识，有的课主要是复习巩固应用知识，有的课要进行实验操作，培养学生的动手能力……课型就是把各种课按照某种标准划分为不同类型，每一种类型就是一种课型。二是指课的模型，它是对各类型的课在教材、教法方面的共同特征抽象概括的基础上形成的。[1]

本书所指的课型是类型与模型的结合体，实际上，在具体的教学中，课型的内涵也是比较宽泛的。课堂教学的课型泛指课的类型或模型，是课堂教学最具有操作性的教学结构和程序。现代教学理论认为，教学过程结构是课型分类的主要依据之一，特定的课型必然有特定的教学过程结构。对课型的研究，有助于教师更好地掌握各种类型课的教学目的、教学结构、教学方法等方面的规律，提高教学设计、实施和评价的能力。[2]

二、高中英语课型的划分

一般来说，根据不同的标准，我们可以把课划分为不同的课型。[3]

最常见的是以教学任务作为课的分类基点，课可划分为：新授课、练习课、复习课、讲评课、实验课等。

---

[1] 课型. 百度百科. https://baike.baidu.com/item/%E8%AF%BE%E5%9E%8B/321878. 2017-07-17.
[2] 孙春成. 学会创建语文"课型"[J]. 中学语文教学参考·初中，2016（12）：73.
[3] 同[1].

第四章
高中英语课堂教学的基本课型

如果以课的教学组织形式和教学方法作为分类基点,课可划分为讲授课、讨论课、自学辅导课、练习课、实践或实习课、参观或见习课等。

不同的学科可以根据本学科的学习特点与需要,根据不同的标准,把课分成不同的课型。例如,高中数学课可以分为概念课、规则课、解题课、复习课和测评课等五种基本课型。①

英语学科有自身的学习特点,英语课更多的是语言实践课,而不是语言理论课。语言学习通常经历一个过程,含有三个阶段:即初期感知输入(input)、中期理解(intake)、后期模仿运用(output),同时也包含互动—监察—反馈(interaction-monitor-feedback)这三种学习方式。单元课型的划分,就应该体现语言学习过程的特点,先有新语言材料的输入(input),再有对语言材料的理解(intake),最后才是对新语言的活用(output),在一个单元教学里,教的活动主要体现在三大类别课型的划分:输入性技能课型(input-based lesson)、理解性知识课型(intake-based lesson)、活用性综合课型(output-based lesson),即包含听说输入课型、阅读输入课型、归纳巩固课型、听说活用课型、读写活用课型、综合拓展课型。②根据教材提供的语言材料特征和不同教学目标的顺序,单元教学可分为六种基本课型:听说课、阅读课、词汇课、语法课、写作课和文学欣赏课。按照第二语言习得理论提出的"语言输入—语言内化—语言活用"的过程(input-intake-output)这条线索,可把每个单元六种课型划分为"输入课、内化课、活用课"三大类别。③

基于克拉申的语言输入假设与斯温纳的语言输出理论以及学伴用随原则、建构主义思想,有研究者提出了高中英语教学"输入—输出"模式以及该模式下的典型课型,包括听说课、听写课、读说课、读写课等四种基本课型,重视输入,实现输出。④

提出课型分类到深入实践课型,还有一段很长的路要走。当然,课型研究

---

① 谭国华.高中数学教学设计的理论与实践[M].北京:人民教育出版社,2012.
② 朱晓燕.中学英语单元课型教学行动研究[M].广州:广东教育出版社,2007.
③ 朱晓燕.大学、中学合作开展高中英语课堂有效教学模式的实证研究[M].广州:广东教育出版社,2014.
④ 朱志文.高中英语听说课教学模式探索[J].中小学外语教学,2017(3):20-24.

不仅是对课进行分类，研究每一类课型的教学结构，需要用先进的教育理论做指导，使课型具有更加明确的教学活动结构框架和更加具体的教学活动程序，从而实现教学的最优化。①

三、高中英语基本课型的特点

课型，之所以把它相对固定下来，就是因为它具有一些特点，有利于教师的教与学生的学。高中英语基本课型具有如下五个特点。

1. 稳定性

每一个课型都有相对固定的课堂教学的操作模式。虽然这些教学步骤不是完全程式化、一成不变的，也有一定的灵活性，施教者可以根据教学内容与学生的实际情况略为调整，但总的来说，教学的基本操作程式不会有太大的变化，有所调整的，更多的是花在每个步骤上的时间与根据学生的课堂反应而做出的有所侧重的选择。这就是课型的稳定性。例如，听说课的课堂操作模式包括猜、听、思、学、说等五个环节。一节完整的听说课，基本上有上述五个教学环节，但根据学生的课堂反应，在"说"的环节，教师可以给学生更多的时间，当然，教师这样做也是在给学生创造语言输出的机会。

2. 协同性

输入与输出相互交融。《课标》指出，在设计听、说、读、看、写等教学活动时，教师既要关注具体技能的训练，也要关注技能的综合运用，可以设计看、听、说结合，看、读、写结合，看、读、说、写结合，以及听、说、读、写结合等综合性语言运用活动。②听说课、听写课、读说课、读写课等四种基本课型，是最基本的输入与输出相结合的课，是调动人的多种感官参与的综合性语言运用活动。心理学研究表明，人从视觉获得的知识，能够记住25%，从听觉获得的知识能够记住15%，若把视觉与听觉结合起来，能够记住65%。也就是说，参与收集信息的感官越多，信息就越丰富，所学的知识也就越扎实。多种感觉器官齐上阵参与学习、记忆，多种感官协同活动，能够提高感知的效

---

① 邵汉民. 由"课例研究"到"课型研究"[J]. 教育理论与实践, 2011 (32): 45-47.
② 中华人民共和国教育部. 普通高中英语课程标准（2017年版）[M]. 北京：人民教育出版社, 2018.

果，这就叫作"感官协同效应"，也叫"感官协同定律"。这就是课型的协同性。我国宋代学者朱熹也说，读书要三到："谓心到、眼到、口到。心不在此，则眼看不仔细。心眼既不专一，决不能记，记亦不能久也。三到之中，心到最急，心既到矣，眼、口岂不到乎？"

3. 互动性

不管哪一种课型，都离不开教师在课堂上的引导、示范、追问、反馈，在这个过程中，师生互动、生生互动都会得到强化。互动性是课型的典型特征。四种基本课型都有五个教学环节，都包含"思"这一环节。"思"环节包括"思"与"议"两个方面，即独立思考与小组讨论，这一环节，互动，尤其是生生互动是很频繁的。

4. 主题性

四种基本课型都是围绕教材每个单元的主题而展开教学设计的，听、说、读、写都不会偏离主题。《课标》也指出，教师要通过创设与主题意义密切相关的语境，充分挖掘特定主题所承载的文化信息和发展学生思维品质的关键点，基于对主题意义的探究，以解决问题为目的，整合语言知识和语言技能的学习与发展，将特定主题与学生的生活建立密切关联，鼓励学生学习和运用语言，开展对语言、意义和文化内涵的探究，特别是通过对不同观点的讨论，提高学生的鉴别和评判能力。[①]

5. 创造性

说与写都能充分表达看法、陈述观点、发出疑问，这也是充分利用更多机会运用英语。学生在老师的引导下，深入思考，对所听、所观、所看的内容都有自己的分析与看法，这就是创造性。

---

① 中华人民共和国教育部. 普通高中英语课程标准（2017年版）[M]. 北京：人民教育出版社，2018.

第二节 高中英语课堂教学的实施原则

在高中英语教学中，抓住了"输入与输出"，就抓住了英语课堂教学的"牛鼻子"，"输入与输出"是英语课堂教学的关键。一堂高效的英语课，不可能只有输入或者输出，只能是既有输入又有输出，输入与输出并存，互相促进，一般情况下是先输入再输出。因此，在"输入—输出"的课堂模式下的典型课型包括听说课、听写课、读说课、读写课等四种基本课型。要真正实施这四种课型，必须遵循如下四个原则。

一、大量输入原则

Krashen认为促成语言习得的发生应具备两个基本条件：一是为学习者提供所需要的、足够量的可理解输入；二是学习者本身应具有内在的可加工语言输入的机制。可见，大量的语言输入是必要的。而且，这种语言输入必须是有效的；有效的输入应具有可理解性、趣味性、非语法程序安排、足够的输入量等特点。[1]还有，语言输入总体难度不应超过学习者的学习能力，语言材料的难度应略高于学习者现有能力，这样学习者可根据自己的水平通过不断努力吸收所接触的语言材料，逐渐提高其使用目的语的技能。这给了英语教师有益的启示：在英语课堂上，教师要明确目标，选好内容，对学生进行大量的可理解性输入，促进学生的语言输出。

二、强化输出原则

Swain针对Krashen的语言输入提出了语言输出理论。基于研究，Swain得

---

[1] Krashen, S. D. Principles and Practices in Second Language Acquisition [M]. Oxford: Pergamon. 1982.

出结论：可理解性输入在习得过程中很重要，但还不能使学习者二语水平得到全面的发展；如果要使学习者的二语流利又准确，不仅需要可理解性输入，更需要可理解性输出。Swain指出："单纯的语言输入对语言习得是不够的，学习者应该有机会使用语言，语言的输出对语言习得也有积极意义。"[①]输入是基础，没有输入就没有吸收和输出；输出是目的，没有输出，输入也就没有任何意义。课堂上，教师要有语言输出意识，而不仅仅是传授语言知识、应对考试，要将听、说等活动有机结合起来，才能以输入促进输出，以输出反促输入。

三、"学伴用随"原则

王初明教授提出了英语学习的"学伴用随"原则。王初明（2016）认为，教学中落实"学伴用随"原则的一个有效举措，是将语言理解与语言产出紧密结合起来。语言理解体现在语言输入，含听和读；语言产出体现在语言输出，含说和写。理解与产出结合有四种对应的语言技能基本组合：听了之后接着说，或听了之后接着写，或读了之后接着说，或读了之后接着写。学相伴就是在理解语言输入的过程中学习语言，紧接着输入之后的语言产出是对输入的应用，学用结合，立竿见影。课堂上，教师要趁热打铁，在语言输入后马上创设学生语言输出的情境，让学生实现语言输出。

四、循序渐进原则

学生提高英语听说能力需要一个漫长的过程，需要日积月累，不能急于求成。学生要学好英语，必须在听、说、读、写、译等几方面都得到均衡发展，听说的发展尤为重要。听是语言输入的基础，说是语言输出的难点，教师的听说课的教学设计要由浅入深，从易到难；教师要预测学生的学习困难，保证学生在课堂是学有所获、学得扎实。学生只有持之以恒、循序渐进地学习，才能取得较好的学习效果，真正提高自己综合运用英语的能力。

---

① Swain, M. Communication Competence: Some Roles of Comprehensible Input and Comprehensible Output in Its Development [A] . In S. Gass, S. & Madden, C.（eds.）.Input in Second Language Acquisition [C] . Rowley, MA: Newbury House. 1985.

第三节　高中英语听说课的价值与课堂操作模式

一、存在的问题

长期以来，老师在英语课堂上关注的重点是语篇中的词汇和语法的识别[①]，重视阅读与写作的练习而忽视英语听说训练。但是，在语言学习中，听是第一步，也是关键的一步，如果听的量不够，说也难以跟上。语言学习脱离了听与说就严重偏离了语言学习的轨道，学习效果不理想。当前英语课堂听力教学中存在着目标混淆、听力材料处理固定化、忽略听力策略的指导等问题；同时，在口语教学中也存在着口语能力目标要求模糊、忽视口语策略培养、忽视预测学生口语学习的难度等问题[②]。学生不愿意上听说课，认为收获不大，主要有如下原因：一是老师仅仅放录音，学生被动地听，录音匆匆而过；二是教师缺少听前预设，没有预测难度，想当然地开展听说教学；三是教师对学生指导不够，同时，学生缺少必要的语言输入，难以实现语言输出。

二、听说课的价值

听说课是高中英语课堂教学的重要课型，对听说课的研究也是汗牛充栋，听说法成为外语教学的重要教学法，可见听说课在英语教学中的重要地位。

1."听"是获取信息的重要渠道

听，是语言的基础；听力，是语言学习的前提，英语听力对学习英语至

[①] 吴军俐. 文化语境视角下英语听说教学模式研究［J］. 昆明学院学报，2013，35（1/2）：149-153.

[②] 朱晓燕. 英语课堂教学策略——如何有效选择和运用［M］. 上海：上海外语教育出版社，2010.

关重要。"听力"英文为listening comprehension，即听有声语言，并对其理解的能力。美国心理语言学家Wilga M. Rivers认为，听的过程不只是一个接收的过程，而且还是一个建立的过程。而且，"听"是人们获取信息的重要渠道之一，人们习惯于从人群中获取信息，而认真聆听就是获取信息的开始。每一个人都是一个信息源，人们在日常生活中吸引着信息，也在传播着信息。广播、电视、新闻发布会、商品交易会、洽谈会等都是信息的重要来源，很多有价值的信息，可能是在你不在意的时候发现的，做个有心人，你会从现代传媒和信息工具中发现许多有价值的信息。"听"是一种方式、一种渠道，更是一种技能，技能是可以通过学习与训练获得的。倾听，也是一种修养，是愉快交流、获得信任的前提，而听得懂别人的说话内容，能迅速捕捉说话者的主要信息是一个人的重要能力，是一个人可持续发展所应具备的重要条件。

2."说"是人际沟通、交流的主要方式

"说"，单向，就是说话、表达；双向，就是交谈、沟通、交流，是指通过口头言语形式进行信息交流。"说"是一种迅速、灵活、随机应变、有信息反馈、适用性强的沟通方式，开会讲话、发表演讲、电话交谈、座谈会、走访、调查、访问、讨论、学说、咨询等，都是"说"的表现形式。"说"不仅是一种表达方式，也是一种语言技能，属于表达性技能。"说"的技能，如说什么、怎么说、说得怎么样，也是可以通过不断学习与训练获得的，熟能生巧，越说越好。"说"得好、得体、优雅不仅仅可以交流信息，而且可以交流感情，拉近与他人之间的距离，收获信任与友谊。

3."听说结合"有效解决"聋哑英语"的困境

"聋哑英语"，主要表现为学生的应试能力较强，笔试可以得到一个较好的成绩，可是听说能力却很差，甚至学了好几年的英语，连简单的英语会话都听不懂，也说不出。这也说明，听与说的技能的培养是有难度的。英语教学界也普遍认为听说技能是最不容易掌握的，只有掌握听说，才能真正使用英语。听是理解性技能，说是表达性技能。理解性技能和表达性技能在语言学习过程中相辅相成、相互促进。学生应通过大量的专项和综合性语言实践活动，发展语言技能，为真实语言交际打基础①。听属于输入，说属于输出，有足够的输入才能有足够的输出，所以在学习英语时，把听和说两种技能结合起来同步学，才是正确的学习方法，两者互相补充又互相促进。听和说是密不可分的。听在先，说在后，听是说的基础，说是听的进一步延伸，也是语言的最终表达方式之一，如果能用英语很熟练地会话，这就达到了用英语来交流的目的。学习英语就比如吃饭和消化的一个过程。听是把英语吞进去，说是把精华吐出来，在吞与吐之间有一个复杂的消化过程。

三、听说课的课堂操作模式

本书提出了听说课的"猜、听、思、学、说"五步课堂操作模式，下面以《新概念英语第二册》中的Lesson 75 SOS为例，具体阐述这五步操作模式与每一步的设计意图。

1. 教学内容分析与学情分析

案例的内容是叙述飞机失事，一位年轻的妈妈与两个女婴幸存，但她们面临新的危险：正值隆冬，身处深山，满地积雪，危在旦夕。最后，她发现飞机，在雪地上踩出"SOS"求救，最终脱险。本文的内容，在发展学生核心素养诸如珍惜生命、求生、解决问题、探索精神、爱与关心、批判与质疑等要素方面独具匠心。

学生刚好学习了人教版普通高中课程标准实验教科书英语1·必修中的Unit 4 Earthquakes，关于灾难、灾后自救与重建家园。而本节内容的背景是飞机失事后幸存又面临新的困境，开展自救，两者存在一定的内在相关性。通过本节听说课的学习，学生可以扩大知识面，拓展思维，提升解决问题的能力。

学生刚上高一，正逐渐适应高中的学习与生活，多数学生来自农村中学，英语基础薄弱，上课不敢主动发言，自信心明显不足，缺乏英语学习方法的指导。

---

① 中华人民共和国教育部.普通高中英语课程标准（2017年版）[M].北京：人民教育出版社，2018.

2. 课堂操作模式

授课者设计听说课的教学，首先考虑的是选取合适的材料，输入什么、输出什么；如何输入、如何输出；输入与输出的方式、效果等问题。听说课教学是在教师的设计与指导下，充分调动学生参与课堂的教学，每一步都是在师生互动、生生互动下产生的，要求课堂环环相扣、层层推进，学生实现语言从输入到输出。听说课教学的具体步骤如下：

（1）猜。它属于导入环节，教师可通过标题、插图等引导学生去猜测听力材料的内容，关于什么、会出现什么状况、结果如何？教师设计课前的猜测环节有两个主要目的：一是吸引学生的注意力，让学生从课间的自由放松的状态迅速转入专注学习的状态；二是展开学生的想象，拓展学生的思维，激发学生的好奇心。

教学片段1：

教师在堂上播放PPT演示文稿，展示故事的标题"SOS"，提出以下两个问题，引导学生猜想故事背景，进入故事情境。

① What does SOS mean?

② What happened in the story?

学生静默片刻后，纷纷给出五花八门的回答，老师在肯定学生的大胆猜测后，顺势补充说明："SOS，是目前国际通用的摩尔斯电码求救信号，船舶在浩瀚的大洋中航行，由于浓雾、风暴、冰山、暗礁、机器失灵等，往往会发生意外。当死神向人们逼近时，SOS的求救信号便飞向海空，传向四面八方。一收到求救信号，附近船只便急速驶往出事地点，搭救遇到困难的人。"学生听得很专注，这样的猜测与解说增长了学生的见识，扩大了学生的知识面。

（设计意图：学习能力是英语学科核心素养之一。[①]预测是一种学习能力，也是探索精神的一种体现。不知道"SOS"的学生会调动自己的已有知识，努力去猜想，这样能激发学生大胆猜想并期待着印证自己的猜想是否正确；而知晓"SOS"含义的同学会说出答案，与同学分享。这一设计的目的就

---

① 王蔷. 从综合语言运用能力到英语学科核心素养——高中英语课程改革的新挑战[J]. 英语教师, 2015（16）：7.

是激起学生的探索欲望，并满怀期待地认真聆听即将播放的听力内容，提高学生的专注度。）

（2）听。准确地说，是听与记同步，一边听一边做笔记。老师给出听的具体任务，并指导学生：捕捉故事的四要素，即时间、地点、人物、事件，初步形成故事的基本框架。这是提高听力能力的基本策略，学生要养成习惯，知晓听力要听什么，掌握主动权。

教学片段2：

After the teacher's explanation, all the students in class understand the meaning of SOS.

T: We know SOS means asking for help. Who asked for help, a man or a woman? Young or old? Why did he or she ask for help? What was the result?

学生展开想象，大胆回答，笑声阵阵，课堂气氛一下子活跃起来。老师趁热打铁，引导学生认真听，并提出具体任务：捕捉故事的基本信息，并做好笔记，填写表4.1。

表4.1 Information

Time	
Location	
Characters	
Event	
Result	

（设计意图：语言能力是英语学科的核心素养。听关键信息、听懂大意和主题是听力教学的基本技能；记笔记是提高听力水平的重要策略。学生明晰听的具体任务，在听的过程中会变得更加专注，做笔记也知道应该记些什么，从而避免被动应战、无所适从。学生多次训练后会总结出听力的基本应对策略，这也是学生应该熟练掌握的听力策略。）

（3）思。此环节包括思与议两个方面，即独立思考与小组讨论。思考的关键处有两点：一是用关键词组成句子；二是适当添加，用句子构成段落，重构一个完整的故事。听力理解过程实际上就是把新旧知识联系起来的过程。老师也可以组织小组讨论，共同构建整个故事。

第四章 高中英语课堂教学的基本课型

教学片段3：

学生在听的过程中记下了关键词，老师在课堂上要给2分钟时间，让学生独立思考。多数学生都能记下如下词汇：plane、mountains、woman、baby、winter、snow、dark、put the children inside、the night、cold、next morning、SOS in the snow、save，而个别基础较好的同学，会记下light、passenger、crashed、pilot、unhurt、clothes等词汇。老师指导学生将这些词汇连接起来，添加情节，最后建构一个较为完整的故事，并自信、大声地表述出来。

（设计意图：善于观察与判断是重要的思维品质。每个学生的大脑都是一个宝库，由于教育、成长环境等的差异，造就了千差万别的独立个体，而老师在课堂上组织小组讨论，就是让学生能够分享大家的记录成果，互相补充，互相促进。师生互动、生生互动有利于学生思维碰撞，使学生学有所获。）

教学片段4：

学生捕捉到基本信息后，教师提出新的任务：大家聆听材料后说出自己的想法或判断，要根据材料的事实来表述。例如，I learn that a young mother and her two children were alive from the story. It said that the only passengers, a young woman and her two baby daughters, were unhurt. 学生记下了关键词，也知道了应该如何去表述，所以能顺利说出如下句子：I know that it is about an air crash because I heard some words such as "plane"，"mountain" and "kill" in the story.

（设计意图：评价所听内容是学生要掌握的基本听说技能。老师在课堂上要创造机会让学生输出语言，而学生的语言输出总是从模仿开始的。老师先做出语言示范，学生模仿着将自己记的关键词组成句子，初步表达所听、所想，为后续的说做铺垫。）

（4）学。每篇听力材料都有新的词汇或短语。教师可以给出英文解释，让学生领悟词汇的意义，或者给出语境，让学生猜测词义。

教学片段5：

学生可以学习一些新的词汇，一词多义，如course，老师可以多举几个句子让学生感悟该词在不同语境中的含义。

（设计意图：学习能力是英语学科核心素养的重要组成部分。对于听力材料中新的词汇与短语或是熟词新义，教师都可以引导学生学习。语言能力提升的过程，就是不断学习与积累的过程，这需要长期的努力，坚持不懈。同时，教师在课堂上要有意识地引导学生听、说、读、写，积累新词，在语境中学会理解与运用。）

（5）说。教师要给学生10分钟在课堂上说英语的时间，这也是听说课能否受到学生欢迎、能否唤起学生学习英语的热情与学生能否保持长期英语学习内动力的关键。学生到底可以说些什么呢？笔者认为：

① 说故事。学生用自己的话复述整个故事。课堂上，教师要给学生创造说的机会。学生复述故事可能存在语法错误，可能漏掉某些信息，可能表达不够准确，这些都没关系，重要的是学生能大胆开口说英语。

② 说看法。学生对整个故事选择一个切入点谈自己的看法、观点，看法不存在对错，重在开口表达。

教学片段6：

T：What do you think about the mother in the story?

Student C：I think the mother is a great mother, though she is so young. She loves her babies so much. She is a clever and careful mother, too. Why can I say that? The reason is that in winter, it was so cold in the mountains that she had to turn a suitcase into a bed and put the children inside it, covering them with all the clothes she could find.

（设计意图：文化意识是英语学科的核心素养之一。在听力材料中，年轻的母亲对孩子的爱与关心令人感动，学生从字里行间能深深感受到，这就是核心素养中的人文关怀。人人都有表达自己看法或观点的强烈愿望，学生在表达观点的时候可以体会这种关怀。而培养学生独立思考的能力，引导学生大胆地、有理有据地表达自己的观点与看法是老师义不容辞的责任。老师要善于为学生创设表述观点的平台，教给他们方法，启迪他们思维，鼓励他们大胆表达自己的想法。）

③ 说疑问。学生围绕故事中的描述，说出自己心中的疑问。

教学片段7：

T：What do you think of the story?

Student D：The story is so moving and the young mother is also so clever and careful. But I don't think it is a real story. I doubt it so much.

T：What a special idea! Please tell us more.

S: First, the plane crashed in the mountains and its pilot was killed, but a young woman and her two baby daughters were unhurt. It is impossible. Second, it was the middle of winter and the snow lay thick on the ground. But the woman and her children were safe after the whole cold night.

T: Good. You have sharp eyes.

（设计意图：培养批判性思维，从心存疑问开始。教师在日常的课堂教学中，要有意识地引导学生认真观察，深入思考，从表象分析本质，以批判的眼光审视所学内容，大胆怀疑，敢于挑战权威。）

④ 说细节。学生从故事中的某个细节拓展开来，举一反三，描述生活中相类似的事例，尝试多角度分析问题，解决生活中碰到的问题。

教学片段8：

T: What have you learned from the story?

Student E: From the story I learn a lot. For example, when facing problems, we should use our head and find the way to solve the problems. In the story, the young mother heard planes passing overhead and wondered how she could send a signal. Then she had an idea and stamped out the letters "SOS" in the snow to make the pilot see it and send a message. Finally, they were saved.

T: What a smart and calm young mother! Stamping out "SOS" in the snow is a good idea. Do you have another way to send a signal to save yourself when in danger?

Student F: Make fires at night.

Student G: Use the smoke in the daytime.

Student H: Make use of the torch light, SOS, at night.

Student I: Make piles of something and let it be found.

...

（设计意图：SOS是国际通用的求救信号，了解与使用它，也是培养学生的国际视野。教师在培养学生的探索精神，提升其发现问题、解决问题的能力方面大有可为。学生的思维一经打开，就会产生许多的奇思妙想，老师要创造这样的机会，要给出学生表达思想的时间，要启发学生说出自己的观点。）

3. 听说课的注意事项

教师要上好听说课，应充分考虑以下几点：

（1）听说材料的选择注重相关性。语言的学习从听、说开始，教师要上好听说课，选择听说材料很关键。听说材料应具备如下几个特点：第一，内容与学生的生活相关，能激发学生的求知欲，时代性、知识性与趣味性较强；第二，体裁多样化，如广告、新闻报道、诗歌、话剧、故事、歌曲、演讲、电话交谈等，材料的真实性强；第三，注意材料的文化色彩[①]，有利于学生的语言学习、文化积累、素养提升；第四，注意材料的难度。在本节课中，学生学习关于SOS的文章，有利于自身的成长，也有兴趣参与讨论，有话可说。

（2）听说目标的设置注重达成性。一节有效的听说课，体现在听说目标的设置与达成上。《普通高中英语课程标准（实验）》语言技能目标（七级）（相当于高一年级水平）列出了听力教学的六个基本技能，即识别信息与推断、听懂指令并完成任务、听懂情节发展及结果、听懂并抓住谈话要点、识别不同态度、听懂信息广播[②]，它们既是训练的目标，也是评估学生是否掌握的依据。同时，教师在口语教学中，要设定两三个口语微技能或口语策略，使学生学有所获[③]。一堂听说课，不可能把所有听说微技能的方法都教给学生，只能根据所教的语言材料特征设定一两个技能目标为突破口。本节听说课教学在听关键信息、听懂大意、预测、评价等目标的达成度较高，整节课因目标的设定准确而可操作、可控制、有效果。

（3）听说策略的培养保持长期性。"授人以鱼，不如授人以渔"，教师教学的着力点不仅仅在于传授语言知识，而更在于传授方法，引导学生掌握策略，提升能力。当然，语言的知识运用和能力训练有其渐进性和发展性，学生掌握任何一种策略都有一个过程，需要微技能的持续训练。例如，在本节课中学生仅学习了听关键信息、记关键词、预测等方法，知道了做什么、如何去做，而要真正形成听说策略还需要长期不懈地训练、思考、总结。

[①] 韩子仟. 基于体裁特点的高中英语戏剧教学 [J]. 中小学外语教学，2016（4）：40.

[②] 顾亚敏. 高中英语主题写作教学的实践 [J]. 中小学英语教学与研究，2012（5）：40-42.

[③] 罗之慧. 高中英语听力教学中选择性注意策略的培养 [J]. 中小学英语教学与研究，2014（2）：17-20.

（4）课堂输入、输出体现实效性。听属于输入，说属于输出；先有大量的输入，为输出创造条件，而有目的的输出则能带动有效的输入，达到输入和输出都有效的双促进。课堂上的有效输入就是为了有效地输出，而有效的输入是可以选择、设计、预设的，教师可适当变化训练方式，采用新颖的活动，激活学生的好奇心，如听新闻、唱英文歌曲、观看难度适中的英文电影，然后结合听的内容开展讲故事、角色扮演、模仿采访等活动，听了之后接着说，[1]这样，输入与输出就有了极大的关联性，也保证了听说教学的有效性。

第四节　高中英语听写课的价值与课堂操作模式

一、存在的问题

《课标》指出，语言能力是指在社会情境中，以听、说、读、看、写等方式理解和表达意义的能力。从语言学习的角度来看，听、读、看属于输入，说、写属于输出。当前英语课堂听力教学、写作教学中都存在着目标混淆、听力或写作材料处理固定化、忽略相应策略的指导等问题。[2]学生在写作中暴露出来的问题有英语写作词汇、习惯用语、固定搭配运用能力较差；句型单一，句子运用能力较差；语法错误较多等。[3]实际上，听写课教学是输入与输出相结合的又一种典型范例，听写是一项强有力的心理技能，如果使用得当，它能

---

[1] 王初明. "学伴用随"教学模式的核心理念［J］. 华文教学与研究，2016（1）：56-62.
[2] 朱晓燕. 英语课堂教学策略——如何有效选择和运用［M］. 上海：上海外语教育出版社，2010.
[3] 林红鲜. 探讨利用听说课程培养学生的英语写作能力［J］. 语数外学习（英语教育），2013（4）：163.

提高学生的听力、正确的书写能力和对语言序列的短期记忆。[①]可是，事与愿违，学生不愿意上听写课，认为费事费力，主要有如下原因：一是老师将听写课上成了听力课，仅仅放录音，然后提问学生回答问题，学生普遍感到压力很大；二是学生没有掌握记笔记的技巧，难以做到边听边记、听懂与记录核心信息；三是教师对难度预测不够，缺少必要的策略指导，学生不知道该记些什么、写些什么。

二、听写课的价值

听是输入，写是输出，听写结合就是语言的输入与输出相互作用、相互促进。听写课就是教师要充分利用听的教学活动，加大语言的输入，为写的语言输出做好前期准备；同时，指导学生进行写的系列活动，实现语言输出，达到学习语言与运用语言的目的。[②]

1. 听——加强语言输入

听是语言表达的前提，是言语交流的必要条件，听是说、写的先导。我们在与人交流时，总是要先认真听，弄明白对方想要表达什么，然后才是说和写，表达自己的看法和思想。因此，在英语课堂上，教师要为学生创造尽可能多的听的机会，加强听的训练，丰富听的内容，传授听的方法，归纳、总结听的规律，不断提高学生听的技能。

2. 写——实现语言输出

写，是动笔，可以是记下关键词，概括听的内容，或是详细记录所听的材料；写，又是写作，可以写出故事，写出你的观点，表达你的看法。写，是英语语言输出的重要形式。有目的的输出能带动有效的输入，达到有效输入和有效输出的相互促进。[③]

---

① 杨满珍. 听写练习对英语学习者语言技能的影响［J］. 现代外语，2003（3）：295-301.

② 中华人民共和国教育部. 普通高中英语课程标准（2017年版）［M］. 北京：人民教育出版社，2018.

③ Krashen, S. D. Principles and Practices in Second Language Acquisition［M］. Oxford：Pergamon, 1982.

3. 听写结合——促进学习与迁移

在外语学习的过程中，学习者需要有足够的、可以理解的语言输入，但同时还要能精确、连贯、恰当地产出语言信息。适当程度的听写训练可以帮助学生更好地听懂原文，并且更加注意原文的细节[1]，也有助于学生提高听力水平、听写能力、语法习得和写作能力[2]；它还能发展学生的语言综合运用能力和其他重要能力，如学习的自主性和思考技能等[3]。在获得足够的听力输入之后，学习者在进行写作输出时，可以直接套用与输入的听力材料完全一致的表达，也可以运用同义词语，或者是运用不同的句式来表达相同的主题信息[4]。一句话，听、写结合可以促进语言学习的正迁移，提高学生的语言综合运用能力。

三、听写课的课堂操作模式

本书提出了听写课的"猜、听、思、写、评"五步课堂操作模式，下面以人教版普通高中课程标准实验教科书英语1·必修中的Unit 1 Friendship，Using language：Reading and listening 为例，具体阐述这五步操作模式与每一步的设计意图。

1. 教学内容分析与学情分析

听前活动是阅读一封信，叙述Lisa给Miss Wang的信，她在信中提出了自己的处境：与班上的一位男同学一起学习，互帮互助，却被认为是"早恋"，她既不想因此结束友谊，又不想被人说闲话，心里很纠结。Listening的内容，正是针对上述困惑给出的建议。

学生刚刚从初中进入高中阶段的学习，在生活上和人际交往上都有许多变化，要适应新的老师与新的同学；出门在外，也渴望认识新的朋友；男女同学的交往也需要学习。这样的话题，学生在课堂上开展讨论，也可以缓解他们

---

[1] 杨满珍.听写练习对英语学习者语言技能的影响[J].现代外语，2003（3）：295-301.
[2] 鲍冬娇.大学英语阅读"问题解决评价"教学模式探究[J].教育评论，2018（8）：67-71.
[3] 陈军民."语法听写"：一种有效的初中英语教学法[J].上海教育科研，2012.（2）：91-93.
[4] 戚佳鸣.基于模因论的"听写结合"写作教学模式研究[J].兰州教育学院学报，2015（1）：106-108.

的压力，对他们的成长有利。在学习上，学生们的听与写的能力都较弱；学生没有养成听、写的习惯；学生也缺乏听与写方面的方法指导，没有形成相应的学习策略；缺乏主动思考，思路狭窄。而听写课，就是学生在先听（即语言输入）的基础上又写（实现语言输出）。学生们明晰听写课的实施步骤，会逐步养成听、写的习惯，有利于他们英语学科核心素养的培养。

2. 课堂操作模式

（1）猜——猜测内容，明晰主题。

猜，可表述为猜测、猜想、预测，既是一种心理活动，也是一种思维活动，更是一种认知策略。在课堂教学中，猜的环节用时较短，1~2分钟即可，重要的是激发学生的兴趣，吸引学生的注意力，让学生动脑，开启思维。猜，不求与答案一致，重在参与的过程；有猜想，就有印证猜想；到底我猜得对不对？这样，学生就会充满期待地投入到听的活动中去。

教学片段1：

教师在学生阅读Reading部分后，马上提出以下两个问题，使学生迅速进入Listening的内容猜测环节，进入情境。

① What is Lisa's confusion?

② What is your advice on how to solve the problem?

（设计意图：《新课标》指出，通过篇章标题、图片、图表和关键词等信息，可以预测和理解篇章的主要内容[1]。预测能有效激活学生已有的知识和经验，激发学习欲望，增强学生对文本的理解[2]。学生正是在听、记、猜以及对自己猜测的结果的期待中变得对学习充满了激情与创造。这一环节也提升了学生的思维品质，即分析与推断，创造性地表达自己的观点。）

（2）听——把握大意，记下关键。

听的过程，伴随着写的活动。对于英语学习者来说，听是重要的语言输入的形式，也是一种活动、一种技能。"听"，学生需要的是专注，重要的是获

---

[1] 中华人民共和国教育部.普通高中英语课程标准（2017年版）[M].北京：人民教育出版社，2018.

[2] Farrell, T. S. C. Planning Lessons for a Reading Class [M]. People's Education Press, 2007.

取信息；"写"，学生要做的是记录，边听边记，把能表达重要信息的词汇速记下来，然后连词成句，重构语篇的主要内容。

教学片段2：

T：The listening is also about a letter. In the letter, Miss Wang will give Lisa some advice. What is her advice? In other words, is your guessing right?

T：Please listen to the tape the first time and take down some key words.

T：Please complete the Exercise 2 in the *Student's Book*（P6）.

T：Please tell the important information in your own words.

（设计意图：学生在听第一遍录音时，记下关键词；接着，做课本第6页第2题练习，补全句子所缺信息，做这一题正好可用上刚刚记下的关键词，学生很有成就感，这有助于他们养成英语课堂上听、记的习惯。同时，"说出重要信息"环节也是在提升学生的语言能力——听懂大意和主题，获取关键信息，也为下面的"写"做好铺垫。）

（3）思——展开联想，构思框架。

"思"，表现在两个方面，一是个人开动脑筋，独立思考；二是小组讨论，相互启发。因此，"思"既有学生个人依据自身的知识储备理解所听的内容，抓住主旨要义，把握核心内容，有感而发，写出所想；又有在老师的任务驱动下，深入思考，理解更深层次的东西，写下感悟与认识，完成相关任务。在思的环节，学生根据任务指向，形成写作的雏形，构思写作的大致框架。当然，这一环节用时不宜过长，3~5分钟即可。

教学片段3：

T：What do you think of the relationship between a boy and a girl in the listening? Please tell us the reasons.

T：Is it a good way to stop the relationship when you hear the gossiping? Why?

T：How about your advice?

（设计意图：在这一环节，学生根据老师的堂上设问，深入思考，提出自己的看法；也可以小组讨论，分享各自的看法。学生用一句完整的句子回答问题，其实，这就是想法或观点。然后，具体说明理由，或论述，或举例。这样，观点加上理由，就形成了写作的框架。这实际上就是在指导学生学什么、写什么和怎么写，也是在培养学生的学习能力——学会记笔记与小组合作学习。）

（4）写——写出初稿，符合逻辑。

在听的环节，学生基本理解篇章的大意；而在写的环节，学生在把握主旨大意的基础上，通过笔头，运用学过的词汇、短语、句型，写出符合逻辑、语法规范的短文，从而真正实现语言的输出。

① 写出所听，补充成文。听与写的组合是实战性很强的组合，因为我们在听的过程中总要记笔记，以免忘记重要信息，但你记下的只能是关键词或者是代表着不同含义的特殊符号。听到什么，就写出什么，学生就会下意识地这样做，即边听边写。但哪些才是关键、核心、重要的信息，要捕捉到位是需要策略与训练的。学生看着关键词，需要回忆才能补全信息，连词成句；需要小组讨论、同伴互助来补全句子，组句成篇；信息趋向完整，句子已成，还需要根据语法规则，再次观察句子，修正语法错误。这个听与写的过程，就是语法听写的呈现。Gorman 认为语法听写是一种有控制的写作。

教学片段4：

T：Who can tell us what you have heard in your own words?

S：I can try, but I can't say the same with the listening because some words I can't take them down.

T：It doesn't matter. Try it please.

S：...

（设计意图：学生根据自己记下的关键词与脑中存留的记忆，连词成句；合理添加，连句成篇，叙述较为完整的事件或故事。这样进行的听与写既有利于学生大胆、自信地表达内容，又关注到词汇的拼写、语法规则等，提高句子的准确度。）

② 写出观点，有理有据。听什么、写什么属于听写课的基本阶段，能复述原文即可，但要写出所听材料的重要观点，则需要具备概括能力、准确表述的能力。能写出观点，并提供依据，是真正听懂听力内容并学有所获的表现。

教学片段5：

T：How do you like Miss Wang's advice? And what about Miss Wang? Now I give you three minutes. Please write down your idea as quickly as you can and find out some reasons to support your idea.

S：Her advice is wonderful. I think Miss Wang is a good advisor and an intimate friend. In the letter, she says that there is nothing wrong with her and that boy being friends and studying together. It is stupid if she ends her friendship with that boy.

（设计意图：写作就要先亮出你自己的观点，然后说出你持此观点的理由。当然，这些理由应该是从听力材料中提炼出来的。这一环节的设计，目的就是培养学生学会表达自己的观点并找到依据。评价所听内容是基本的听说技能之一，写出自己的观点也是写作的基本技能，这也是培养学生的思维品质，即依据收集的信息，正确评判各种观点与思想，创造性地表达自己的观点，形成多元思维意识，发展创新思维能力。）

③ 写出疑问，列举理由。由于背景不同、文化不同，思维方式也不同，每个人对所听到的材料内容总会有思考，甚至有疑问，把这些疑问写下来，并说出提出这个疑问的几点理由，或者尝试多角度思考这些疑问。这个过程实际上就是培养学生批判性思维的过程。

教学片段6：

T：Is Miss Wang's advice a good one? Do you have any puzzles? If you have, please write them down in 5 minutes.

S：Her advice is to ignore Lisa's classmates. I don't think it is a good way because it is not easy for her to ignore the gossiping. At her age, boys or girls are concerned about others' opinions about them.

（设计意图：质疑是深入思考的前奏，有怀疑精神是学生具有批判性思维的一种体现。课堂上，教师通过设问，引导学生深入思考，并给出一定的时间让学生写出心中的疑惑；同时，鼓励学生积极开动脑筋，尝试解决问题。）

④ 写出感受，情感交融。人是情感的动物，当我们看到、听到一些事情，总会有自己的想法、感受。有感而发，笔下有情，语言的运用就会成为一种强烈的需要，在这种需要中，人会变得更主动，思维也更活跃，写出的文章因饱含情感而感人肺腑，文章也充满灵性。

教学片段7：

T：Do you have the puzzle just like Lisa does? How do you feel when you learn about her problem? Please write them down.

S：From the listening, I remembered the experience when I was in Junior Three. At that time, I was lucky to meet a good girl who was willing to help me when I was in trouble. Unluckily, when the other classmates saw us studying together, they laughed at us in a high voice. The girl avoided meeting me and helping me from then on.

（设计意图：碰到某些情境，学生会联想到自己，很容易有感而发，在这个时候，老师要创造机会让学生去说、去写，因为是触景生情，情感最真，学生也会趁这个时候抒发情感，学习也会更投入，效果也更好。）

（5）评——自评自改，润色成文。

学生在课堂上或课后写成文章，教师要指导学生学会自我修改或同伴互改，充分把握作文的内容、语言、连贯等方面的标准。好文章是改出来的，学生在完成自己的文章初稿后，需要反复小声朗读，看一看是否有更合适、准确的词汇替换文中的词汇，使文章更传神；或者检查一下句子，观察前后时态是否一致、主谓是否一致、固定搭配是否用错、是否出现词汇的重复使用、拼写是否出错等，这样的过程，就是反复修改、润色的过程。

四、听写课的注意事项

听写课是体现语言的输入与输出的重要的课型，要上好听写课，师生要互相配合，努力做好如下四点。

1. 选择材料注意趣味性

选择材料对教师而言，也是课前准备，教师要上好听写课，选好材料很关键，材料的内容要有一定的趣味性，因为听写课听为先，内容要能吸引学生，学生方有写出关键点、表达观点的欲望。"听"的材料应具备如下几个特点：一是"新"，材料的内容要新鲜，与学生的生活相关，富有时代性、知识性与趣味性；二是"真"，材料的真实性强，体裁也尽可能多样化，如新闻、广告、故事、歌曲等；三是"易"，就是要控制材料的难度，有时稍微容易理解一些的材料，学生才会有所作为。

2. 捕捉要点需要敏锐性

听写课上，学生一方面要认真听，另一方面要认真记，然后才到写的环节。一篇听力的小短文，在训练阶段，最多朗读三遍：第一遍，仅仅是听，了解大概内容；第二遍，快速记笔记，记下关键词汇；第三遍，核对添加，补充相关内容。在听与写的过程中，需要学生有一定的敏锐性，要知道哪些是重点内容，要明晰听的具体任务，记下5W1H（即what、who、when、where、why

和how）信息，清楚地捕捉到关键字眼，快速地将其记录下来。

3. 记下关键保持敏捷性

听懂大意和主题、捕捉关键信息是听力的基础技能，记笔记更是提高听力理解水平的重要策略。学生一旦形成良好的记笔记的习惯与策略，就能很好地完成说、写等任务。学生在听与写的过程中具备速记能力非常重要。学生每听完一个句子就应该同时记下关键信息，关键信息往往就是一两个单词。有时，哪怕一两个单词也没有时间写完整，这就需要学生运用缩略语、符号甚至中文等技术，有效提高记录速度，以免遗漏关键信息。

4. 表达观点体现简洁性

梳理、概括信息，正确评判各种思想观点，创造性地表达自己的观点，这些都属于思维品质目标，其中，表达观点是核心。而一节达成目标的听写课，是听、写的结合体，甚至是听、说、写的结合体，既有听的输入，又有说、写的输出，同时，在不同程度上实现这些思维品质目标。写的关键在于提出自己的观点，这是最难能可贵的，尤其是简洁明了地提出自己的观点，而这一点，也是需要长期的、有针对性的训练才有可能达到。

第五节　高中英语读说课的价值与课堂操作模式

一、存在的问题

读说课，就是读说结合课。"读"，就是阅读；"说"，就是口头表达。在英语课堂教学中，阅读课是常见的课型，但阅读课慢慢地被固定化、格式化了，学生成了被动的信息接收者，缺乏主体参与意识，在整个阅读过程中，学生的思维层次往往处于比较浅显、初级的阶段①；或者说，教师将阅读策略技术化和简单化了，如把阅读方法具体化为彼此独立的skimming、scanning技巧，而不是综合地训练阅读技能②。也有研究者提出，当前课堂上的英语阅读教学存在着不重视阅读微技能目标的落实、忽视加强学生思维能力的培养、忽视对学生进行阅读策略的指导、忽视培养学生的课外阅读兴趣等问题③。英语教师习惯开展听说、读写的教学，而读说课却较少涉及，原因有三：一是受高考、中考等考试的影响，教师多是指导学生如何做好阅读理解题，传授答题技巧，其他的都被认为是浪费时间，学生不愿意开口说，就不让学生说；二是教师缺乏促进学生长远发展的眼光与意识，学生没有从阅读中吸收"营养"，思维能力没有在学习与训练中得到提升；三是教师没有主动地激发学生学习热情的意识，学生仅仅是为考试、为做题而阅读，没有阅读的真正动力，没有表达与分享，也就没有学习的欲望与成就感。

二、读说课的价值

在语言运用过程中，各种语言技能往往不是单独使用的，理解性技能与表达性技能可以同时使用，可以看、读、说、写结合④。读说课，就是读与说的有机结合，其价值不容忽视。

1. 海量信息的输入

每天，世界各地发生的重要事件被记录着、传播着，而英语是当今世界广泛使用的国际通用语，英语阅读也就自然成为英语学习者信息输入的重要途径。英语语言以报纸、杂志、网络、新闻、广告等诸多形式涌入人们的视野，学生要掌握一定的技巧方能快速地从海量的信息中捕捉有价值的信息，为己所用，这些技巧就是老师要指导学生通过讲解、训练、内化、尝试而逐步形成的

---

① 杨葆贞.高中英语"读—说—写"活动的教学设计［J］.山东师范大学外国语学院学报（基础英语教育），2011（6）：59-62.
② 鲍冬娇.大学英语阅读"问题解决评价"教学模式探究［J］.教育评论.2018（8）：67-71.
③ 朱晓燕.英语课堂教学策略——如何有效选择与运用［M］.上海：上海外语教育出版社，2010.
④ 中华人民共和国教育部.普通高中英语课程标准（2017年版）［M］.北京：人民教育出版社，2018.

受益终生的阅读策略与技能，这也是英语阅读的最大价值之所在。

2. 迅速扩大词汇量

语言的深入学习，需要积累大量的词汇，而开展阅读，包括课内阅读与课外阅读，是迅速扩大词汇量的有效路径。我们日常看到的文章，往往都是围绕一个主题而展开，介绍一项新的发明或实验研究、阐释一个科学现象、讲述一个富有哲理的故事、得到一个重大发现、分享世界上的奇闻趣事，等等，由于有一个语境或情境，学生可以展开想象、猜想，这样的学习会令学生兴奋不已，对于很多词汇也易于理解并记忆。

3. 口语表达的丰富性

说话有内容，表达有内涵，都需要头脑中有大量的信息；说话有深度，表达准确，需要有丰富的词汇，而信息量与词汇量再加上深入思考，我们的口语表达会达到一个更高的境界，语言表达准确而富有美感，内涵丰富而饱含哲理。

三、读说课的课堂操作模式

本书提出了读说课的"猜、读、画、思、说"五步课堂操作模式，下面以人教版普通高中课程标准实验教科书英语1·必修中的Unit2 English around the world，Reading：The road to modern English为例，具体阐述这五步操作模式与每一步的设计意图。

1. 教学内容分析与学情分析

"阅读"（Reading：The road to modern English）简要地介绍了英语语言的发展历史、英语演变的历史原因、英语在亚非国家的使用情况，以及英语在中国的发展趋势。

学生刚刚从初中进入高中，需要逐渐熟悉高中的学习生活。英语是当今世界广泛使用的国际通用语，是国际交流与合作的重要沟通工具。学生了解英语的发展历史，认识学英语的重要性，可以激发学习英语的热情。学生有一定的阅读能力，但说的能力较弱；学生以往的阅读更多的是关注细节，而对文章的整体性把握不够；学生的阅读策略不清晰，缺少这方面的指导与训练。

2. 课堂操作模式

读说课就是要充分利用阅读活动，加大语言的输入，为说或写的语言输出做好前期准备；同时，精心设计，让学生有充分表达看法的机会，实现语言输出，达到学习语言与运用语言的目的。读说课的五步课堂操作模式如下。

（1）猜——猜测主题，预测内容。

《课标》指出，通过篇章标题、图片、图表和关键词等信息，可以预测和理解篇章的主要内容[①]。猜，属于带有游戏性质的课堂教学活动，学生喜欢猜测、猜想，具有未知性、挑战性、思考性、印证性等特点，也容易拉近师生之间的距离，学生乐于参与。

教学片段1：

教师用PPT演示文稿展示文章的标题：The road to modern English，马上提出如下两个问题，引导学生思考。

① What does the word road in the title mean?

② From the title, can you guess what it will tell us?

（设计意图：学生面对文章的标题，总会有自己的判断或看法，大胆地说出来，而且有自己的依据，这就是合理猜测的过程。学生是否猜中答案并不重要，重要的是学生参与活动，积极动脑，开启思维；同时，老师将学生的注意力吸引到"猜"的活动上，为整堂课开个好头，提高学生的课堂学习专注度。）

（2）读——读懂大意，抓住主旨。

阅读文章，能够抓住文章的主旨很重要。老师指导学生如何快速阅读、如何迅速捕捉关键信息、如何归纳段落大意，其实就是在教学生阅读，教学生运用方法去阅读与思考，是教师有意识地培养学生的阅读技能，形成有效的阅读策略。

教学片段2：

The teacher lets the students find out the topic sentence or key sentence of each paragraph or asks them to summarize the main point for each paragraph in their own words.

Teacher: Let's look at the first paragraph. Can you scan the text and make out

---

[①] 中华人民共和国教育部. 普通高中英语课程标准（2017年版）［M］. 北京：人民教育出版社，2018.

the topic sentence for the first paragraph?

　　Student: The first sentence.

　　T: Can you summarize the main point for the first paragraph ?

　　S: Let me try. Many people spoke English.

　　S: Not exactly. Many people speak English in the world.

　　S: The first sentence is not the topic sentence. And the main point is that many people in the world speak English.

　　S: Many people all over the world speak English.

　　S: The spread of the English language in the world.

　　T: Well done. Can you summarize the main point for other paragraphs?

　　T: Can you give us a summary for the whole passage?

　　...

　　（设计意图：在"读"的过程中，教师引导学生关注文章的语篇类型，学习通过段落的主题句、中心句快速概括段落的主旨大意，进而概括整篇文章的主旨大意，紧接着鼓励学生用自己的语言在课堂上大胆地说出来。这个过程，有说有读，有输入有输出，读说结合。学生说出自己的概括，每个人的表述又各有不同，学生一边聆听，一边比较，这也是学习。）

　　（3）画——画出句子，分析领会。

　　阅读文章，尤其是学生在课堂上阅读教材中的篇章，老师要指导学生分两步走。一是先略读，了解文章的梗概，捕捉文章的重要信息，此时阅读的策略很关键，既要省时省力，又要抓住要点。二是要精读，关注某些重点的段落或句子，从中学习新的知识，如词汇的搭配与用法、好的表达结构、习语俗语等，不断吸收新知，扩大自己的知识系统。画，就是画线、标注，一方面，教师指导学生画出自己认为难以理解的难句、长句，并要求学生在同学、老师的帮助下弄懂这些长难句的意思、结构、包含的知识点，毕竟挑战长难句才有更大的收获并获得成功的愉悦；另一方面，教师可指导学生画出表达优美的句子，这些句子包含常用的句型结构或用词准确、优美，修辞手法恰如其分。学习语言，需要积累，厚积才能薄发。

教学片段3：

　　T: Which sentence do you think is difficult for you to understand? Please underline it in your textbook.

S: The sentence in Line 2 on Page 10. Later in the next century, people from England made voyages to conquer other parts of the world and because of that, English began to be spoken in many other countries.

T: Who can explain the meaning of this sentence?

S: It means...

T: Can you find out some beautiful sentences and underline them at once.

S: It was based more on German than the English we speak at present. I think it's beautiful.

T: Why do you say that? Please give us some reasons.

S: The important expression: be based on; at present.

T: What does the express at present mean?

S: It is another way of saying now.

T: Good. Anything else?

S: Actually all languages change and develop when cultures meet and communicate with each other.

S: Shakespeare was able to make use of a wider vocabulary than ever before.

S: Today the number of people learning English in China is increasing rapidly.

（设计意图：每一节课都要令学生有收获。学生在掌握文章的主旨大意后，也要学习文章中重要词汇的用法，在具体的语境中学习与掌握词汇的用法，如在师生的互动中，学生提出了解释长难句，画出了优美语句以及句子中包含的be based on、at present、communicate with、make use of、the number of 等短语。每阅读一篇文章，就有词汇与句子的学习，积少成多，日积月累，学生才会打牢语言学习的基础。）

（4）思——深层思考，小组探究。

"思"，就是思考，在表层理解的基础上深入挖掘，收获比表面看到的更多的东西。学生在阅读文章时获取信息、吸收新知固然重要，但更为重要的是能引发思考，提出自己的看法、观点。"思"，还有大家共同思考、讨论之意，小组内可以就某一问题展开探究，各抒己见，进行思维碰撞，最后解决问题。

教学片段4：

T: Let's enjoy the whole passage paragraph by paragraph again. Pay special attention to the following Qs:

How did old English develop into modern English?

Why does English change all the way?

What other Englishes developed from the old English?

S: I can try answering the first question. There are three major periods of the development of English: the end of the 16th century—the next century—today.

T: Who promoted the spread of English?

S: People. When they moved, they carried English to different places.

T: There exist differences between different Englishes, not only in vocabulary, but also in pronunciation and spelling. (honour/ honor/neighbour/neighbor...) How do these differences come about?/Why does English change over time?

S: Because of cultural communications.

T: Can you find out the characteristics of each time according to the time axis?

S: AD 450—1150: German;

1150—1500: less like German, more like French;

In the 1600's: Shakespeare's English;

The time ADEL was written: American English;

Later: Australian English.

（设计意图：学生的思考是在回答老师在课堂上的提问的过程中发生的，因此，老师要围绕主题设置问题，引导学生深入思考，提升学生的思维品质。学生根据老师的问题，认真地阅读文章的内容，然后组织语言来回答问题，这就把读与说结合起来了。）

教学片段5：

T: In the passage, there are four aspects of the history of English. So we can say that it's a brief history of English. Please draw the structure of the passage.

S: Finally, write it down in the exercise book.

The Road to Modern English

```
                    ┌ P1 More and more people      ┌ ① at the end of...
                    │ start to speak English.      │ ② in the next century...
                    │                              └ ③ today...
                    │
  A Brief History   │ P2 World Englishes are different  ┌ ① However
     of English     ┤ from each other in some ways.     └ ② For example...
                    │
                    │ P3 English has changed over time because  ┌ ① AD 45—1150
                    │ all languages change when cultures        ┤ ② 1150—1500
                    │ communicate with each other.              └ ③ 1600's
                    │
                    └ P4 English is also spoken in many other countries.
```

A Brief History of English

T: According to your structure, who can tell us the brief history of English in your own words?

（设计意图：学生除了理解文章的主旨大意，快速捕捉文章包含的信息之外，也要厘清文章的结构，能够画出相应的结构图，这样更容易弄清文章的脉络，弄清段落之间的逻辑关系。另外，教师也可以适时地指导学生，弄清作者的写作意图与态度，鉴赏文章等。这样也能多角度地打开学生的思路，促进学生深入思考，培养学生的批判性思维，也为下面的观点表达做好铺垫。）

（5）说——说出所思，大胆展示。

"说"，就是说话，表达自己的看法。如何能让学生在课堂上有话可说、言之有物，这需要老师做好示范、精心设问。教师要先给出示范，指导学生说什么、怎么说、如何说好。当学生被带入情境，他们就会发散思维，说得很好。那么，学生在阅读文章、了解文章的大意之后，是可以说内容、说观点、说看法、说疑问的。

① 组织语言，复述内容。复述，学生要能把握文章的要点，抓住核心词汇才能说得简洁、完整。在课堂上，老师创造机会让学生复述文章的主要内容，就是在训练学生的概括能力和捕捉要点、抓住关键词的能力，长期坚持，学生就会敢于开口、叙述条理清晰、言之有物，从而不断提升学生的语言综合运用能力。

教学片段6：

T: Please fill in the blanks and then retell the text using the chart.（表4.2）

表4.2　Information

AD 450—1150	English was based on _____.
_____	English was more like French.
At the end of the 16th century	How many people speak English? _____
_____	Shakespeare made use of a wider vocabulary.
_____	American English gained its own identity.
Later	_____ English had its identity.

S：English developed and changed a lot. During the 5th century AD, English was based on more on German. And then English was influenced by Danish and French invaders between about AD 800 and 1150, so English was more like French. By the 1600's, Shakespeare was able to make use of a wider vocabulary than ever before...

（设计意图：学生在之前的教学环节中已对英语的历史有所了解，现在通过填写这个表格，可以进一步明晰一些细节。然后，学生依据这个表格中的时间与内容，口头将主要内容串成一段话，在课堂上呈现出来。复述文章的内容是读说结合的常用的方法，也是有效的方法，学了就用，训练学生大胆开口说英语，也可增强学生学习英语的自信心。）

② 说出观点，理由充分。这里提到的观点，主要是指文章中呈现的观点，学生在阅读文章时，要能快速找到文中的观点，并能找到支撑观点的理据。这样，学生理解文章的结构，也容易画出展现文章结构的思维导图，学生看图说话，就显得说话有理有据，思维缜密。

教学片段7：

T：You have learnt a brief history of English. Do you know why English has so rich vocabularies?

S：From the passage we know that English is rich in vocabulary because a great number of English words are from many other languages, such as German, French, Danish and so on.

（设计意图：学生从阅读的文章中可以提炼出某些观点，而这些观点又可以在文章中切切实实找到描述来支撑观点。这样，学生可以在老师的提问下，从文中捕捉关键信息并概括出观点。这样做，一方面，学生能说得有理有据，

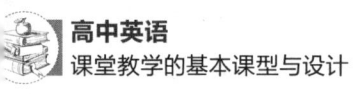

有逻辑性;另一方面,对学生来说,这也是提高思维能力的过程。)

③ 说出看法,独树一帜。说出看法,就是表达自己的观点,可以是支持文中的观点,除了文中的理据之外,还可以说出生活中的例子来支持自己的观点;也可以不赞同文中的观点,提出自己的观点,并能举出例子来阐释自己的观点。有时,自己提出的观点也可能不周全,但能自圆其说就可以,重要的是能亮出自己的观点,并能举例论证自己的观点。

教学片段8:

T: From the text we can see English is widely accepted as a native, second or third language.

No wonder the number of people learning English in China is increasing rapidly. Will Chinese English become one of the world Englishes? — "Only time will tell."

T: What do you think of the question and the last sentence?

S: It means that something can only be known in the future.

T: What can you infer from this sentence about the development of English in China?

S: It indicates that it remains to be seen just how much the Chinese culture will influence the English language in the present country. According to the passage, languages change when cultures communicate with one another. So the writer intended to predict a possible road to modern English, that is, when Chinese culture communicate with English culture, English may change, too. So as time goes by, Chinese English may become one of the world Englishes.

(设计意图:《课标》在论述思维品质目标时也指出,"……正确评判各种思想观点,创造性地表达自己的观点……[①]",教师在课堂上,通过问题设计,引导学生勇于表达自己的独特见解或观点。这也是教育的价值与追求所在。)

④ 说出疑问,拓展思维。"尽信书,不如无书"说的就是读书之人要善

[①] 中华人民共和国教育部. 普通高中英语课程标准(2017年版)[M]. 北京:人民教育出版社,2018.

于独立思考问题，学生阅读学习也是如此。学生既要想方设法弄明白文章的大意，积累语言、文化知识，又要有批判的意识，勇于表达不一样的看法或提出心中的疑问。有疑问，内心才会有深入学习的动力；解决问题，人才会有一种成功的喜悦与满足。

教学片段9：

T：Now let's discuss the questions in Comprehending Section 2.

（Let the students discuss in pairs and share their opinions in class. The answers may vary. But it doesn't matter what their answers may be. Most importantly, encourage them to express what they really think.）

T：After reading, do you have puzzles about the text?

……

（设计意图：学生能说出疑问，这表明他们认真阅读与思考了，想得更加深入。《课标》也指出，要运用英语进行独立思考，创新思维。[①]）

四、上好读说课的注意事项

读说课，"读"为先，学生要读懂文章，掌握方法，获取信息，学习新知；"说"要跟上，学生要敢于开口，大胆表达，长期训练，形成策略。

1. 阅读材料的适合性

一方面，老师要充分利用教材中的阅读文章，讲授阅读方法，开展堂上训练，培养学生的阅读能力。其实，每一篇教材中的文章都可读、可说，关键在于老师想让学生读什么、怎么读、说什么、怎么说，这里考的是教师如何进行阅读问题设计。另一方面，老师也可以在课外寻找与课内话题一致的时代感更强的文章，当然，要控制文章的难度，要适合学生的现有水平。教师要立足学生现有的语言能力，将阅读材料的语言控制在学生的语言驾驭能力范围之内，选择难度适中、易于理解和模仿的阅读文本，保证输入的有效性。[②]

[①] 中华人民共和国教育部. 普通高中英语课程标准（2017年版）[M]. 北京：人民教育出版社，2018.

[②] 刘威. 读写整合策略在高中英语写作教学中的应用[J]. 基础外语教育，2016（5）：46-50，110.

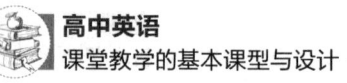

2. 读说活动的示范性

课堂，是教与学互动的过程，学习也总是先从模仿开始的。教师的课堂示范也是一种教学"铺垫"，就是举例子。课堂上，老师会设计一些教学活动，学生在"做中学"。在引导学生参与活动之前，老师的指导语要清晰，要给学生提供示范，学生应该知道做什么、怎么做，然后模仿着去做、去说。

3. 学生阅读的整体性

读说课的核心理念是快速阅读，抓住主旨，捕捉主要信息，学生有大量的可理解性输入，为学生的说创造机会，丰富说的内容，提升学生的阅读与表达的能力。阅读的整体性，要关注如下三点：一是你"读"到什么，即文章的大概内容与观点；二是你想到什么，通过文章的内容与信息，你联想到什么；三是你悟到什么，即把阅读的内容纳入自己的知识系统，做出自己的判断或提出另外的看法。

4. 方法指导的长期性

学生要掌握抓住主旨、捕捉信息、明晰结构等都需要必要的方法，形成有效的策略，而这些方法或策略的形成都需要一个较长的过程。学生要在老师的指导下，先知道这些方法，知道如何选择用哪种方法，然后尝试运用这些方法去解决问题，总结规律，形成经验，最后熟练掌握方法。读说课就是需要有方法的高效阅读，然后有机会多说多练，形成能力。

第六节 高中英语读写课的价值与课堂操作模式

一、存在的问题

在英语学习中，"读"，即阅读，是一种理解性的语言输入形式；而"写"，即写作，是一种表达性的输出形式。读写结合教学是语言输入与输出的有机结合[1]，而且，阅读与写作相辅相成、互为支持，阅读可以作为写作的输入，而写作可以帮助学生更好地理解阅读文本[2]。可见，读写课的价值不容置疑。可是，在实际的课堂教学中，读与写并没有很好地结合，阅读课侧重词、句的理解，很少涉及篇章内容结构，缺乏对文章的深层次利用[3]；重语言知识点，轻阅读与写作，忽视文本承载的话题、语言、写作方法等功能信息对写作的促进作用[4]。高中英语读写结合课存在阅读导入缺失、读写时间分配不合理、读写任务相分离的问题[5]，学生在写作上暴露出篇章结构混乱、内容匮乏、偏离主题[6][7]、语言准确性、可读性差[8]等明显问题，语言输入与输出脱节[9]。原因有三：一是受高考、中考的影响，阅读仅是获取信息，做对题、得高分，师生的关注点都在答题策略、得分策略上，而不是在阅读策略、提高真正的阅读能力上面；二是教师缺乏文本分析、篇章整体的意识，在日常的课堂教学中，教师没有给出示范，指导学生掌握必要的阅读策略的力度不够；三是教师没有创造机会让学生在课堂上运用一定的方法、策略进行阅读、吸收、写作，实现语言输出。也正因为如此，读写课需要深入研究、多多实践、总结提升。

---

[1] Hirvela, A. Connecting Reading and Writing in Second Language Writing Instruction [M]. Ann Arbor: The University of Michigan Press, 2007.

[2] Grabe, W. & R. B. Kaplan. Theory and Practice of Writing [M]. London: Longman, 1996.

[3] 毛红利. 读写结合——展现高三英语阅读教学的精彩 [J]. 学周刊, 2014（4）：178.

[4] 程芳. 例谈高中英语读写结合设计的有效性 [J]. 英语教师, 016（2）：35-39.

[5] 张强. 高中英语读写结合课ACTIVE教学模式的构建与实践 [J]. 教学月刊·中学版, 2015（Z2）：12-16.

[6] 周锌锌. 借鉴阅读教材,训练学生写作能力 [J]. 学周刊, 2014（1）：156-157.

[7] 赵盈. 读写结合教学与高中生写作能力培养的个案研究 [J]. 山东师范大学外国语学院学报（基础英语教育）, 2015（1）：40-45.

[8] 张雪芹. 开展读写结合教学,提高学生英语写作能力——一节"高中英语读写结合"课题的实践课及思考 [J]. 英语教师, 2015（12）：139-141.

[9] 王卉. 高中英语阅读与写作联动教学模式初探 [J]. 考试周刊. 2014（20）：92-94.

二、读写课的价值

读写课,先读后写、读写结合。开展阅读,是写作前的学习与积累;组织写作,是阅读成果的检验与运用。

1. 学习结构

阅读,是为了吸收文章的内容,获取文字信息,同时,通过篇章学习词汇、短语、句型、句式。学习结构有三个方面的含义:一是学习句子的结构,包含重点词汇的用法、重要的句型表达等;二是学习语法结构;三是学习篇章的结构。学习结构,就是通过篇章学习句子的正确表达,掌握篇章的结构,教师可引导学生采取结构图、提纲式、时间轴、思维导图等形式,把握文章整体脉络,为读后写作活动搭建有效框架[①]。当然,这些都需要学习、内化,为最终的写作,即语言输出打下基础。

2. 丰富表达

读是理解性技能,写是表达性技能。理解性技能和表达性技能在语言学习过程中相辅相成、相互促进。写作需要词汇的正确运用、句型、句法的使用以及语篇知识的正确运用,也就是说,写作需要体现表达的丰富性。而丰富的表达从哪里来?从学习积累中来,从大量的阅读中来,通过阅读,学生可以学会各种各样的表达,甚至同一个意思可以有多种表达形式。

3. 逻辑论述

写作不是大量词汇的堆砌,也不是华丽辞藻的铺陈,写作是有章可循的,需要不断地学习与练习,而大量的阅读是写作提高的重要前提。一篇好的文章必然是主题明确、论述清晰而符合逻辑的,不会给人突兀与违和之感。

三、读写课的课堂操作模式

本书提出了读写课的"读、画、思、写、润"五步课堂操作模式,下面以人教版普通高中课程标准实验教科书英语1·必修中的Unit 4 Earthquakes, Reading:

[①] 刘威. 读写整合策略在高中英语写作教学中的应用[J]. 基础外语教育. 2016(5):46-50,110.

A night the earth didn't sleep 为例，具体阐述这五步操作模式与每一步的设计意图。

1. 教学内容分析与学情分析

在语言运用过程中，各种语言技能往往不是单独使用的，理解性技能与表达性技能可能同时使用，可以看、读、说、写结合。读写课就是要充分利用阅读活动，加大语言的输入，为写作（语言输出）做好前期准备与积累；同时，写作也会检验阅读的成果，提高阅读的实效性。下面以人教版普通高中课程标准实验教科书英语1·必修中的Unit 4 Earthquakes，Reading：A night the earth didn't sleep 为例，具体介绍读写课的课堂实施步骤。

"阅读"（Reading：A night the earth didn't sleep 地球的一个不眠之夜）部分叙述了1976年7月28日凌晨发生在河北省唐山市的大地震。文章分为四段：第一段讲地震前夕发生的"怪事"（地震预兆）；第二段讲发生了地震，整个城市变成一片废墟，伤亡严重；第三段讲地震后景象凄惨，又发生余震，幸存者感到悲哀、惊恐、不安；第四段讲在解放军的救援和全国各地的援助下，被地震摧毁的城市开始复苏。

高一年级学生刚刚进入高中不久，英语学习还处于适应阶段。大多数学生阅读的技能偏弱；学生羞于大胆表达自己的观点，不知如何表达看法；缺乏读前猜测标题与深入思考的习惯，写的机会较少。

2. 课堂操作模式

（1）读——读懂大意，尝试概括。

教材中的每一篇阅读文章都是写作的典型范例，通过教材编写者的合理编排，提供给学生学习。人教版教材中的Reading文章体裁多样，包括日记、广告、小说、人物传记、散文、诗歌、新闻、信件等多种常见文体，材料内容丰富。教师要充分利用教材开展阅读教学，实施读写结合。阅读课要结合文本探究语境，让学生变死记硬背课文为感知、体验、思维、感受和运用。[1]因此，阅读课可以从以下三个方面入手：一是阅读标题。标题本身就有吸引注意力、高度概括、引发思考等行文特点，所以关注标题、发挥标题的预测功能是阅读

---

[1] 勾晔凡.读写结合的高中英语阅读教学探究——基于My First Work Assignment教学设计与反思[J].英语教师，2016（17）：103-106.

教学的第一步。二是阅读文体。教材中的文章，每一篇文体都特点鲜明，其写作的对象、目的、风格等都有显著的特征，教师可以引导学生关注文体特点，把握语言风格与文体的联系。[①]学生具备文体的基本知识，更容易理解文章的内容。三是把握文章大意。预测标题，关注文体就是为了快速了解文章内容，明晰文章大意，毕竟获取重要信息是阅读的重要价值所在。

教学片段1：

Teacher: What does the title "A night the earth didn't sleep" mean?

Student: It means that something happened.

T: What other information will you get from the title?

S: Something happened at night.

S: Something happened on the earth.

S: Some people on the earth didn't sleep and there was something wrong with the world.

...

T: Wonderful. From the title, do you know the genre（文章体裁）of the text?

T: What will the text tell us?

教学片段2：

T: Can you get the main idea of each paragraph in three minutes?

S: I think it's difficult.

T: Do you know how to get the main idea of each paragraph? Here are three steps as following：①Find out the topic sentence. ②Circle the key words in main sentences. ③Find out the common points.

S: Let's look at the first paragraph. Can you find out the topic sentence?

T: The first sentence of the paragraph. "Strange things were happening..."

S: Can you tell us the main idea in your own words?

T: I can try. Before the earthquake strange things began to happen but no one

---

[①] 刘威. 读写整合策略在高中英语写作教学中的应用[J]. 基础外语教育. 2016（5）：46-50，110.

paid attention to them.

S: Well done.

（设计意图：感知文本从标题开始，从文章的体裁入手，学生的阅读视野是先见"林"、再见"树"，先整体、再局部，教师应注意培养学生整体阅读的意识。在教师的步步追问下，学生学会从文章的标题预测重要信息，感知文章体裁，猜测文章的大概内容，为下一步快速获取信息做好铺垫。同时，教师引导学生学会概括，既尝试了写作，也培养了学生的思维品质。）

（2）画——画出句子，学习运用。

阅读，除了获取信息之外，还要学习知识，把新的知识内容纳入自己的知识系统。这里的画出句子，包含两个方面的内容：一是画出长难句。长难句是学生阅读时的"拦路虎"，如果教师不帮助学生解决"拦路虎"，学生在今后的英语阅读中会"望而却步"，对文章一知半解，长此以往，学生会对阅读失去兴趣，阅读能力也就难以提高，进而影响学生未来的发展。每阅读一篇文章，教师都帮助学生分析至少一句长难句，其价值是长远的。二是画出优美语句。语言学习是需要积累的，每阅读一篇文章，画出一两句表达优美的句子，摘抄到自己的笔记本上，晨读晚诵，日积月累，定然是一笔宝贵的语言财富。句子积累越多，对词汇、语法、句法的认知越深刻，自己在写作时就会信手拈来，如神来之笔。学了就用，边学边用，这也是语言学习之道。

教学片段3：

T: Can you underline one or two sentences that you find it hard to understand?

S: All right. In Line 16 and 17, "The number of people who were killed or seriously injured reached more than 400,000." I don't catch the meaning.

S: Why does it use two verbs, injured and reached, using the past tense form, in the sentence above?

...

T: Can you find out a sentence that is the best one?

S: The sentence above is the best one, I think.

T: Why?

S: I can learn the structure from it. And I can make some sentences like that.

T: Really? Can you give us some examples?

S: Sure. The number of people who are very interested in playing basketball in our school reached more than 1000.

...

（设计意图：学生阅读文章，总会遇到难以理解的句子，如长难句，要学会分析句子结构，看懂句子的意思。平时多训练，学生才不会一遇到困难的句子就不知所措，影响阅读的准确性。阅读文章时，学生也会看到表达比较优美的句子，在这些句子下面画线，也可以摘抄到专门的笔记本上做积累。在课堂上，学生分享长难句、优美语句，本身就是学习与吸收。）

（3）思——学会逻辑，品味语言。

高中英语阅读课不仅要帮助学生对语言（词汇和结构）和信息（文本的主旨大意和细节）进行表层的理解，而且还要帮助学生对文本进行深层次的理解，关注作者的观点、情感和态度、写作意图，把握文本的脉络层次和结构，了解文本的遣词造句和谋篇布局等方面的技巧进而鉴赏语言文化[1]。学生在阅读时，遇到不懂的词汇，可以问同学、查字典或手机，遇到不懂的句子也可以利用软件进行翻译，但极少有人去关注情感态度、写作意图、鉴赏语言等。从表层到深层，这些都需要教师有目的地去启发学生、指导学生，从而提高学生的阅读能力，形成阅读策略，并且在教师的引导下，使学生学会品味语言、文化，点燃学生的阅读激情。

教学片段4：

T: After reading the passage, can you explain in your own words what the writer means by the title "A night the earth didn't sleep"?

S: Sure. It is a poetic way of saying that an earthquake happened.

T: Good. Can you suggest another title for the text?

S: Tangshan's great challenge.

S: How did Tangshan's citizens overcome ...

...

---

[1] 邹必影. 从两节英语同课异构课谈"读说型"阅读课的优化设计[J]. 基础外语教育，2017（4）：76-84.

T：Can you tell us the structure of the passage?

S：I can have a try. I think the passage can be divided into three parts. They are before the earthquake（Paragraph 1）, during the earthquake（Paragraph 2&3）, and after the earthquake（Paragraph 4）.

...

T：Which sentence do you think is the best sentence in the text?

S：In Line 20, "Bricks covered the ground like red autumn leaves."

T：Why do you think it is a wonderful sentence?

S：I think it is beautiful.

...

（设计意图：读前，学生通过标题可以预测文章内容；读后，根据文章的内容，可以印证猜测是否准确，可以感悟文章标题的美好，可以明晰文章的结构，可以学习、吸收文中的优美语句，不断积累，更可以关注情感态度、写作意图、鉴赏语言等。）

（4）写——写出初稿，内容充实。

写作属于语言输出，但要实现输出，必须先学习、内化、积累。写作也是一个循序渐进的过程，是一个观帖—临帖—破帖的过程。课堂上，教师要时时给学生创造机会去写作。当然，这里的写作是读写结合的产物，时间只有10分钟左右，要求学生从阅读中吸收"营养"，模仿、内化、运用到自己的写作中来，可以概括、仿写、缩写、扩写、续写、改写等。一节课不可能什么都写，选其中一点即可，主要是给学生练笔的机会。有时哪怕仅仅是几个句子，又或是一小段话，都是可贵的，毕竟语言是在不断运用中逐渐掌握的。

① 借鉴文本——仿写。仿写是指给出短文、段落或句子作为参考，模仿写出句式相同、内容与上下文衔接的句子、段落或短文。仿写训练要与阅读教学有机结合。学生从范文中学习到的各种写作知识及表达方法，都可在仿写练习中加以运用。教师根据单元话题，尤其是在学生阅读了语篇之后，布置与阅读内容相似的写作任务，让学生通过对阅读语篇的模仿，灵活运用文中的词汇、短语、句型，实现语言输出。

教学片段5：

教师在学生学习课文之后，用PPT演示文稿展出与课文类似的有关印尼海啸的新闻报道，让学生仿写：

2018年12月22日，印度尼西亚遭受海啸袭击，瞬间，整个村庄变成一片废墟，众多房屋建筑被毁。更糟糕的是，有许多人被海水冲走，包括游客和村民。据报道，已经造成43人死亡，584人受伤，数百间房屋受损，许许多多的人无家可归，简直骇人听闻。世界人民对于这次灾难极度震惊。印尼政府，它号召全体士兵投入救援那些被困的受难者，把他们转移到避难所。

Sample version: A tsunami hit Indonesia on December 22nd, 2018. Soon, the whole village was in ruins. A lot of houses and buildings were destroyed. What's worse, a great number of people were washed way, including travellers and villagers. It is reported that 43 people died and 584 people were injured. Hundreds of houses were damaged and many people were left without homes. What a frightening suffering! People all over the world extremely were shocked at the disaster. Thanks to the government of Indonesia, all the soldiers were called on to rescue the victims who were trapped and moved them to the shelters.

（设计意图：这属于半开放的语言输出训练，带有翻译与仿写的性质。仿写内容中画线部分的词汇是课文中的目标词汇，学生在阅读与学习之后，可以在堂上仿写训练中加以运用，学生觉得有章可循，容易获得成就感，这也符合"学伴用随"的语言学习原则。）

② 长话短说——缩写。缩写，就是在中心思想和主要内容不变的情况下，按照一定要求，把篇幅较长的文章压缩提炼成较短文章的一种写作训练。学生基于文章大意，对其进行要点提取，用简洁的语言概括文章的中心思想及主要内容，如retell和summary。缩写的好处是通过写作厘清文章脉络，巩固语言知识，反思阅读过程，促进阅读效果的达成，以写促读[1]。具体的缩写方法有摘录法、删除法和概括法，而学生对于摘录法，即抓住原文的中心和要点，以摘录原文重要语句为主，适当增加衔接语言，连缀成文，比较容易掌握。学生写好缩写，要把握好三个方面的要点：一是概括文章各段落的大意，把握文章的主体内容，尤其关注每段的首句、尾句，即关注主题句；二是注意人称、时态

---

[1] 张丽. 高中英语读写结合教学模式建构[J]. 福建基础教育研究，2015（4）：75-76.

的前后呼应、保持一致，体现文章的整体性、完整性、简洁性；三是注意各句子之间的连贯性，要符合逻辑。

教学片段6：

教师用PPT演示文稿给出堂上写作任务：用摘录法缩写文章内容，注意重要词汇的选取与运用。

Sample version：Before the earthquake of Tangshan, strange things happened, for example, the water pipes in some buildings cracked and burst. Soon the whole city lay in ruins. Millions of people died or were injured during the earthquake. The survivors saw almost all the things around were destroyed. After another big quake, people were shocked to find that many rescue workers and doctors were trapped under the ruins. Finally, the army organized teams to dig out those who were trapped and to bury the dead. A great number of workers built shelters for survivors and miners whose homes had been destroyed.

教学片段7：

教师用PPT演示文稿给出堂上写作任务：用概括法缩写文章内容，即写出文章的summary，控制在30词左右。

Sample version：A powerful earthquake hit Tangshan in 1976 but nobody felt it in advance although strange things happened before that. The earthquake caused more than 400,000 people to be killed or injured. Yet, the whole city began to breathe with the help of soldiers.

（设计意图：摘录法和概括法是缩写的重要方法，它可以训练学生捕捉重要信息、概括主旨的能力。一篇500词左右的阅读材料，运用摘录法可以缩写成100字左右的小短文，重要的是，短文中还包括了这个单元的18个重要词汇和短语，个别词汇如earthquake、ruins、survivors、destroyed等在短文中被使用了两次，这对于学生学习与运用词汇大有裨益。概括法也使学生对于概括每段的大意、找主题句、提炼文章的主旨等找到了相应策略。）

③ 滚动雪球——扩写。扩写是对原文进行扩展和充实，把简略的原文扩展成符合题意要求的文章。扩写有利于学生放开思路，展开想象，可以训练学生的发散性思维。扩写主要分为自由扩写与规定扩写两种类型。在课堂上，训练时间有限，大概10分钟，主要采用规定扩写，旨在训练学生丰富写作内容，学

会添加细节。扩写时，学生要注意三点：一是审清写作任务要求，不改变原文的中心意思；二是在可扩充的地方大胆添加细节，但不可任意发挥；三是扩写时要注意添加的细节或故事情节要合乎逻辑，合情合理。

教学片段8：

教师用PPT演示文稿给出堂上写作任务（扩写）：地震后，解放军迅速投身到抢险救灾之中，文中说Soon after the quakes, the army sent 150,000 soldiers to Tangshan to help the rescue workers. The army organized teams to dig out those who were trapped and to bury the dead. 你能在此基础上，详细说明解放军是如何开展救援的，碰到了哪些困难，如何克服的。字数在100词左右。

（设计意图：扩写训练了学生合理想象的能力，使其学会设置情景，合理添加细节，丰富写作内容，这也是高考中写作部分的具体要求。）

④ 结局我定——续写。续写是按要求在所提供的材料的基础上继续补充写作，使之成为完整的一篇文章。续写能培养学生认真阅读的习惯和分析能力、根据条件想象事情发展的能力、提高写人叙事的写作能力。王初明认为，续写是模仿与创造的结合，学习与运用的结合。他认为读后续写使语言理解和产出紧密结合起来，有利于扩张和巩固学习者语言表征功能。[①]续写时必须注意三点：一是大胆想象；二是合乎情理；三是语言风格一致。

教学片段9：

教师用PPT演示文稿给出堂上写作任务（续写）：文章的末尾写道"Slowly, the city began to breathe again.地震后的唐山已开始复苏"。你能描述一下二十年后唐山的面貌吗？

（设计意图：同一个故事，可以有不同的结尾，学生的想象空间很大；学生也可以从不同的角度续写，续写没有标准答案，只要能激发学生的写作兴趣，学生能运用所学的词汇、短语表达自己的想法就达到目的了。）

（5）润——内心默读，润色成文。

学生给文章润色的过程，实际上就是自我修改文章的过程。文章是改出来的，从古至今一直流传的"推敲"的典故，大诗人杜甫"吟安一个字，捻断数

[①] 王初明. 读后续写——提高外语学习效率的一种有效方法［J］. 外语界，2012（5）：2-7.

茎须"的诗句,说的就是作诗炼字炼句、"文章不厌百回改"的道理。润色文章可以从如下五个方面入手：一是注意句子是否围绕主题展开；二是注意句子是否存在错词、病句；三是注意前后句子是否连贯；四是注意句型结构是否准确；五是语气、口吻是否贴切。

四、读写课的注意事项

读写课的课堂操作模式可根据实际情况进行调整，重在实效，所谓"教无定法"，但也要考虑如下四个方面的内容。

1. 阅读材料的可理解性

要立足学生现有的语言能力，将阅读材料的语言控制在学生的语言驾驭能力范围之内，选择难度适中、易于理解和模仿的阅读文本，保证输入的有效性。[①]一方面，教材中的阅读材料我们要学习，尽可能充分利用，指导学生阅读，提高学生的阅读能力，使其掌握阅读的策略，吸收文章中呈现的词汇、短语的用法、好的句型结构等；另一方面，教师需要补充课外阅读材料，在挑选阅读材料时，要关注材料的可理解性，学生可学习、可吸收，文章的难度太高或太低都不利于学生的学习。

2. 阅读内容的可吸收性

教材中的阅读材料体裁广泛，各种文体的文章都有，学生可从中学习语言知识，感受文体风格，获取丰富的信息，学习写作的技巧。另外，学生也需要从文中感受正义与爱，吸收正能量，滋养精神，培育品格，做对社会有用的人。

3. 写作练习的多样性

能力的培养是需要强化训练的，学生在掌握方法的同时，再配以大量的训练，学生方可发现规律，学习、内化、吸收，形成一定的写作方法与策略，真正提高语言的综合运用能力。不同的文体、不同的写作要求，需要不同的篇章结构，所用的方法、策略也必然不同，唯有经历了大量的不同类型的写作训练，学生才会熟悉、可做、熟练、掌握，所谓熟能生巧，就是这个道理。

---

① 刘威. 读写整合策略在高中英语写作教学中的应用［J］. 基础外语教育，2016（5）：46-50，110.

4. 思维训练的延续性

学生通过读写课获取信息，丰富知识，同时，他们也在读写课中，通过感知、预测、获取、分析、概括、比较、评价、创新等思维活动，构建结构化知识，发展思维品质[①]。当然，思维的训练不是一蹴而就的，需要一个漫长的过程，师生都要有耐心，要循序渐进，换句话说，即思维训练也要有延续性。

---

① 王蔷.从综合语言运用能力到英语学科核心素养——高中英语课程改革的新挑战[J].英语教师，2015（16）：7.

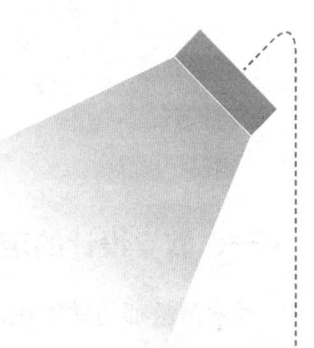

第五章

高中英语教学设计举例

本章对教学设计做概括性介绍，包括教学设计的概念、特点、方法与原则。本章还介绍了教学目标的确定与描述，并举例基于高中英语课堂教学的四种基本课型，即听说课、听写课、读说课、读写课的教学设计。另外，本章举例的十六个课例，都是笔者上研讨课、示范课或参加教学设计比赛等的教学设计。

第一节 教学设计概述

一、教学设计的定义

教学是教师与学生在课堂上共同完成的教与学的活动过程。课堂教学是需要设计的，是可以设计的，是可以好好地设计的。那么，什么是教学设计呢？众多的研究者给出了以下几种不同的定义：

加涅认为："教学设计是一个系统化（systematic）规划教学系统的过程。教学系统本身是对资源和程序做出有利于学习的安排。任何组织机构，如果其目的旨在开发人的才能均可以被包括在教学系统中。[1]"

帕顿在《什么是教学设计》一文中指出："教学设计是设计科学大家庭的一员，设计科学各成员的共同特征是用科学原理及应用来满足人的需要。因此，教学设计是对学业业绩问题（performance problems）的解决措施进行策划的过程。"[2]

赖格卢特认为，教学设计也可以称为教学科学。他在《教学设计是什么及为什么如是说》一文中指出："教学设计是一门涉及理解与改进教学过程的学科。任何设计活动的宗旨都是提出达到预期目的的最优途径（means），因此，教学设计主要是关于提出最优教学方法的一门学科，这些最优的教学方法能使学生的知识和技能发生预期的变化。"[3]

梅里尔等人在《教学设计新宣言》一文中对教学设计所做的新界定值得人们的重视。他认为："教学是一门科学，而教学设计是建立在这一科学

---

[1] R. M. 加涅等著.教学设计原理（第5版）[M].王小明，等译.上海：华东师范大学出版社，2007.

[2] 教学设计.百度百科.https://baike.baidu.com/item/教学设计/6040050.2017-07-18.

[3] 同上.

基础上的技术，因而教学设计也可以被认为是科学型的技术（science-based technology）。"①

赖格卢斯（2011）曾指出："教学设计与其他理论的不同之处在于它是设计取向的，教学设计理论是一种设计科学，因为它为设计学习经验这一任务提供指南。"②

美国学者肯普给教学设计下的定义是："教学设计是运用系统方法分析研究教学过程中相互联系的各部分的问题和需求。在连续模式中确立解决它们的方法步骤，然后评价教学成果的系统计划过程。"③

毛艳姣认为，所谓的教学设计，是指在教授课程之前，教师将学生需要掌握的学习内容和学习理论的基本性原理，通过有趣的材料或者案例将复杂的理论知识转化为简单且系统易被学生接受的学习过程。④

王磊等认为，教学设计是指教师以完成一定的教学任务和优化教学效果为目的，以教学系统及其活动为对象，运用系统的方法，分析教学问题和制约条件，选择并确定教学实施方案的活动和过程。它以学习论、教学论、认知心理学和传播理论为基础，应用系统科学理论的观点和方法，调查、分析教学中的问题和需求，确定目标，建立解决问题的步骤，选择相应的教学活动和教学资源，实施并评价其结果，从而使教学效果达到优化。⑤

各个研究者从不同的角度给教学设计下定义，综上所述，教学设计具有如下特点：

一是目标性。教学设计就是围绕既定目标展开的、为实现目标而设计的紧密联系的教学步骤的总和。

二是规划性。教学设计就是一种预设、一种规划，需要熟悉教材、学生、方法等诸多因素，它以计划和布局安排的形式，对怎样才能达到教学目标进行

---

① 教学设计.百度百科.https://baike.baidu.com/item/教学设计/6040050.2017-07-18.
② 赖格卢斯.教学设计的理论与模型[M].裴新宁，等译.北京：教育科学出版社，2011.
③ 教学设计.百度百科.https://baike.baidu.com/item/教学设计/6040050.2017-07-18.
④ 毛艳姣.大学英语教学中教学设计的应用[J].佳木斯职业学院学报，2016（6）：368-369.
⑤ 王磊、侯黎.中小学教学设计的发展及问题探究[J].焦作师范高等专科学校学报，2016（3）：64-767.

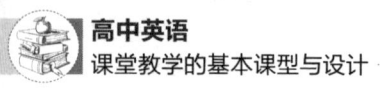

创造性的决策，以解决怎样教的问题。

三是科学性。教学设计的背后隐藏着设计的理念，有理论的支撑与指导，是科学的、可接受效果检验的。

四是系统性。教学设计是一个完整的系统，它包括众多的因素，各因素不可缺失又相互影响、相互促进，使教学效果最优化，最后完成任务，实现目标。

五是技术性。教学设计是提高学习者获得知识、技能的效率和兴趣的技术过程。教学设计是教育技术的组成部分，它运用系统方法设计教学过程，使之成为一种具有操作性的程序。

本书认为，教学设计是根据课程标准的要求和教学对象的特点，将教学诸要素有序安排，确定合适的教学方案的设想和计划。一般包括文本分析、学情分析、教学目标、教学方法、教学重难点、教学过程、教学反思与时间分配等环节。

二、教学设计的"四个确定"①

（1）确定"为什么学"，即确定学生的学习需要和教学的目的。

（2）确定"学什么"，即根据教学目的，进一步确定通过哪些具体的教学内容和教学目标才能达到教学目的，从而满足学生的学习需要。

（3）确定"如何学"，即要实现具体的教学目标，使学生掌握需要的教学内容，应采用什么策略。

（4）确定"学得怎么样"，即要对教学的效果进行全面的评价，根据评价的结果对以上各环节进行修改，以确保促进学生的学习，获得成功的教学。

三、教学设计的原则②

根据教学设计的特点，在进行教学设计时，应遵循如下原则。

1. 系统性原则

教学设计是一项系统工程，它是由对教学目标和教学对象的分析、教学内

---

① 王磊、侯黎.中小学教学设计的发展及问题探究［J］.焦作师范高等专科学校学报，2016（3）：64-767.

② 教学设计.百度百科.https://baike.baidu.com/item/教学设计/6040050.2017-07-18.

容和方法的选择以及教学评估等子系统组成，各子系统既相对独立，又相互依存、相互制约，组成一个有机的整体。各子系统的功能并不等价，其中教学目标起指导其他子系统的作用。同时，教学设计应立足于整体，每个子系统应协调于整个教学系统中，做到整体与部分辩证统一，系统的分析与系统的综合有机结合，最终达到教学系统的整体优化。

2. 程序性原则

教学设计是一项系统工程，诸子系统的排列组合具有程序性特点，即诸子系统有序地成等级结构排列，且前一子系统制约、影响着后一子系统，而后一子系统依存并制约着前一子系统。根据教学设计的程序性特点，教学设计中应体现出其程序的规定性及联系性，确保教学设计的科学性。

3. 可行性原则

教学设计要成为现实，必须具备两个可行性条件。一是符合主客观条件。主观条件应考虑学生的年龄特点、已有知识基础和师资水平；客观条件应考虑教学设备、地区差异等因素。二是具有可操作性。教学设计应能指导具体的实践。

4. 反馈性原则

教学成效考评只能以教学过程前后的变化以及对学生作业的科学测量为依据。测评教学效果的目的是获取反馈信息，以修正、完善原有的教学设计。

第二节　教学目标概述

教学目标的确定是教学设计的首要任务，也是教学设计中最重要的环节，在教育心理学中，教学目标被定义为：教学目标是预期的学生学习结果。概括地说，这一定义包含四个要素：①教学目标是一种结果，这一要素将教学目标与教学过程、教学活动等区分开来；②教学目标是学习的结果，这一要素将教学目标与学生的发展区分开来，因为学生的发展不都是学习的结果，也有可能是成熟的结果；③教学目标是学生学习的结果，这一要素告诉我们，在陈述教学目标时，行为的主体应是学生而不是教师；④教学目标是预期的结果，这一要素将教学目标与学生现有的能力以及教学评估等区别开来。①

根据时间的长短，目标有长期、中期、近期之分，同理，由于教学目标是预期的学生学习结果，根据预期时间的长短和高中英语教学的具体实际，我们可以将高中英语教学目标划分为课程教学目标、模块教学目标和课时教学目标三种。

一、课程目标

课程目标就是课程教学目标的简称。课程目标是预期学生通过本门课程学习之后的学习结果，它反映的是社会和教育的发展对这门课程的总体要求。

课程目标通常又分为课程总目标和课程具体目标，课程总目标的作用主要是明确本门课程的价值和追求的方向，通常是用概括性语言陈述比较能激发人们的想象。

通过本课程的学习，学生应能达到本学段《英语课程标准》所设定的四项学科核心素养的发展目标。高中英语学科核心素养发展目标的具体表述参照《标准》。

二、模块目标

模块目标就是模块教学目标的简称。每一科目由若干模块组成，模块之间既相互独立，又反映学科内容的逻辑联系，每一模块都有明确的教学目标，并围绕某一特定内容，整合学生的经验和相关内容，构成相对完整的学习单元。

在《课标》中，普通高中英语课程由必修、选择性必修和选修三类课程组成。必修课程（6学分）为全体学生必须修习的课程，旨在构建英语学科核心素养的共同基础，使所有学生都能达到英语学业质量水平一的要求，满足高中毕业基本要求。选择性必修课程（8学分）供有学习兴趣和升学考试需求的学生选修，与必修课程形成递进关系。选修课程为学生自主选择修习的课程，包括国家设置的提高类、基础类、实用类、拓展类、第二外国语类等课程和学校自主

---

① 谭国华. 高中数学教学设计的理论与实践[M]. 北京：人民教育出版社，2012.

开发的校本课程。[①]

模块目标属于阶段性目标，是预期学生通过本模块学习之后的学习结果，是课程目标在本模块的具体诠释。模块目标也是概括性的，是通过具体的课时目标的实现而实现的。

三、课时目标

课时目标就是课时教学目标的简称，我们平时所说的教学目标实际上就是课时目标。课时目标通常是指通过一个课时的学习，预期学生学习的结果。课时目标是对模块目标更为具体和细致的说明，是教师设计和评价教学、学生监控学习过程和评价学习效果的基本依据。[②]看到课时目标，教师就应知道本课要教什么、教到什么程度，学生就应知道本课要学什么、学到什么程度。

本书旨在通过四种课型的教学，形成学生的必备能力，如预测、概括、反思等能力，因此，在每一课例的目标描述中基本上都有预测、概括等课时目标的呈现。另外，四种课型各有侧重，在不同的课型目标描述时，又分别有听、说、读、写等目标的呈现。

第三节　高中英语听说课设计举例

"听"，属于输入；"说"，属于输出。英语听说课是以培养学生听说技能为主要目标的重要课型，是学生通过听说活动习得语言知识和文化知识、发展语言技能的重要载体，是学生思维品质提升与文化意识形成的重要途径。作为技能导向的课型，听说课同样需要基于主题意义的探究，在技能训练中渗透策略意识、文化意识和情感态度的培育。

[①] 中华人民共和国教育部. 普通高中英语课程标准（2017年版）[M]. 北京：人民教育出版社，2018.

[②] 谭国华. 高中数学教学设计的理论与实践[M]. 北京：人民教育出版社，2012.

课例1：Good design is practical

【文本分析】

本课例的听力材料Good design is practical选自人教版普通高中课程标准试验教科书英语8·选修Unit 3 Inventors and inventions中的Using language II, Listening and speaking部分。本文形式为对话和访谈，以打电话这一情景展开，呈现了发明家的生平和发明创造的历程。听力内容的标题，指明发明创造是从生活中来又到生活中去的过程，旨在使生活更加便利与美好。通过电话采访，可以了解到发明家的为人、其发现与解决问题的艰难历程等。文本传达了发明的不易与艰辛，展现了发明家身上的品质。课堂教学分别从猜测、讨论、听说等方面入手，提高学生的听说能力、信息获取与转换能力、语言表达能力等。

教学时长：1课时（40分钟）

【学情分析】

授课对象是广东省广州市某区高二年级学生。该班是文科普通班，学生的英语基础较薄弱，但学习英语的兴趣和积极性较高，大多数学生听说英语的机会少，听的技能较为薄弱；同时，学生羞于大胆表达，缺乏自信，总怕说错。学生听说技巧欠缺，没有听前猜测标题与深入思考的习惯，较少认真地记笔记，笔记方法也缺乏指导。学生用英语提炼文本信息、归纳、表述等能力可以进一步加强。

【教学目标】

经过本节课的学习，学生能够：

1. 根据听前的情境导语、标题，猜测对话（电话采访）的内容。

2. 听懂内容，抓关键词，笔记清晰明了。

3. 运用学过的词汇、短语，联系实际生活，设计对话、表达想法。

【教学方法】

1. 采用情景法，学生在教师的帮助下从对话的导语、标题入手，开展预测活动，预测对话内容，由此培养预测的技能。

2. 通过教师示范、指导、同伴互动等活动，使学生学会高效地记笔记。

3. 采用交际法，学生之间开展同伴互动、角色扮演等合作活动，学习与运用所学知识与技能。

【教学重难点】

学生能理解与记下关键信息；自信地表达自己的观点。

【教学过程】

Step 1：Leading-in

Show two columns：On the right are telephone, telescope, steam engine, bulb, Theory of Relativity, Newton's Law； On the left are Galileo, Einstein, Newton, Watt, Edison, Alexander Graham Bell. Ask students to match them.

（教学意图：在新旧知识之间建立有机联系是重要的认知策略。本单元的主题是人与社会中的发明家与发明创造。教师先列出几样发明，既有具体的物品，又有理论，也出现了科学家、发明家的名字，要求学生将人与物匹配，主要目的是吸引学生的注意力，激发学生的学习兴趣，同时引入本节课的话题。）

Step 2：Guessing

1. Raise two questions：①What information about James Dyson can you get from the introduction? ②Do you think that James Dyson is successful? Why do you think so?

2. Show the introduction on Page 31.

Zhou Rui has decided to do a project on a living British inventor called James Dyson. So he telephoned Dyson's company in England to interview one of its engineers about the great man's ideas.

3. From the title "Good design is practical", what can you learn about it?

教学片段1（从导语中捕捉重要信息）：

T：What's the key word in the first question?

S：Information.

T：Very good. Please find out some key words in the introduction and then tell us the information about James Dyson. The more, the better.

S1：He is living now.

S2：He is an inventor.

S3：He is British. / He is from the UK.

S4：He has/owns/ runs a company. Or：He is the boss of a company.

S5：He is a great man.

...

T：From the key words, such as living, British, inventor, company, great, you can get more information about James Dyson. Let's look at the second question and please circle the key words in it.

S：Successful.

T：In your opinion, you think he is successful. Please tell us why you think so.

S6：In the introduction, Zhou Rui has decided to do a project on him. A reporter will only do a project on a successful person.

S7：Zhou Rui wants to know the great man's ideas, so...

T：（引导学生归纳）The same introduction, but different questions. You should find out the key words properly and then think more about it.

（教学意图：教师引导学生关注问题，明确其中的关键词，再细细体会情境导语，画出其中的关键词并据此捕捉重要信息。值得一提的是，同一段导语，但由于设置的问题不同，思考的角度就不同，捕捉的信息当然也就不同。）

教学片段2（从标题预测内容）：

T：From the title, what will it tell us?

S8：It will tell us something about inventions in our daily life.

T：Good idea. How do you know that?

S8：From the introduction, we know that James Dyson is an inventor. So, the passage will talk about inventions.

T：Anything else?

S9：How to improve something? Because some designs are not so good.

S10：It will tell us that an item got some drawbacks and James Dyson found a way to make it better.

S11：It will tell us that though James Dyson failed many times, he didn't give up. Finally, he succeeded.

...

T: Are all the predictions you made just now correct? Let's listen to the tape and check it out.

（教学意图：预测是一种学习能力，根据篇章标题、图片、关键词等信息预测和理解篇章的主要内容也是重要的认知策略。从标题、导语、插图预测文章体裁，并从体裁的结构特征预测文章的内容，培养了学生的听前"预测"微技能，也为下一步捕捉关键信息、做好笔记、表达观点等活动做好铺垫。）

Step 3：Listening

Instructions：Listen to the dialogue and fill in the blanks. Focus on the key information and instruct students to take notes. The first time of listening：Listen to the tape and tick the words you hear.（Page 26）

The second time of listening：Listen for the detailed information. Meanwhile, instruct students to take notes and summarize skills for note-taking：①Focus on content words, numbers, and use abbreviations, symbols, Chinese, etc. ②Arrange the space（each line for one information point, leave some space）. ③Develop your own system.

The third time of listening：Make notes on James Dyson's invention.（表5.1）

表5.1　information

Object	The problem	James Dyson's improvement

〔教学意图：在听说训练中，听和记通常是同步进行的，记录也就构成了促进听力技能发展的重要策略。老师呈现具体任务并加以指导：捕捉故事的四要素（时间、地点、人物、情节），初步形成故事的基本框架，这是提高听力效果的重要策略。学生要养成习惯，形成预测和听力指向，掌握学习的主动权。在本环节，录音播放三遍，每次任务各不相同但又相互联系，有效训练了学生听懂大意和主题、捕捉关键信息等听力微技能。记笔记是提高听力水平的重要策略。通过听前对任务的解释说明，学生在听的过程中会变得更加专注，笔记指向更加明确，避免了被动应战、无所适从的情况。在多次训练后，教师

适当总结，为后继"说"的活动做好准备。]

Step 4：Thinking

该部分包括"思"与"议"两个方面，即独立思考与小组讨论。思考的关键有两点：一是将关键词组成句子；二是适当添加细节将句子构成段落，建构一个相对完整的语篇（故事或介绍）。老师也可以组织小组讨论，共同构建整个故事或物品的介绍。

教学片段3：

学生在听的过程中记下了关键词，老师在课堂上给出2分钟时间，让学生独立思考。多数学生都能记下company、inventor、washing machine、work better、clothes、clean、design、idea、copy、protect、happy等词汇，而个别基础较好的同学会记下founder、improve、large drum、go in one direction等词汇。老师指导学生将这些词汇连接起来，添加细节，建构一个较为完整的发明家的介绍，并大声自信地表述出来。

（教学意图：观察与判断是重要的思维品质。通过参加课堂讨论活动，学生能够分享记录成果，互相补充和促进，在思维碰撞中收获成长，提高能力。）

教学片段4：

学生捕捉到基本信息后，教师提出新的问题：What do you think of James Dyson? How did James Dyson improve washing machine? 学生在聆听材料后，根据材料信息来表述自己的想法或判断。例如，I think James Dyson is an excellent inventor because he can try his best to make something like washing machine work better. It is not easy for a person to improve a product because from the dialogue we learn that he invented a new carpet cleaner and it took him five years. 学生记录了关键词，掌握了表述的框架和信心，也就能够顺利地说出如下句子：I know that James Dyson is a good inventor and a wise person because he goes to court to protect his invention.

（教学意图：评价属于高阶思维，也是基本听说技能之一。学生的语言学习总是从模仿开始的。教师先行做出语言示范，学生模仿并尝试将自己记录的关键词组成句子，初步表达所听和所想，教师应鼓励多说。）

Step 5：Learning

听力材料中常常会出现新的词汇或短语，教师可以给出英文解释让学生理解其意义，或是给出语境，让学生猜测词义。

教学片段5：

听力训练过程中，学生可以学习一些新的词汇，特别是一词多义（如court）。老师可以举例说明词汇在不同语境中的含义。例如：

He had to go to court to protect his invention.

The prisoner was brought to court for trial.

Do you prefer grass or hard courts?

She had been received at all the courts of Europe.

（教学意图：对于听力中出现的新的词汇与短语，或是旧词新义，都可以作为新知加以学习。语言能力提升的过程，就是不断学习与积累的过程。同时，教师在课堂上要有意识地引导学生在听、说、读、写的活动中理解与运用新词。）

Step 6：Speaking

Activity 1：Retell the main content of the dialogue in your own words.

Activity 2：Discuss in a group—Please choose a machine you use every day and think about what you would do to improve it. Discuss with your partner and be prepared to tell the class.

Activity 3：Make up a dialogue for the given situation with partners. Use the expressions in the listening materials. Then perform them for the class.

Situation：A student wants to apply for a job in James Dyson's company. So he rings up one of engineers to ask what kind of person he needs and the engineer answers the questions honestly.

（教学意图：学生的语言输出活动通常需要充分的输入准备。本环节安排了三项活动。①复述对话的主要内容：考查学生边听边做笔记的能力，并根据记录组织语言复述主要内容；②小组讨论：促使学生思考生活中的一些常用器具是否有需要改进之处，以此激发学生开动脑筋，发现问题并尝试解决，进而培养学生的创新思维意识；③设计并表演对话：让学生应用所学知识在类似的交际情境中完成口头交际任务。借助三项活动，学生锻炼了说的能力，实现了从语言输入到语言输出的转化。）

Step 7：Summary

What have we learned today?

本环节旨在对本课所学内容进行反思与总结，以使知识条理化，巩固所学的学习策略（一是听前预测，读懂问题，把握关键，合理推测；二是科学的笔记方法），促使学生形成及时总结、归纳与反思的意识和习惯，提升学习的获得感和自主性。

Step 8：Homework

Write a letter to one of your friends answering how to become an inventor.

【教学反思】

1. 教学目标设置合理，有利于学生的听力微技能训练

老师认识到学生英语基础较弱，大部分学生都不愿意开口说英语，学习英语的兴趣较低，而且缺少科学的指导与训练，课堂上记笔记的能力有待进一步提高。最后，笔者确定本节课的教学目标为根据听前的导语猜测听力的内容；通过不同的要求，训练学生捕捉有用信息，并学会记笔记，关注关键词；以听的内容为范例，培养学生说的能力。认知过程维度也从预测、细节、解释到描述，层层推进，向高阶思维进军。

2. 方法、示范到位，学生对学习才会有章可循，学有所得

众所周知，"授人以鱼不如授人以渔"，方法比知识更重要，本节课教师给学生的是一把解决问题的钥匙。在猜测环节，教师通过圈关键词，给出示范，让学生掌握方法。方法，本身就是高度概括的产物，教师如果仅是将方法呈现给学生，学生仍然会不甚了了、无所适从。此时，教师在课堂上亲身示范，就如在解剖麻雀，让学生体验运用方法解决问题的过程，在这个过程中，学生要动脑、动手。当然，要熟练掌握一种方法，学生还需要大量的训练与内化。

3. 老师留给学生更多的时间和空间

老师要留给学生更多的堂上小组讨论、分享的时间，并关注语言表达的准确性、逻辑性。在本节课的最后一个教学环节，三位学生一组，编写对话，进行角色扮演。由于时间不够，学生没有在堂上进行展示。认真分析，主要有如下原因：一是学生没有迅速进入相应角色，任务分工不明确，节奏较慢，讨论没有聚焦，显得零散，没有在最短的时间内完成相应任务，小组合作的意识有待加强；二是学生词汇贫乏，短时间内难以找到合适的词汇表达内容；三是学生思考的时间太少，没有时间组织语言；四是性格内向，平时主动发言的机会较少，不能大胆、自信地表达自己的观点。要较好地解决学生的上述问题，课堂教学可做如下调整：

（1）调整课堂上的时间分配。老师可以尝试精简前面的lead-in、预测、细节填空等教学环节，使问题更加精要，学生只要掌握了方法即可，腾出更多的时间让学生开展讨论、分享观点、相互启发、互相帮助，同时，也减少学生的紧张感，有利于学生大胆、自信地表达。

（2）加强教师的课堂示范。学生接受知识与训练语言表达都是从模仿开始的，主要是课堂上关注老师的要求与指令，模仿老师的语言表达方式及内容。所以说，老师的堂上示范是很重要的。例如，老师可以尝试一人演两个角色，左手以student的身份问问题，右手以engineer的身份回答问题。学生观察与聆听对话，也就很容易理解任务。这是这节课的亮点与高潮所在，综合程度也比较高，老师的指导与示范要到位，学生就会有章可循，学会描述的方法，知道做什么、怎么做，就会做得更好。

（3）给学生选择的空间。最后环节时间不够，学生展示的难度较大。可是，仔细思考，还是可以找到解决办法的。老师设置情境时，可以三人一组，一人饰学生、一人饰接线员、一人饰工程师进行角色扮演；也可以两人一组，一人饰学生、一人饰工程师进行直接对话；甚至可以直接打电话给James Dyson，这样既节省了堂上的时间，又给了学生选择的权利与空间。学生可以选择自己喜欢的方式，他们的热情会更加高涨，变得异常兴奋，奇思妙想也会不期而至，学生的想象力、创造力也会大大加强。

［注：文中课例的部分内容选自于笔者的《高中英语听说课教学模式探索》一文，刊于《中小学外语教学（中学篇）》］

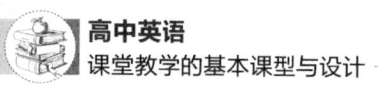

附：听力文本

选自人教版普通高中课程标准试验教科书英语8·选修Unit 3 Inventors and inventions 中的Listening and speaking部分。

Good design is practical

Zhou Rui（ZR）made a phone call to Dr. Smith（S）, an engineer who works for James Dyson, a famous British inventor. Now Dr. Smith is ringing him back. Listen again and fill in the blanks.

S：Hello, can I speak to Zhou Rui please? This is Dr. Smith.

ZR：Good morning, Dr. Smith. How kind of you to ring me back! Would you mind if I asked you a few questions about James Dyson's inventions.

S：Not at all. I'd be happy to talk about our company and our founder, James Dyson. He's an inventor who takes everyday products, like washing machines, and makes them work better.

ZR：I see. Why did he improve the washing machine?

S：He found that clothes were not as clean from a washing machine as those washed by hand.

ZR：Really? Is that true?

S：Yes, because most machines have one large drum and the clothes go round and round in it.

ZR：So what did he do to improve that?

S：This is the clever part. James Dyson invented a system with two drums in the same machine. Together they are the same size as the old drum, but they work differently. One drum goes in one direction and the other goes in the other. So it's more like hand-washing and the clothes come out cleaner.

ZR：Was it easy to design?

S：No. It took many working models before Mr. Dyson was satisfied.

ZR：How long did it take him?

S：I'm not sure. But I do know that inventing a new carpet cleaner took five years before he was happy with it.

ZR: Wow! I didn't realize that it took that long!

S: And of course he had to apply for patents for all of the new parts he'd designed. You must do that to protect your ideas.

ZR: Has that been a problem?

S: Well, in the early years, James Dyson found that a large company making carpet cleaners in America was copying his ideas. He had to go to court to protect his invention.

ZR: Did he win?

S: Yes, in the end the company had to pay us a lot of money.

ZR: What new ideas does James Dyson have?

S: I'm sorry but you'll just have to wait and see!

ZR: Thank you very much and I'm afraid I shall have to ring off now. Goodbye.

S: Goodbye.

课例2：Do the English speak English?

【文本分析】

本课例的听力材料选自《新概念英语第二册》Lesson 25 Do the English speak English? 文章讲述"我"到达伦敦火车站，可是，不知道去饭店的路该怎么走，于是向一个搬运工打听。"我"说的英语搬运工听不懂，"我"重复了很多遍，他才懂了。他说得慢，可"我"还是听不懂。"我"的老师从来不那样讲英语！"我"感到奇怪：在英国，人们各自说一种不同的语言；英国人之间相互听得懂，可"我"却不懂他们在说什么。

学生刚好学习了人教版普通高中课程标准试验教科书英语1·必修中的Unit 2 English around the world，了解了英语发展的历史以及世界各国各地说英语的特色，即便是美国东西部、南北部，说话均有所不同。本听力材料也是讲在英国问路都听不懂对方所说，因此，两者存在一定的内在相关性。通过本节听说课的学习，学生可以了解语言学习中实践与沟通的重要性，要学习，又要适应，从而积累经验，提升解决问题的能力。

教学时长：1课时（40分钟）

【学情分析】

授课对象是广东省广州市某区高一年级学生。学生刚刚进入高中，英语学习还没有摆脱初中时候的"背记式"学习，并且高中的英语词汇量暴增，语法等的难度加大，这些都需要学生慢慢地适应。在听说方面，多数学生还仅仅是单一地听，缺乏具体听的方法，往往是依赖发音记录词汇、做笔记，很少根据语境与意义判断记录的词汇或短语是否正确，因此，也影响了对听力内容的整体理解。同时，说的训练也需要加强。

【教学目标】

经过本节课的学习，学生能够：

1. 准确理解文章的主要内容。

2. 用自己的话概括所听到的文章的主要内容。

3. 运用not only... but also 表达想法。

【教学方法】

1. 关键词联想法，学生能从听到的关键词出发，结合情景，猜测内容。

2. 小组合作法，学生开展小组内交流，知识运用与展示。

【教学重难点】

学生概括所听内容；运用词汇，表达自己的看法。

【教学过程】

Step 1：Leading-in

The teacher asks the students two questions as follows：

（1）Have you ever been to foreign countries and talked to people there? How did you feel?

（2）What problems did you have when you communicated with foreigners?

（教学意图：引起学生的注意，缓解学生的紧张情绪，也激发学生的听课兴趣，引出下面要谈论的话题。）

Step 2：Guessing

The teacher raises three questions：

（1）What information can you get from the title "Do the English speak English?"?

（2）From the picture，can you guess thier identities?

（3）What's the problem between them?

教学片段1：

Teacher：From the title，what information can you get?

Student：I don't think they can understand each other.

S：Maybe the person has learned English for a long time，but he can't understand what the worker said.

S：They meet communication problems.

T：Who can tell us the identities of the two people?

S：The man on the left is a worker. He can help others to carry the luggage.

T：Good. The worker here is a porter（搬运工）. Can you use one sentence to say it again?

S：Ok. The man on the left is a porter，who can help others to carry the luggage.

S：I guess the person on the right is a traveller.

S：I think the person is a business man because he is carrying a briefcase（公文包）.

T：Do you know their problems?

S：Though he spoke English slowly，the worker couldn't understand him.

（教学意图：在英语听说训练中，在听之前的猜测环节是很重要的。通过标题、插图进行听力内容的猜测是一种常见的手段，它为提前知晓内容提供线索，提前锁定听力的范围，这对理解内容、捕捉重要信息辅助很大。毕竟大多数学生对听两遍录音就要理解内容是感到困难的。这一环节，为学生正确理解内容架起了一座桥梁，也会激起学生的探究欲望，有利于下一步的学习。）

Step 3：Listening

Instructions：Listen to the passage and fill in the blanks. Focus on the key information and instruct students to take notes.

The first time of listening：Listen to the tape and answer the following question：What problem did I met in the passage?

The second time of listening：Listen for the detailed information. Meanwhile, instruct students to take notes and summarize skills for note-taking：①Focus on content words，numbers，and use abbreviations，symbols，Chinese，etc.

②Arrange the space（each line for one information point，leave some space）.
③Develop your own system.

The third time of listening：check the information.（表5.2）

表5.2 Information

Who	
When	
Where	
What	
Why	
How	

（教学意图：一般来说，"听"的过程，录音放三遍记：第一遍，听取大意，思考一个核心问题；第二遍，听细节，并认真记下笔记，一般要记下5W1H，即what、who、when、where、why和how的信息；第三遍，继续补全信息，同时，也在核对记录的信息。做笔记，学生要学会速记，即运用缩略语、符号甚至中文等，记下关键信息。这是需要长期训练的。）

Step 4：Thinking

After listening to the tape and writing down the key information，the teacher asks the students to think and discuss in groups.

（1）Why did the writer ask the porter the questions?

（2）Why didn't the porter understand the writer?

（3）Why didn't the writer understand the porter?

教学片段2：

T：In the passage，how did the writer get to London?

S：By the train.

T：Why do you know that?

S：From the sentence "I arrived in London at last. The railway station was big，black and dark.".

T：Good. Why did the writer ask the porter the questions?

S：Because he wanted to ask the porter the way to his hotel.

...

（教学意图：听说训练，学生先听后说。学生在"听"后，记下了关键信息，但由于每个人的学习基础不同，记录的信息也会不同，有的学生记得多些，有些记得少些，这时，教师要安排学生思考或讨论。一方面，给学生思考的时间，对一些问题深入理解；另一方面，给学生小组内讨论的时间，学生之间相互分享，增补所缺信息，也有对问题的交流，更为"说"的环节做好语言输入的准备。）

Step 5：Learning

From the passage, the teacher gets two sentences which include "not only...but also；neither ...nor". And then, the teacher asks the students to make up sentences by using them and learn them by heart.

（教学意图：材料中总会出现新的词汇或短语，要么旧词新义，要么一词多义，都值得学习，理解句子或造句加深印象，鼓励学生做好记忆与积累。）

Step 6：Speaking

Activity 1：Retell the main content of the passage in your own words.

Activity 2：Discuss in a group—What can you get inspiration（得到启示）from the passage in terms of learning English. Discuss with your partner and be prepared to tell the class.

Activity 3：Make up a one-minute speech on how to communicate well with others in English. Then perform them for the class.

（教学意图：听说课，关键是"说"，前面的"听"的环节都是在为"说"做准备，也就是说，学生的语言输出活动一定要有充分的输入准备，教师也要为学生的"说"创造机会、搭建平台。本环节安排了三项活动：①复述听力的主要内容，考查学生边听边做笔记的能力，并能根据自己的记录，适当添加、组织语言对主要内容进行复述，不一定与原文一模一样，说出大概情况即可；②小组讨论并展示，从文章的内容得到一些学习英语的启示，如为什么学了多年的英语，在与人交流的时候会听不懂对方的话？以此激发学生深入思考，发现问题、思考问题并尝试解决问题，进而培养学生的创新思维意识与解决问题的能力；③设计并表演一个关于如何能用英语顺畅交流的演讲，其实，这也是对我们学习英语的总结与反思。借助这三项活动，学生锻炼了说的能力，帮助学生实现从语言输入到语言输出的转化，同时，也促使学生联系自己

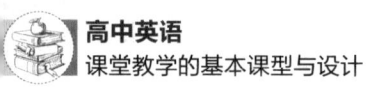

的实际，思考英语的学习。）

Step 7：Summary

What have we learned today?

本环节旨在对本课所学内容进行反思与总结，主要是学习策略的归纳：一是概括策略，即把握关键词，串词成句，简明扼要；二是说的方法，即设定情景，罗列词汇，上下连贯。教师要促使学生形成及时总结、归纳与反思的意识和习惯。

Step 8：Homework

Record a 3-minute video about how to solve the problems when you have trouble in learning English.

【教学反思】

1. 选取的听说材料与学生的学习内容同步

课堂是学生学习的主阵地，课堂也是加大语言输入的重要场所。教师在上好教材内容的同时，有机选择适当的课外补充材料，加强对学生的语言输入是必要的。当然，选取听说的材料也是有讲究的，要考虑如下几个方面的因素：

一是与教材所呈现的话题与内容有相关性。学生一方面在学习教材内容之后，对本话题有了一定的了解，如词汇、语境、背景知识、文化等，学生可以运用所学去理解新的内容，学了就用，符合学以致用的学习原则；另一方面，学生学习补充材料，可以拓展知识，增强知识储备，积累更多的语言材料，加大语言输入，为最终的语言输出做好准备。

二是与教材所呈现的话题与内容有连贯性。教材所呈现的内容是听说补充材料的基础，学好教材内容有利于学习新的内容，即教材内容与听说内容是"步步高"关系；或者是教材内容与听说内容是两个不同的侧面，具有连续的特点。

三是与教材所呈现的话题与内容有互补性。听说材料，更多时候是时事、热点，在很大程度上补充教材的内容，使学生的学习内容更丰富，视野更开阔。

2. 考虑学生的现有知识水平，注重学习方法的指导

选择的材料要考虑学生的现有水平，既不能难度太大，表现在篇章中就是生词太多，学生难以理解材料内容，不利于学习，"跳一下要能摘到桃子"；也不能太简单，学生轻易就可以知道结果，同样不利于学生的学习与发展。

3. 为学生搭建平台，创造语言输出的机会

课堂是学生接受知识、发展能力的地方，教师要为学生搭建平台，学生可以拾级而上，在原有的基础上不断上升。输入语言与输出语言都需要老师精心设计，更需要老师转变观念，课堂上尽量少讲，为学生创造更多的语言输出的机会。

附：教材文本

《新概念英语第二册》Lesson 25 Do the English speak English?

Do the English speak English?

I arrived in London at last. The railway station was big, black and dark. I did not know the way to my hotel, so I asked a porter. I not only spoke English very carefully, but very clearly as well. The porter, however, could not understand me. I repeated my question several times and at last he understood. He answered me, but he spoke neither slowly nor clearly. "I am a foreigner," I said. Then he spoke slowly, but I could not understand him. My teacher never spoke English like that! The porter and I looked at each other and smiled. Then he said something and I understood it. "You'll soon learn English!" he said. I wonder. In England, each person speaks a different language. The English understand each other, but I don't understand them! Do they speak English?

课例3：Nobel win honors scientist

【文本分析】

本课例的听力材料选自网上新闻Nobel win honors scientist。新闻介绍了中国84岁的女科学家屠呦呦成为第一位获得诺贝尔科学类奖项的中国公民，她获奖的消息激发了中国人的民族自豪感。屠呦呦，中国中医科学院研究员，同爱尔兰科学家威廉·坎贝尔和日本科学家大村智一起获得了2015年诺贝尔生理学或医学奖，以表彰他们在寄生虫疾病治疗研究方面取得的开创性成就。坎贝尔和大村智一发现了有效治疗线虫的药物，而屠呦呦则创制了新型抗疟疾药物。屠呦呦获奖因为她的三个"第一"。中国中医科学院院长张伯礼院士说，屠呦呦是第一个把青蒿素带到523项目组（523项目旨在研究抗疟药物）的人；她也第一个提取出有100%抑制力的青蒿素；她还是第一个做临床实验的人。"科学研究必须承认和奖励提出原创思想的科学家，多一些奖励个人的，这才是国家创新的源泉，关键是设定合理规则选出让人信服的那一个。"

学生刚好学习了人教版普通高中课程标准试验教科书英语5·必修中的Unit 1 Great scientists，Reading：John Snow defeats "King Cholera"，了解了医学科学家John Snow从发现霍乱成因中的问题、提出假设、选择调查方法、收集和分析数据、寻找支持证据，直到最后得出结论并提出解决方案的整个过程。本听力材料也是讲中国84岁的女科学家屠呦呦获得诺贝尔奖的新闻，两者存在一定的内在相关性。通过本节听说课的学习，学生可以了解科学家的科学成就、创新精神及个人优秀的品质，激励学生热爱科学、献身科学。

教学时长：1课时（40分钟）

【学情分析】

授课对象是广东省广州市某区的高二年级学生。大多数学生在听说方面已掌握一定的听说技巧与记笔记的方法，但听当前的时事新闻，尤其是科技方面的新闻较少，听到自己不熟悉的词汇会不知所措，对于文章中的关键词把握不准；学生较少关注优秀人物具备的优秀品质，更少由此联想自身，寻找积极向上的动力。

【教学目标】

经过本节课的学习，学生能够：

1. 掌握科技新闻的标题特点，快速预测新闻的内容。

2. 通过关键词，概括新闻的主要内容。

3. 归纳科学家身上具备的优秀品质。

【教学方法】

1. 讨论法。学生在听了一遍录音后，记下了关键词，教师组织2分钟的小组讨论，学生之间分享、交流，相互补充听到、记录的信息。

2. 引导法。在学生小组讨论后，教师在关键处加以引导，鼓励学生充分利用关键词，展开想象，合理推理，大胆表达。

【教学重难点】

学生能听懂关键信息；大胆联想与准确表达观点。

【教学过程】

Step 1:Guessing

The teacher shows the title Nobel win honors scientist and a picture, and then raises two questions as follows:

(1) From the title, what can you tell us about the passage?

(2) From the picture, can you learn more about the passage?

教学片段1:

Teacher:From the title, can you tell us something about the passage?

Student: The passage is about a scientist or some scientists who won the Nobel Prize.

T:Do you think the scientist a male or a female?

S:I don't know. Just from the title, I don't know anything else.

T:(Show the picture)Now, look at the picture. Can you tell us more about the passage?

S:Yes. An old woman scientist won the Nobel Prize.

S:An old woman scientist, who is from China, won the Nobel Prize.

S:An old Chinese woman scientist won the Nobel prize.

T:Why do you know she is from China? From her face?

S:Both from her face and the five-star red flag beside her.

T:Good. Anything else?

S:Sorry.

T:Ok. If you want some more information, please listen to the tape carefully.

(教学意图:由于是听新闻,在听前通过标题、插图对听力内容进行猜测非常重要,它可以快速锁定听力内容的范围,对内容有大致的猜测,然后在此基础上认真听,就容易听懂内容、捕捉到重要信息。另外,学生也会在思考与回答中,缓解紧张的情绪,乐于参与各种堂上活动。)

Step 2:Listening

The teacher shows the chart and asks the students to listen to the passage carefully and fill in the blanks. Focus on the key information and instruct them to take notes.

The first time of listening:Listen to the tape and answer the following question: Who won the Nobel Prize?

The second time of listening: Listen for the detailed information. Meanwhile, instruct students to take notes and summarize skills for note-taking.

The third time of listening: check the information. （表5.3）

表5.3　Information

Who	
When	
What	
Why	
How many people	

（教学意图：学生猜测后，教师先肯定学生的思考与预测的内容，然后与学生一起听录音，印证猜测。一般来说，录音放三遍：第一遍，重在理解主旨大意，思考与回答一个核心问题；第二遍，听细节，并尽可能地认真记下笔记，一般来说，要记下5W1H，即what、who、when、where、why和how的信息；第三遍，核对记录的信息是否正确与完整。在做笔记的过程中，学生要学会速记，即运用缩略语、符号甚至中文、拼音等，记下关键信息。）

Step 3：Thinking

The teacher asks the students to discuss in groups.

（1）Why did Tu Youyou win the Nobel Prize？

（2）What can you learn from Tu Youyou?

教学片段2：

T：From the listening，do you know why Tu Youyou won the Nobel Prize？

S：Because she came up with a new drug for malaria.

T：Good. Any more?

S：Because she discovered a new drug and saved millions of lives.

T：Well done. Anything else?

S：Because of her three "first".

T：Excellent. Continue.

S：As a result of her creative ideas.

...

（教学意图：通过个人思考与小组讨论，学生对于听力内容会有更深层次的认识；同时，在"听"的环节，基础较弱的同学信息记录会有偏差，这个时候可以边听讨论，边将缺漏的信息补全。另外，通过讨论的环节，人人都会有不同的看法，一方面相互之间分享，另一方面也为"说"做好语言储备。）

Step 4：Learning

The teacher shows the listening materials to the students and asks them to underline some sentences.

教学片段3：

T：Please underline the first sentence. Tu Youyou, an 84-year-old female scientist, became the first Chinese citizen to win a Nobel Prize in science on Oct 5.

T：Can you introduce your best friend in English, imitating the sentence above.

S：Let me try. Li Ming, an 18-year-old student, took part in the 1500-metre race and got the first place.

T：Please find out the sentence and underline it. The treatment is based on an herb used in Chinese traditional medicine, called sweet wormwood.

T：Can you use the expression to make up a sentence?

S：The book is based on a true story.

（教学意图：模仿材料中的句子造出新的句子，或者是运用词组或短语进行造句训练，这样每次听力都在增添"源头活水"，不断学习与积累，学生的英语会越学越好。）

Step 5：Speaking

Activity 1：Retell the news about Tu Youyou in your own words.

Activity 2：Discuss in a group—While you are proud of Tu Youyou, what can you learn from her?

Activity 3：Suppose you were Tu Youyou and won the Nobel Prize in medicine. On the stage, what would you say to people from all over the world.

（教学意图：本环节安排了三项活动，都是为学生"说"创造机会：（1）复述听力的主要内容：考查学生记笔记的能力，并能根据自己的记录复述听力内容；（2）小组讨论并展示：你为屠呦呦获得诺贝尔医学奖而感到自豪，那么，你从屠呦呦身上能学到什么？以此激发学生深入思考，得到人生启示，学习优秀品质；（3）设计一个诺贝尔奖的颁奖现场，假设你是屠呦呦，你的获奖感言会说些什么？借助这三项活动，教师让学生锻炼说的能力，帮助学生实现从语言输入到语言输出的转化，同时，也促使学生从成功者身上获得前进的动力，克服困难，不断进步。）

Step 6：Summary

本环节旨在对本课所学内容进行反思与总结，主要是掌握学习方法：一是标题预测策略，即看标题，找关键词，合理联想，大胆预测；二是要有深度，即选其一点，亮出观点，摆出论据。

Step 7：Homework

Please prepare for a 2-minute speech about Tu Youyou who won the Nobel Prize.

【教学反思】

1. 听说材料的选择与当前时事、要事相联系，突出材料的真实性、时代性、新颖性

学生生活在当今社会，每日的资讯充斥着学生的头脑，这也是学习的机会，更是学习的使命，我们的教学也应该与时俱进，培养弄潮儿。选取材料时，要注意如下几点：

一是事件的典型性。对于时下发生的典型事件，学生会特别关注，也容易激起他们的兴趣，有讨论，甚至争论的欲望，时文中出现的热词学生也更容易学习与运用。例如，本课例中的屠呦呦获得诺贝尔奖，学生们兴趣很大，尤其对于生物学科、报考医学等表现出极大的热情。

二是所选材料的真实性。学生对于材料的真实性很在意，他们在听说训练后，对有兴趣的文章或事件会上网搜索，一方面，可以了解更多的信息；另一方面，也可以确认材料的可信度。

三是材料的时代性。尽量避免选用过时的材料，时代在发展，我们的教学与教学所用的材料也要紧跟时代的脉搏。

2. 充分调动学生的已有知识，做好从已学知识到新学知识的平稳过渡

学生在学习阶段，他们一边在学习新的知识内容，同时，也在遗忘已学过的知识，作为学科教师，要知道学生学习的这个特点，要善于帮助学生回顾已有知识，在此基础上引出新知识，学习新知识，实现正迁移。

3. 重要的词汇学习，要创设情境，并做好周期性复习

选取时文为听说的材料，不可避免会出现新的词汇，一方面，师生要利用这些材料，猜测这些词汇、学习这些词汇，积累词汇与用法；另一方面，新的词汇不能过多，这就需要对文章进行必要的改写，把文中的部分词汇用学生相对熟悉的词汇来替代，学生听说的关键是能捕捉信息、了解大概内容。

附：听力文本

选自51英语网http://www.51en.com/bilingualism/15120.html

Nobel win honors scientist

Tu Youyou, an 84-year-old female scientist, became the first Chinese citizen to win a Nobel Prize in science on Oct 5. While the news has stirred China's national pride, it has also highlighted differences in prize-awarding practices between China and the world.

Tu, a researcher at the China Academy of Traditional Chinese Medicine, shared the 2015 Nobel Prize for Medicine with Irish-born William Campbell and Satoshi Omura of Japan for unlocking revolutionary treatments for parasitic diseases. Campbell and Omura were honored for their anti-roundworm treatment, while Tu came up with a new drug for malaria.

Tu conducted research in the 1970s that led to the discovery of artemisinin, a drug that has considerably cut the number of malaria deaths and saved millions of lives. The treatment is based on an herb used in Chinese traditional medicine, called sweet wormwood. Artemisinin-based drugs are now the standard treatment for malaria.

Tu got the award for three "firsts". She was the first to bring artemisinin to her project team, the first to extract a form of artemisinin that can altogether inhibit malaria, and the first to complete a clinical trial.

"Awarding prizes to scientists with creative ideas is the source of national innovation and the key is to create fair rules to find the most convincing candidate."

重点词汇学习：

parasitic   *adj.* 寄生的（等于parasitical）

artemisinin　　n. 青蒿素（从蒿属植物中提取，用于治疗疟疾）

malaria　　n. [内科]疟疾；瘴气

roundworm　　n. 蛔虫

extract　　vt. 提取；取出；摘录；榨取

n. 汁；摘录；榨出物；选粹

originate　　vt. 引起；创作 vi. 发源；发生；起航

inhibit　　vt. 抑制；禁止

课例4：广东省高考英语听说模拟训练讲评课

【文本分析】

本课例的听力材料选自广东省高考英语听说模拟考试试题43，由三大部分组成。第一部分"模仿朗读（Reading Aloud）"，内容涉及地球与金星上的温室气体。广东省英语高考"模仿朗读"的考查重点在于学生话语的准确性、语音与语调、意群与停顿、重读与节奏、数字读法、多音节词的重音、失去爆破、连读、省音、词末-s与-ed的发音、the的读法、生词拼读规则等。评分标准包括发音清晰、准确、语调正确、自然、语流连贯流畅等方面。第二部分"角色扮演（Role Play）"（俗称"三问五答"），内容有关朋友相约去听音乐会，但已答应别人去看电影了，也谈论了一下公寓与家具购置的事情。第三部分"故事复述（Retelling）"，主要情节是：从前有个人错把辣椒当成水果吃，当别人告诉他辣椒只是一种调料时，他仍然一意孤行地把辣椒吃完。课堂教学从学生在听力测试中暴露的问题入手，在语音训练、做笔记、正确提问与回答等方面展开方法指导与当堂训练，提高学生的听说能力、信息获取与转换能力、语言表达能力等。

【学情分析】

授课对象是广东省广州市某区的高三年级学生，该班是文科普通班，学生的英语基础较薄弱，但学习英语的兴趣和积极性较高。大多数学生听说英语的机会少，听的技能有待提高；同时，学生表达时用词的丰富性不够。此外，学生记笔记的方式较为单一，缺乏快速转换的技巧。学生用英语提炼文本信息、归纳、表述等能力还有待加强。

【教学目标】

经过本节课的学习，学生能够：

1. 掌握重音、语调、连读、停顿等语音技能，连贯、清晰地朗读语篇。
2. 根据梗概提示与关键词，合理猜测语篇内容。
3. 听懂内容，学会记笔记，捕捉关键信息。
4. 整合所记信息，复述故事。

【教学方法】

1. 在教师的帮助下，学生通过对比、归纳、总结语音技能并加以训练，学会朗读微技能。
2. 通过教师示范、指导、同伴互动等活动，学生学会记笔记与流畅表达。

【教学重难点】

学生能理解与记下关键信息，基于笔记复述语篇。

【教学过程】

Step 1：导入

Play the audio of a student reading English. After listening, the teacher asks the students: What do you think of his reading aloud? (strengths and weaknesses)

（教学意图：聆听同学的录音，评价朗读者的语音、语调，给出一个合理的评价等级，这样的活动更能吸引学生的注意力，激发学生的学习兴趣。同时，也引出朗读标准的讨论。也许这位学生在朗读方面存在的问题，正是全班同学普遍存在的。这有利于教师指出问题，对症下药，提升当堂训练的实效。）

Step 2：模仿朗读

教师用PPT演示文稿展示"模仿朗读"部分的语篇，让学生关注连读、词末-s与-ed的发音、the的读法等。教师先让学生在语篇中找出来，然后示范如何发音，学生倾听、跟读、模仿并总结规律。

教学片段1：

T：Where do we need linking? Please give us some examples.

S1：On Earth, greenhouse gases are necessary to our life.

S2：The sun slowly boils away its oceans, pumping water vapor into the atmosphere.

S3：And carbon dioxide, from thousands of volcanoes, adds to the mix.

S4：... but Earth's other rocky neighbor tells quite a different story.

T：Can you tell us how to pronounce the word in the atmosphere and the mix?

T：Can you read the words correctly as follows.

degrees/grows/volcanoes/tells/boils/oceans/thousands/gases/

T：Can you tell us the difference between the pronunciations of filled and choked?

T：Can you pronounce the word atmosphere?

（教学意图：基于学生听说模拟测试的表现，教师发现他们在发音方面的问题集中于：学生的朗读技巧欠缺，不知如何连读；对单词的发音不准确，尤其是单词词尾-s与-ed的发音、the的发音变化规律；不知如何划分意群与停顿，朗读的节奏掌握不佳。针对上述问题，教师通过如下流程进行指导：学生找出问题节点→教师示范→学生跟读→学生分类、总结规律→学生通篇朗读。通过这样的当堂纠错和训练，学生的语言表现有了明显提升。）

Step 3：角色扮演

本部分有三个关键点：一是学生知道考什么、怎么考；二是听懂内容，记下关键信息；三是熟悉英语基本问句类型，提高问句输出水平。

首先，教师用PPT演示文稿向学生展示：角色扮演主要考查如何正确提问（如各种疑问句的句式），并从回答中获取与筛选主要信息的能力；前三问可直接从汉语提示中翻译为英文，多为特殊疑问句。大多数情况下，后五答中前两题的答案来自考生提问前的对话，后三题的答案来自计算机对考生三问的回答。

其次，培养学生记笔记的能力，尤其是速记的能力。

教学片段2：

T：How to take notes while listening?

S：Write down something as quickly as possible.

T：Good idea. But what should you take down?

S：Information words, such as nouns and numbers.

T：Well done. What else? And what's your problem while taking notes?

S：Write the words too slowly and many important words slip away.

T：What a pity! But you can do it like this.

Focus on content words, numbers, and use abbreviations, symbols, Chinese, etc.

Arrange the space (each line for one information point, leave some space).

Develop your own system.

T: You can use Chinese to help you to take notes. For example:(图5.1)

图5.1　notes

（教学意图：听懂大意和主题、捕捉关键信息是听力能力的基础技能，记笔记是提高听力理解水平的重要策略。学生明晰听的具体任务，记下5W1H，即what、who、when、where、why和how）的信息。学生一旦形成良好的笔记习惯与策略，就能很好地完成角色扮演任务。速记非常重要，学生每听完一个句子就应该同时记下关键信息。运用缩略语、符号甚至中文等技术，可以有效提高记录速度，有助于避免遗漏关键信息。）

最后，培养学生快速反应、熟练提问和准确回答的技能。教师帮助学生温习英语中的一般疑问句（general question or yes/no question）和特殊疑问句（special question）形式与规则。

教学片段3：

T: Can you tell us something about yes/no question?

T: What is the basic form of yes/no question?

T: Please observe the following questions, and then tell us the common points.

Are you tired?

Does she do the cleaning?

Can you swim to the other side?

Have you locked the door?

T: Do you know the form of special question? Please give some examples.

T: Can you list some question words? What are they?

（教学意图：角色扮演，俗称"三问五答"，其中，"三问"可以直接将汉语提示翻译为英文，但同时也考查学生的语言基本功，学生在考试时一旦紧张就容易出错。错误之处在于：用错疑问词、用错助动词、用错时态等。让学生说出一般疑问句与特殊疑问句的构成形式；对比典型的一般疑问句，归纳出一般疑问句的特性；回顾学过的特殊疑问词，都是帮助学生重新学习与巩固英语疑问句的知识，并当堂训练，从而熟练输出。）

Step 4：故事复述

故事复述的命题特点：语篇情节较为简单；有故事梗概与关键词的中文提示；阅卷时会提供10个信息点供评分参考。

活动一（Predicting）：

Instruct the students to make predictions according to the Chinese summary.

（教学意图：在我省高考英语听说考试"故事复述"中，学生可以在听录音前看到故事梗概以及4~5个关键词的中文提示。本活动的设计目的就是引导学生关注这些提示，预测大意，协助他们理解故事大意，并为故事复述做好话题和词汇方面的准备。）

活动二（Sharing）：

After taking notes, the students share their notes with others in groups. Students improve their notes based on group sharing and discussion.

（教学意图：在教师的指导下，学生初步掌握了做听力笔记的方法，但经常遗漏某些重要信息。通过小组内的讨论与分享，学生可以一边聆听别人的笔记，一边补全自己的笔记。此外，同学之间的讨论与互评，能够帮助学生熟悉口试题型的评分标准，教师也可以指导学生归纳做好听力笔记的技巧。）

活动三（Retelling）：

Invite one student to retell the story to the class. Remind the students to make comments and summarize the points that must be included in their retelling.

（教学意图：引导学生开展说前准备和复述故事的时候，要提醒学生从众多信息中筛选出最重要的10个要点信息，以便复述语言更加具有条理，表述更为准确，表达效果更加显著。学生复述后，全班展开互评或组内互评，帮助学生提高信息关注的准确性和精确性，及时总结故事复述的技巧，比如确定人称、拟定时态、聚焦关键信息等。）

Step 5：总结提炼复述策略

Before listening：predict

While listening：take notes

While retelling：...

Contents：cover most of the details

Language：tense, pron., sing./pl., coherence

Fluency：avoid repetition, improper pause, omit

（教学意图：对本节课所学内容进行反思总结，帮助学生建立知识结构，形成自己的学习策略和答题习惯。具体包括听前预测、快速笔记、涵盖多数细节、准确且连贯地表述等。）

Step 6：家庭作业

Read the listening materials aloud and collect some useful words or expressions.

【教学反思】

听说训练讲评课的重点在于"讲"与"评"。"讲"是讲解，包含题型特点、测试方式、评价标准、必备能力等。"评"是评价，旨在指出学生目前存在的问题，提供解决问题的方法。"评"既包括教师对学生的评价，也包括学生之间的互评。

1. 目标设定合理准确，依托活动分步实施

《课标》倡导指向学科核心素养的英语学习活动观，教师应设计具有综合性、关联性和实践性特点的英语学习活动，获取、阐释和评判语篇意义，表达个人观点、意图和情感态度。教师熟悉听说考试的考查重点，所设计的活动，如预测、做笔记、整合信息、复述等，都与语言能力、学习策略高度相关，也与广东省高考英语听说考试的题型与听说能力训练目标吻合。教学设计在知识呈现、技能训练、学法指导方面都注重语言的实践运用，通过创设具体语境进行语言学习。这样，语言学习与语言实践相融合，有助于学生综合语言运用能力的发展。

2. 方法指导切实有效，当堂训练效果显著

习题讲评设计的重要前提是准确评估学生的练习表现，明确知识与能力的强项、弱点和问题。案例中，教师从学生的成绩反馈中发现学生在各个听说环节存在的问题，并据此设计自己的讲评活动，确保了教学的针对性和有效性。

在讲评的过程中，教师注重"授人以渔"，关注方法的指导、训练和归纳，如"模仿朗读"中的连读、词末-s与-ed的发音、the的读法，等等，教师做出示范，学生跟读，继而指导学生学会分类、归纳、总结、记忆。方法指导需辅之以当堂的及时训练，只有通过大量的、适时的训练，学生方能掌握方法，形成策略，进而将其内化为语言意识和语感。朗读是基本的听说技能，在正确的方法指导下，大量的口头训练是必要的。

3. 坚持长期练习，形成策略意识

《课标》指出，发展学生运用学习策略的能力是提高学生学习能力的主要途径，是教学的重要内容，也是英语学科核心素养的重要组成部分。[①]教师在日常教学中要增强学生的策略意识，突出策略训练的过程性，保证策略运用的实际效果。教师可以将策略教学融入学生的语言学习活动之中，结合学习内容有重点地训练不同学习策略的运用。换言之，教师要结合不同课型的特点，有针对性地训练相应的学习策略。就"听说训练"讲评课而言，教师要基于学生学习问题的评估，确定策略训练的重点。本课例涉及的听前预测、辨别文本大意、做笔记、筛选关键信息等都是"听说训练"所包含的重要策略，也就构成了本节课的教学重点。诚然，策略意识的形成是一个漫长的过程，需要反复多次的使用和大量的训练才能内化。[②]所以，形成策略培养的长期规划，是教师学期或学年教学规划的一个重要维度。

附：听说测试原文

广东省高考英语听说模拟考试试题43[③]

Part A Reading Aloud

In this part, you are required to watch a video clip and read after the speaker in the video.

---

① 中华人民共和国教育部. 普通高中英语课程标准（2017年版）[M]. 北京：人民教育出版社，2018.

② 张萍. 巧用预测策略提高阅读效率[J]. 中小学英语教学与研究，2014（8）.

③ 李丽茹. 45天突破高中英语听说[M]. 广州：广州出版社，2013.

On Earth, greenhouse gases are necessary to our life. Without them our planet would be 30 degrees colder, too cold to support life as we know it. But Venus's atmosphere is filled with greenhouse gases. The sun slowly boils away its oceans, pumping water vapour into the atmosphere. And carbon dioxide, from thousands of volcanoes, add to the mix. Venus grows hotter and hotter. The planet is slowly choked to death. Venus is a planet with an atmosphere in overdrive, but Earth's other rocky neighbour tells quite a different story.

Part B Role Play

In this part, you are required to act as a role and complete three communicative tasks: listen to a speaker, ask the speaker three questions and then answer five questions.

情景介绍

角色：你是Bob。

任务：（1）给Nancy打电话；

（2）根据谈话内容回答同学的提问。

生词：the IKEA store 宜家家居

M：Hello, Nancy. This is Bob. How are you?

W：Fine, thank you. I am busy putting everything in order in my new flat.

M：Oh, I see. Well, I was wondering if you'd like to go to a concert tomorrow night.

W：It's so nice of you to invite me, Bob. But I don't think I can. Margaret has already asked me to go to the theater together.

M：Oh, well, never mind. What about next Saturday? This concert is still on then.

W：Oh, I'd like to very much.

Questions to ask:

（1）你觉得新公寓怎么样？

Oh, it's great. It's near a bus station and the flat is beautiful. The living room is big. I plan to buy a new chair and a coffee table to go with it.

（2）你打算去哪儿买这些东西呢？

The IKEA store. Margaret told me that a new IKEA store opened two months ago. She bought two chairs there and they were very cheap.

（3）有什么需要我帮忙的吗？

That's very kind of you. But my parents are coming in a couple of days. They will go to the IKEA store with me.

Keys：

（1）What do you think of (your) / (the) new flat?

What's your idea of (your) / (the) new flat?

How do you feel about (your) / (the) new flat?

（2）Where are you going to buy these things?

Where do you (plan) / (decide) to buy these things?

（3）Is there anything I can do for you?

Do you need (any) / (my) help?

What can I do for you?

Questions to answer：

（1）What is Nancy going to do tomorrow night?

（2）When will Nancy and you go to the concert?

（3）What does Nancy plan to buy for her new flat?

（4）How many chairs did Margaret buy in the IKEA store?

（5）Who will go to the IKEA store with Nancy?

Keys：

1. (Nancy) / (She) (is going to) / (will) (go to the theater) / (go to the cinema) / (go to see a movie) / (go to see a film) [together] with Margaret tomorrow night.

(Nancy) / (She) (is going to) / (will) (go to the theater) / (go to the cinema) / (go to see a movie) / (go to see a film).

(Nancy) / (She) (is going to) / (will) (go to the theater) / (go to the cinema) / (go to see a movie) / (go to see a film) [together] with Margaret.

(Nancy) / (She) (is going to) / (will) (go to the theater) / (go to the cinema) / (go to see a movie) / (go to see a film) tomorrow night.

(Go to the theater) / (Go to the cinema) / (Go to see a movie) / (Go to see a film) [together] with Margaret.

(Go to the theater) / (Go to the cinema) / (Go to see a movie) / (Go to see a film).

2. Next Saturday.

(We) / (Nancy and I) (will) / (are going to) go to the concert next Saturday.

3. A new chair and a coffee table.

(She) / (Nancy) (plans) / (is going) / to (buy) / (get) a new chair and a coffee table.

4. Two.

(She) / (Margaret) bought two chairs (there) / (in the IKEA store).

(She) / (Margaret) bought two chairs.

5. Her parents.

(Her) / (Nancy's) parents will go (there) / (to the IKEA store) with her.

Part C Retelling

In this part, you are required to listen to a monologue and then retell what you have heard in your own words.

梗概：从前，有一个人错把辣椒当成水果吃，当别人告诉他辣椒只是一种调料时，他仍然一意孤行坚持把辣椒吃完。

关键词：fruit（水果）　red（红色的）　chili（辣椒）　eat up（吃完）　money（钱）

A man ate many chilies

There once was a man who went to India. He had never been to India before and when he got there, he saw a lot of fruit. In India they have plenty of fruit to sell, but most of them are expensive because of the water situation. Finally, he saw a big basket of some very red and long fruit. It was the cheapest in the shop, not expensive at all. So he went up and asked, "How much is it?" And the shopkeeper said, "Two rupees per kilo." Two rupees in India is nothing. Then he bought a kilogram of the fruit and started eating it. But after he ate some of it, his head was burning and his face became red. As he coughed a lot, he jumped up and down, saying, "Ah! Ah! Ah!" Some people who were passing by shook their heads and said, "You're crazy, man. Those are chilies! We use them as a condiment（调料）and only a little can change the taste. You can't eat so many chilies. They're not fruit." But the stupid man said, "No, I can't stop! I paid money for them, and I'll eat them up. They are my money!"

10个信息点：

1. A man went to India.

2. The man saw a lot of fruit there.

3. Most of the fruit are expensive.

4. The man saw a big basket of some very red and long fruit.

5. The fruit was the cheapest in the shop.

6. The man bought a kilogram of the fruit and started eating it.

7. After he ate some of the fruit, the man's head was burning and his face became red.

8. Some people told the man those were chilies.

9. The people told the man he couldn't eat so many chilies.

10. The stupid man said he would eat the chilies up because they were his money.

参考答案：

Once, a man went to India. He saw a lot of fruit there and most of them were expensive. Then he saw a big basket of some very red and long fruit. It was the cheapest in the shop. So he bought a kilogram of the fruit and started eating it. After eating some of it, his head was burning and his face became red. Seeing this, some people told him those were chilies! They told him he couldn't eat so many chilies. But the stupid master said he would eat them up!

第四节　高中英语听写课设计举例

"听"，属于输入；"写"，属于输出。英语听写课是以培养学生听与写技能为主要目标的重要课型。学生通过听与写的活动习得语言知识和文化知识，发展语言技能，提升思维品质，形成文化意识。作为技能导向的课型，听写课倡导在课堂教学中探究主题意义，在技能训练中渗透策略意识，在写作活动中培育文化意识和情感态度。

课例5：A noble gift

【文本分析】

本课例的听力材料选自《新概念英语第二册》Lesson 93 A noble gift。文章介绍了世界上最著名的纪念碑之一的自由女神雕像是在19世纪时由法国人民赠送给美国的。这座由雕刻家奥古斯特·巴索尔地设计的巨大雕像是用10年时间雕刻成的。这座雕像的主体是用铜制成的，由艾菲尔特制的金属框架支撑着。雕像被计划放置在纽约港入口处的一个岛上。1884年，一座高度达151米的雕像在巴黎竖立起来。第二年，它被拆成若干小块运到美国。到1886年10月底，这座雕像被重新组装起来，由巴索尔地正式赠送给美国人民。从那时起，这座伟大的纪念碑对通过纽约港进入美国定居的千百万人来说就一直是自由的象征。

学生刚好学习了人教版普通高中课程标准试验教科书英语2·必修中的Unit 1 Cultural relics，Reading：The amber room，关于琥珀屋。而本节内容的背景是关于由法国人民赠送给美国的自由女神雕像的故事，两者都是贵重的礼物，意义深远，两者内容与意义上存在一定的内在相关性。通过本节听写课的学习，学生可以扩大知识面，了解文化知识，拓展思维。

教学时长：1课时（40分钟）

【学情分析】

授课对象是广东省广州市某区的高一年级学生。学生经过半个学期的学习，已基本适应高中阶段的学习生活。学生的英语基础还是比较薄弱，课堂上加大语言输入还需长期坚持。学生的知识面狭窄，在听力的课堂训练中，要加入文化元素，增强文化知识方面的输入；学生写的机会少，需增加学生堂上练笔的机会。

【教学目标】

经过本节课的学习，学生能够：

1. 从标题入手，并根据相关线索预测听力文章的大致内容。

2. 抓住关键词，拓展成句，先说后写。

3. 运用堂上新学的词汇，或旧词新义，笔头表达想法。

【教学方法】

1. 采用联想法，学生能从关键词入手，预测文章内容，概括文章主旨。

2. 采用榜样学习法，借鉴他人做法，做好笔记，并尝试写出表达正确的句子。

【教学重难点】

学生能正确理解与记下关键信息；笔头表达自己的观点。

【教学过程】

Step 1：Leading-in

The teacher asks the students two questions as follows.

1. Can you tell us something about the Amber Room?

2. What do you think of the Amber Room?

（教学意图：学生通过回答老师的提问，温故课文内容，学生也可能说出gift，以及对the Amber Room的评价，这些都为引出新课的内容做好了铺垫。）

Step 2：Guessing

The teacher shows the title "A noble gift", and then shows the picture to the students. The teacher asks the students to answer the following questions.

1. From the title，what information can you get? Please give us examples.

2. From the picture，can you tell us some details about the passage?

（教学意图：通过标题与插图，学生基本上可以猜出所听材料的内容。学生对于预测比较感兴趣,为了印证自己的猜测是否准确,他们在下一步听的环节会更加认真,全身心投入。)

Step 3:Listening

The teacher asks the students to listen to the tape three times. It has different tasks each time.

The first time of listening:Listen to the tape and answer the following question:Where was the Statue of Liberty made?

The second time of listening:Listen for the detailed information. Meanwhile, instruct students to take notes and summarize skills for note-taking:①Focus on content words, numbers, and use abbreviations, symbols, Chinese, etc. ②Arrange the space(each line for one information point, leave some space). ③Develop your own system.

The third time of listening:check the information.(表5.4)

表5.4 Information

Who	
When	
Where	
What	
Why	
How	

(教学意图:听写课,先听后写。一般录音放三遍:第一遍,听取大意,同时也记录听到的关键信息,并思考与回答一个核心问题;第二遍,听细节,并认真记下笔记,一般要记下5W1H,即what、who、when、where、why和how的信息;第三遍,继续补全信息,同时也核对记录的信息。做笔记时学生要学会速记,即运用缩略语、符号甚至中文等,记下关键信息。教师每次听力前,先帮学生回顾"听"的技巧与记笔记的基本方法,捕捉基本信息,也为下面的思与写的环节做好准备。)

Step 4:Thinking

The teacher asks the students to think and discuss several questions in groups and then share the ideas in pairs.

1. Why is the Statue of Liberty said to be "a noble gift"?

2. Why is the great monument a symbol of liberty for millions of people?

（教学意图："思"的环节，教师引导学生独立思考，然后小组讨论，主要是给学生堂上交流的机会，因为一部分学生听的、记的信息不完整，可以趁这个机会添加信息，为下一步的"写"做铺垫。另外，通过交流，学生有机会表达，也是"写"的热身。）

Step 5：Writing

According to the listening, the teacher can ask the students to write a brief passage. They can write a lot，just related to the listening.

Task 1：Write about the summary of the passage.

Task 2：Write something about the puzzles after listening to the passage.

Task 3：Write some feelings after listening to the passage.

Task 4：Write about what you have learned after listening the passage.

（教学意图："写"的环节，时间大概10分钟，学生在听之后，了解了内容大意，有感而发，教师要引导学生去写，可以写概括、写疑问、写感受、写收获，学生可以从不同的角度去写点东西，养成一种听后即写的习惯，把听与写结合起来。同时，写下疑问，也是培养学生的批判性思维能力。）

Step 6：Evaluating

The teacher asks the students to evaluate what they wrote in pairs.

（1）Can you find out mistakes?

（2）What can you learn from your partner's writing?

（3）Can you improve it better?

（教学意图："评"的环节，主要是为学生搭建相互学习的平台，时间在5分钟以内，集中注意力观察小组成员或同伴的写作作品，可以指出其存在的毛病，更多的是发现别人的想法的创新之处，学习好的结构与表达，从而改进自己的文章。）

Step 7：Summary

本环节旨在对本课所学内容进行反思与总结，主要是掌握学习方法：一是做笔记，利用笔记进行复述与表达；二是利用核心词汇，在一定时间内打开思路，尽可能地多写。

Step 8：Homework

Please write a 120-word composition to introduce the Statue of Liberty in your own words.

【教学反思】

选材有代表性，能吸引学生，但文章的句子较长，从听的角度来看，难度较大。笔者课后反思，在以后的教学中要注意以下几点：

一是对于阅读来说是好篇章，文化气息浓厚，但要用作听力材料，就要进行适当处理，要么降低词汇难度，要么从设问的角度降低难度，主要问宏观层面的问题，学生掌握关键信息即可。

二是根据课堂教学的目标与技能训练的意图，教师可选取难度较大的语言材料，但在课堂操作过程中，教师要善于搭建支架，帮助学生"跳起来摘到桃子"，从而提高学生的相关技能，形成学习的策略。

三是在学生听后分享与讨论后，教师可给出听力材料的文本，让学生在堂上朗读，加深对材料的认知。

在做笔记环节，教师还是要示范，给出基本方法，尤其是注意笔记书写的条理性，留出适当空间，可以不断添加而不显混乱。

在"写"与"评"的环节，教师在课堂上要多巡视，发现学生有困难要及时给予帮助，要通过多举例子来帮助学生掌握句子的结构、词语的运用、逻辑关系等。

附：教材文本

选自《新概念英语第二册》Lesson 93 A noble gift

A noble gift

One of the most famous monuments in the world, the Statue of Liberty, was presented to the United States of America in the nineteenth century by the people of France. The great statue, which was designed by the sculptor Auguste Bartholdi, took ten years to complete. The actual figure was made of copper supported by a metal framework which had been especially constructed by Eiffel. Before it could be transported to the United States, a site had to be found for it and a pedestal had to be built. The site chosen was an land at the entrance of New York Harbour. By 1884, a statue which was 151 feet tall had been erected in Paris. The following year, it was taken to pieces and sent to America. By the end of October 1886, the statue had been put together again and it was officially presented to the American people by Bartholdi. Ever since then, the great monument has been a symbol of liberty for the millions of people who have passed New York Harbour to make their homes in America.

课例6：A famous clock

【文本分析】

本课例的听力材料选自《新概念英语第二册》Lesson 71 A famous clock。文章介绍了英国伦敦的著名"大本钟"。"大本钟"得名于本杰明·霍尔爵士，因为建造新的国会大厦时，他负责建造大钟，此钟不仅外形巨大，而且走时也非常准确。格林尼治天文台的官员们每天两次派人矫正此钟。当大钟打点的时候，你可以从英国广播公司的广播中听到，因为钟塔上接了麦克风。"大本钟"很少出差错，然而有一次，它却把时间报错了，在钟塔上干活的一位油漆工把一只油漆桶挂在了一根指针上，把钟弄慢了。

学生刚刚学习人教版普通高中课程标准试验教科书英语1·必修中的 Unit 3 Travel journal，关于旅游交通的话题，而本节课的内容是关于英国伦敦的著名"大本钟"的背景介绍及趣事，两者在话题、内容上存在一定的内在相关性。通过本节听写课的学习，学生可以扩大知识面，对于英国的著名景点、文化有初步的认识，从而拓展思维，拓宽视野。

教学时长：1课时（40分钟）

【学情分析】

授课对象是广东省广州市某区高一年级学生。学生进入高中的学习已经两周，对于英语学习已开始适应，也迫切想了解更多的有关英语国家的风土人情、语言文化。这个时候，教师配合学生的学习进度，适当增加文化介绍方面的内容是必要的。大多数学生，一方面，听说英语的机会不多，听说的技巧还不够熟练；另一方面，对于英语国家的历史、文化等的了解不多，需加大语言文化的输入。另外，写的技能也需进一步提高。

【教学目标】

经过本节课的学习，学生能够：

1. 了解英国标志性建筑——大本钟的历史人文。

2. 听懂内容，抓住关键词，写出合乎语法规范的句子。

3. 学会思考，运用词汇，表达观点。

【教学方法】

1. 听前预测法。使学生利用标题、插图、关键词合理预测文章内容。

2. 听写结合法。教学生在听到的关键词的基础上扩展句子，学会表达。

3. 采用讨论评价法。学生之间开展互评活动，学习与运用所学知识与技能，并借鉴他人的良好表达。

【教学重难点】

概括文章主旨；笔头表达观点。

【教学过程】

Step 1：Leading-in

The teacher asks the students some questions as follows：

（1）Do you like travelling? Why?

（2）If you travel abroad, which country will go to?

（3）What attractions will make you feel interested most?

（教学意图：延续学生本单元学习的话题——旅游交通，把学生已学过的内容与本节课的内容联系起来，激发学生学习的欲望。）

Step 2：Guessing

The teacher shows the title "A famous clock" and the picture to the students. And then, asks the students to answer the following questions：

（1）What can you get from the title?

（2）What can you see from the picture?

（3）What is the passage mainly about?

（教学意图：听前预测是一项重要的听力技能。在听力之前，通过标题、插图等对文章内容展开预测，这等于打通了通往听力内容理解的通道，有助于学生快速捕捉文章的关键信息，理解文章大意。）

Step 3: Listening

The teacher asks the students to listen to the passage and fill in the blanks. Focus on the key information and instruct students to take notes.

The first time of listening: Listen to the tape and answer the following question: Has Big Ben ever gone wrong?

The second time of listening: Listen for the detailed information. Meanwhile, instruct students to take notes and summarize skills for note-taking. (表5.5)

表5.5 Information

The clock's name	
When built	
The name from	
Size	
Feature	
Where heard	

The third time of listening: Check the information.

（教学意图：听前预测，有方法与策略，但仅仅是预测；而"听"得懂，关键还是记笔记，这是听力策略的关键环节。"听"的训练过程，一般要听三遍：第一遍，听大意，能回答1~2个问题；第二遍，记下关键信息，填表格，记录要快速；第三遍，核对记录信息，补全缺漏信息。这一环节属于语言输入环节，是下一步"写"的基础。）

Step 4: Thinking

The teacher asks the students to discuss and then answer the following questions:

(1) Why is Big Ben famous in the world?

(2) Why is Big Ben accurate?

(3) Why did it fail to give the correct time once?

（教学意图：这一环节需要学生在理解听力内容的基础上，进行深层次的思考，把记录的信息进行整合与概括，准确回答教师提出的问题。本环节，既有学生的独立思考，也有小组内的讨论与分享。借此机会，学生在思考的基础上组织语言，小组内说出看法，锻炼"说"的能力，也为下一步的"写"做好铺垫。）

Step 5：Writing

The teacher can ask the students to write a brief passage after listening. They can choose one of the following tasks and finish it in 10 minutes.

Task 1：Please write down the summary of the passage.

Task 2：Please write something about why the clock is famous in the world.

Task 3：What do you think of the famous clock?

Task 4：Write about what you have learned from the passage.

（教学意图："写"的环节，不是要求学生在10分钟内写出完整的文章，而是希望学生能马上写出对所听的内容的思考，及时写下自己的看法、疑问、感受、收获等，重在开拓思维，勤于练笔，使听与写有机地结合起来，提升听与写的技能。）

Step 6：Evaluating

The teacher asks the students to evaluate what they wrote in groups or in pairs.

（1）Can you point out some errors?

（2）Can you find out some beautiful sentences?

（3）What can you learn from your partner?

（教学意图："评"的环节，大约用时5分钟，主要是为学生创造相互学习的机会。学生之间可以指出双方存在的不足，也可以互相欣赏，学习对方文章中好的句子或者创新的想法，借此开阔自己的思路，弥补自己的不足。）

Step 7：Summary

本环节旨在对本课所学内容进行反思与总结，主要是掌握学习方法：一是做好笔记，方便笔头输出；二是"写"与"评"，思考可以多角度，选一点来写即可。

Step 8：Homework

Please tell your classmates a story about clock.

【教学反思】

1. 选择的听力材料与学生学习的相关度要高，顺势而为

本节课，学生对故事内容的理解较好，多数学生都能概括出故事的大意。学生对"大本钟"的背景是熟悉的，学习起来不会感到吃力。有如下三点在以后的教学中要引起重视：

一是材料的相关度要高。也就是说，教师在备课时，要选取与学生刚刚学习的内容有联系的材料，学生才会学有所用，产生正迁移。

二是材料的吸引力要强。根据克拉申的语言输入假设，输入的语言材料要有趣，这样更能吸引学生，学习的效果也更好。

三是材料的难度适中。学生的语言学习是循序渐进的，选择合适的材料很重要，太难、太易的材料都是在浪费学生的时间，难以达到提升学生能力的目的。

2. 拓展学生的视野势在必行，有计划推进

在课堂上，教师要有意识地加大语言输入，一方面，充分利用教材、用好教材；另一方面，教师要从新闻、报纸、杂志、网上选取新的语言材料，加大语言的输入。而且，教师要长期坚持并做好计划，逐步推进。

3. 为学生的学习搭建"脚手架"，学习需要循序渐进

课堂上，由于学生的基础不同、接受能力不同，教师在授课过程中，既要时常回顾学生已学过的知识，又要在已有知识上"垫高"，帮助学生学习、理解与掌握新的知识，再通过必要的训练，使学生能慢爬上山、学有所成。

附：教材文本

选自《新概念英语第二册》Lesson 71 A famous clock

A famous clock

When you visit London, one of the first things you will see is Big Ben, the famous clock which can be heard all over the world on the BBC. If the Houses of Parliament had not been burned down in 1834, the great clock would never have been erected. Big Ben takes its name from Sir Benjamin Hall who was responsible for the making of the clock when the new Houses of Parliament were being built. It is not only of immense size, but is extremely accurate as well. Officials from Greenwich Observatory have the clock checked twice a day. On the BBC, you can hear the clock when it is actually striking because microphones are connected to the clock tower. Big Ben has rarely gone wrong. Once, however, it failed to give the correct time. A painter who had been working on the tower hung a pot of paint on one of the hands and slowed it down.

课例7：The world's first quantum satellite

【文本分析】

本课例的听力材料选自网上的双语新闻The world's first quantum satellite。文章介绍了全球首颗量子卫星目前正在进行在轨测试，这一名为"墨子号"的空间尺度量子科学实验卫星于2016年8月在中国发射升空。

学生刚刚学习人教版普通高中课程标准试验教科书英语3·必修中的Unit 4 Astronomy：the science of the stars，关于航天科技的话题，而本节课的内容是关于全球首颗量子卫星（"墨子号"）的在轨测试，两者在话题、内容上有相关性。通过本节听写课的学习，学生可以在原有知识的基础上，对于中国的科技水平有进一步的认识，也体会到中国科技工作者付出的艰辛劳动，更增加了民族自豪感。

教学时长：1课时（40分钟）

【学情分析】

授课对象是广东省广州市某区的高一年级学生。学生进入高中学习已经一个学期，对于英语学习已经适应，也迫切想了解更多的风土人情、语言文化、先进科技等。这个时候，教师配合学生的学习进度，适当增加相关的内容，尤其是具有科技含量的内容是必要的。大多数学生在听科普文章时有畏难情绪，总会因碰到不熟悉的、与科技有关的词汇而茫然。听不太懂文章，理解上有偏差，在写作方面也不自信。

【教学目标】

经过本节课的学习，学生能够：

1. 听、记关键词，正确理解听力的内容。
2. 写出能概括文章内容的、表达准确的语句。
3. 学会运用carry out、announce、launch等学过的词汇，描述特定情境，如火箭上天的过程。

【教学方法】

1. 采用直观法。让学生通过观察图片，思考标题，预测文章的大致内容。
2. 语境联想法。让学生通过关键词，展开联想，描述具体情境。

3. 采用交际法。学生之间开展小组讨论，评价同学的想法。

【教学重难点】

听懂与记下关键词汇；写出有观点的语句。

【教学过程】

Step 1：Leading-in

The teacher asks the students some questions as follows：

（1）Can you tell us the differences between star，planet and satellite?

（2）Do you know man-made satellites? What can they do?

（3）How can man-made satellites be sent up into the space?

（教学意图：激发学生的学习兴趣，引起学生的注意；同时，也让学生了解一些有关卫星与卫星发射的知识。）

Step 2：Guessing

The teacher shows the title the world's first quantum satellite and the picture to the students. And then，asks the students to answer the following questions：

（1）From the title，what information can you get?

（2）From the title and the pictures，what will the news tell us?

（3）What do you feel when you read the news，just from the title and the pictures?

（教学意图：猜测最能激发学生的好奇心与求知欲。新闻也能增强学生的爱国情感，学生关注新闻，也很有可能猜到是中国发射的全球首颗量子卫星"墨子号"。把学生的这种民族自豪感激发出来，是立德树人的最好诠释。）

Step 3：Listening

The teacher asks the students to listen to the passage and fill in the blanks. Focus on the key information and instruct students to take notes.

The first time of listening：Listen to the tape and answer the following question：What will the scientists do before the satellite will be sent up into the space?

The second time of listening：Listen for the detailed information. Meanwhile，instruct students to take notes and summarize skills for note-taking.（表5.6）

表5.6 Information

What	
Nickname	
When	
Where	
How many tasks	
How	

The third time of listening: Check the information.

（教学意图：听力的内容有一定难度，主要是能捕捉到关键信息，增强学生对时事新闻的敏感度。"听"的过程，一般要听三遍：第一遍，听大意，同时也快速记下关键词，能回答1～2个问题；第二遍，记下关键信息，填写表格；第三遍，核对与补全缺漏信息。这一环节属于语言输入环节，是下一步"写"的基础。）

Step 4：Thinking

The teacher asks the students to discuss and then answer the following questions:

（1）Why are there many tests when a satellite will be launched?

（2）Why is the satellite nicknamed *Micius*（墨子号）?

（3）What is the quantum satellite's most important task when it is sent up into the space?

（教学意图："思"的环节，是为了引发学生思考。听力之后，捕捉关键信息，重要的是要思考，有想法，这才是最宝贵的。"思"就是给学生独立思考与交流分享的机会，也可以为下一步的"写"积累素材与提供灵感。）

Step 5：Writing

The teacher can ask the students to write something about the satellite briefly. They can choose one of the following tasks and finish it in 10 minutes.

Task 1：Please write a 100-word introduction about the quantum satellite.

Task 2：Do you think it great when the quantum satellite was launched? Why?

Task 3：What do you think of the team for sending the satellite into the space?

Task 4：Write about what you have learned from the passage.

（教学意图："写"的环节，主要是给学生发表见解、书写感受的机会，平时多练笔，战时方不慌。看法、疑问、感受、收获等皆可，关键是开拓思维，有所思考，提升听与写的技能。）

Step 6：Evaluating

The teacher asks the students to evaluate what they wrote in groups or in pairs.

（1）From your partner's writing，can you find out some drawbacks?

（2）Can you learn some good expressions from your partner's writing?

（3）What can you learn from your partner?

（教学意图："评"的环节，大约5分钟，其实就是"借脑"，学生通过相互"批评"，可以互相欣赏，学习对方文章中的好词好句，还有别具一格的观点、想法，借此打开自己的写作思路，提升学习的效果。）

Step 7：Summary

本环节旨在对本课所学内容进行反思与总结，主要是掌握学习方法与策略：一是猜测，大胆联想，借助标题、关键词、插图等；二是"写"，既要做好笔记，又要写出自己的思考。

Step 8：Homework

Please write a 150-word composition about what you have learned from sending up a satellite into the space.

【教学反思】

1. 选好材料，教授方法，迎难而上，鼓励前行

科技类新闻听起来有难度，但作为英语教师，不能因为材料难度高就不训练学生，要知道，学生就是在不断挑战难度中逐渐进步的，可以这么说，没有挑战，就没有跨越。当然，教师要训练学生还是需要设计的，至少要考虑如下三点：

一是材料的新颖性。人的学习很多时候是受到情感影响的，如心情好、感兴趣，学习会更专注、更投入，学习的效果也会更好。如本课中对"量子卫星"的学习，学生有新奇感、自豪感，觉得学习有意义，听材料、做笔记、讨论与写作也更用心。

二是方法的接受性。学生的学习必然是在一定的方法下去模仿、理解、内化、运用的，如对于科技类新闻的学习，首先要关注新闻的标题与首段。

学生只有知晓方法，按图索骥，不断尝试，多多总结，才能真正掌握方法，学有所得。

三是语言的激励性。教师在课堂上要善于观察学生，及时发现需要帮助的学生，发现学生能运用方法去解决问题，要适时鼓励，肯定学生的进步。

2. 积累词汇，常做分类，时常见面，定期反馈

课堂上做听力训练，学生既要学会准确捕捉关键信息，也要从听力材料中学习与积累更多的词汇。当然，学生要想牢记更多的英语词汇，就要定期对所学词汇进行分类，这样便于记忆。而且，教师也要将这些新的词汇不定时地展示给学生，让学生与这些词汇经常见面，熟悉这些词汇。

3. 朗读与记忆相结合，听后伴随写作

对于学生听后的语言材料，教师要指导学生将其充分利用起来，可以将这些材料多朗读几遍，学习文段中的新的词汇。听后，学生会有感而发，教师要指导学生珍视这些一闪而过的想法，把它写下来。长期坚持，学生的批判性思维能力会得到加强。

附：听力文本

选自网上新闻http://www.kekenet.com

The world's first quantum satellite

The world's first quantum satellite is currently in the middle of in-orbit testing, and will carry out additional scientific tests after November, the Chinese Academy of Sciences (CAS) announced on Oct. 12.

Nicknamed *Micius*, the satellite, Quantum Experiments at Space Scale (QUESS), was launched in China in August.

"QUESS has three missions to fulfill, which are the launch into orbit, in-orbit testing and scientific experiments. Currently, QUESS has entered the second stage, and has completed two tests— of the satellite platform and the payload. Tests of satellite-ground links are now underway," said Pan Jianwei, chief scientist behind the quantum communication satellite project, during an interview with the Beijing Times.

According to reports, the battery packs of the satellite are functional, and the success rate of its remote control has reached 100 percent.

The satellite has successfully tracked all ground stations with satisfactory accuracy.

重点词汇学习：

1. quantum n. ［物］量子；定量，总量；美国昆腾公司（世界领先的硬盘生产商）

2. academy n. 学院；学会；专科学校

3. launch vt. 发射；［计算机］开始（应用程序）；发动；开展（活动、计划等）vi. 投入；着手进行；热衷于…… n. 投掷；大船上的小艇；大型敞篷摩托艇

4. mission n. 代表团；使命；官方使命；布道所 v. 给……交代任务；派遣；把任务交给；向……传教

5. platform n. 平台；月台，站台；坛；讲台

6. payload n. 付款员；有效载荷（卫星或航天器携带的仪器设备等）；收费载重（船舶、飞机等的收费运载量，如乘客、货物而不包括燃料）；（炸弹或弹头的）炸药量

课例8：The Wandering Earth：Chinese sci-fi sets a new path

【文本分析】

本课例的听力材料选自网上新闻 *The Wandering Earth*：Chinese sci-fi sets a new path（《流浪地球》：不一样的中国式科幻片）。影片改编自中国科幻小说作家刘慈欣的短篇小说，讲述了太阳急剧老化，地球面临被吞的危险，来自世界各地的人们协力建造了巨大的发动机系统助推地球向太阳系外迁移，这一次，我们没有抛弃地球，而是带着它一起逃亡。表现的主题是人类走到哪里，地球就在哪里，因为那是我们共同的家园。课堂教学分别从猜测、讨论、听说等方面入手，提高学生的听说能力、信息获取与转换能力、语言表达能力等。

在寒假期间，多数学生都看了这部电影，对于科幻电影，学生还是很喜欢看的。学生刚刚学习人教版普通高中课程标准试验教科书英语7•选修中的Unit 2 Robots关于机器人、科幻小说的话题，而本节课的内容是关于科幻电影——《流浪地球》，两者在话题、内容上有共性，有利于学习的迁移。并

且,《新课标》要求的人与自然主题语境下的环境保护、宇宙探索等,正好与本听写课的内容要求是一致的,值得教学尝试。

教学时长:1课时(40分钟)

【学情分析】

授课对象是广东省广州市某区高二年级学生。该班是文科普通班,学生学习英语有热情、肯付出,能接受老师的方法建议。大多数学生听得多,思考得少,写的机会更少,并且,学生对基本听与写的方法都知晓,但不够熟练。学生对事物的认识与思考的深度不够。

【教学目标】

经过本节课的学习,学生能够:

1. 学会从日常常见的现象中看到事物的本质。

2. 听懂文章内容,并用自己的语言进行概括。

3. 设置情景,把flee、in danger of、destroy、put... away等用在英语书面表达中。

【教学方法】

1. 互动法。学生通过小组讨论分享彼此的看法,将听到的信息在互动中不断完善。

2. 对比法。通过对比,学生找到差距,迎头赶上。

3. 限时训练法。学生在规定的时间内完成一定的任务,写出自己的思考结果。

【教学重难点】

学生能理解电影的内涵;能写出有思考性的文字。

【教学过程】

Step 1:Leading-in

The teacher asks the students two questions as follows:

(1)What do you think of the earth?

(2)In order to protect the earth, what can you do?

(教学意图:激发学生的学习兴趣,引起学生的思考——可曾关注过我们栖息的地球?同时,也引出本节课的内容。)

Step 2：Guessing

The teacher shows the title "*The Wandering Earth*：Chinese sci-fi sets a new path" and the picture to the students. And then, asks the students to answer the following questions.

（1）Can you get some information from the title?

（2）From the title and the pictures, what details can you get?

（3）Can you get the key points, just from the title and the pictures?

（教学意图：借助标题、插图，可以预测材料的核心内容，这对于理解整篇文章意义重大。尤其是听新闻类的材料，准确捕捉信息很关键，这也是一种重要的技能。）

Step 3：Listening

The teacher asks the students to listen to the passage and get the information. Focus on the key words and instruct students to take notes.

The first time of listening：Listen to the tape and answer the following question：What is the most difference between *The Wandering Earth* and most space-themed films?

The second time of listening：Listen to the detailed information. Meanwhile, instruct students to take notes and summarize skills for note-taking.

About the film：*The Wandering Earth*.（表5.7）

表5.7　The Wandering Earth

What type	
Written by	
Why wander	
Different idea	
What is Chinese sci-fi	

The third time of listening：Check the information.

（教学意图：听力的内容有一定难度，但学生对话题本身感兴趣，而且多数学生都看过这部电影，基本上能捕捉到关键信息。"听"的过程，一般要听三遍：第一遍，听大意，记下关键词，能回答一个问题；第二遍，记下关键信息，写要点、填表格；第三遍，核对信息。这一环节属于语言输入环节，是下一步"写"的基础。）

Step 4：Thinking

The teacher asks the students to discuss and then answer the following questions.

（1）What is a more ambitious idea?

（2）What do you think of homeland?

（3）What is the theme of the film?

（教学意图："思"的环节，主要是教师引导学生深入思考。听力之后，教师有意识地通过学生的独立思考与小组讨论，学生之间交流看法，互相学习，当然，这也为下一步的"写"做好了铺垫。）

Step 5：Writing

The teacher can ask the students to write something about *The Wandering Earth*. They can choose one of the following tasks and finish it in 10 minutes.

Task 1：Please write a 100-word introduction about the film.

Task 2：From the title, what's the meaning of "a new path"? Please give reasons.

Task 3：What do you think of Chinese sci-fi?

Task 4：Write about what you have learned from *The Wandering Earth*.

（教学意图："写"的环节，教师给出四项任务，学生可以任选其一来完成，从不同的角度出发，思考影片与影片背后的文化内涵，关键是启发学生思维，使其学会时时思考，多角度、多层次思考问题，养成遇事思考的习惯，也借此提升听与写的技能。）

Step 6：Evaluating

The teacher asks the students to evaluate what they wrote in groups or in pairs.

（1）Please find out some mistakes.

（2）Please borrow some good expressions from your partner's writing and make yours better.

（3）Can you find out some special ideas?

（教学意图："评"的环节，时间不超过5分钟，需要学生注意力集中、专注，快速浏览同伴的文章，学习别人好的东西，如好的表达结构、优美语句、新颖观点等，关键在于打开自己的写作思路，学有所获。）

Step 7：Summary

本环节旨在对本课所学内容进行反思与总结，主要是掌握学习方法与策略：一是猜测，大胆联想，借助标题、关键词、插图等；二是"写"，从不同角度进行深层思考，尝试写作。

Step 8：Homework

Please make a 5-minute video about chatting *The Wandering Earth* with your classmates in the group.

【教学反思】

1. 选材有趣、新颖，能吸引学生，教学方能事半功倍

教学是需要设计的，教师要选择适合学生的语言材料，引导学生理解、吸收语言材料，加大课堂的语言输入，从而成功地实现语言输入。要提高课堂教学的有效性，选好材料是成功的第一步，要注意如下三点：

一是材料与学生的生活息息相关。我们学习语言是为了更好地生活，提高生活的质量，获得生活的愉悦；同时，关注生活，又会促进学习，因为学习与生活是密切相关的。正如本课学习的电影《流浪地球》，学生在假期都看过并了解它的内容与主题，看电影、娱乐本身就是人们生活的一部分；同时，电影的内容与主题以及其背后的文化内涵又会促进学生的学习与成长。

二是选材要考虑学生的兴趣点。以音乐、绘画、电影等为主要内容的语言材料，容易激发学生的兴趣，学生参与课堂上的讨论会主动得多，学生之间也容易产生共鸣，这些都有利于学生的健康发展与取得学业进步。

三是选择当下的热点语言材料。对于当下的热点话题，学生会有许多看法与观点，学生之间也乐于交流与分享。并且，"家事国事天下事，事事关心"，学生才会关注社会，才会不断提升发现问题、思考问题与解决问题的能力。

2. 课堂上重启发，多听多说多写

"闻道有先后"，每个学生的接受能力不同，教师在课堂上要重视启发式教学，要让学生明白知识的来龙去脉。另外，课堂才是学生学习与训练的主阵地，因为学生在课堂上注意力更集中，教师要创造机会让学生多听、多说、多写。

3. 同伴互助，共享共进

学习是需要伙伴、同伴的，大家一起讨论、交流、分享，此时，学生的注意力不容易分散，相互间可以取长补短，心情相对来说也比较放松，思维也更加活跃，奇思妙想也会在这个时候产生，大家共享资源，共同进步。

附：听力文本

选自网上新闻http://www.kekenet.com

The Wandering Earth: Chinese sci-fi sets a new path

In many—even most—space-themed films, whenever Earth faces a disaster, the solution is always fleeing the planet in spaceships.

But the latest Chinese sci-fi movie, *The Wandering Earth*, offers a different and more ambitious idea.

In the film, based on a short story by Chinese sci-fi writer Liu Cixin, Earth is in danger of being destroyed by the dying sun. In response, humans around the world work together to build a giant engine system that will push Earth away from the Sun. Instead of abandoning Earth—again—this time we're taking it with us.

This "ambition" didn't come from nowhere. For thousands of years, "homeland" has had a soft spot in the hearts and minds of Chinese people. One old idiom is "luoyeguigen", which means returning to one's homeland in old age, like fallen leaves returning to the roots of their tree. Or look to an ancient verse: "The season called the White Dew begins tonight/Nowhere as in our native place is the moon so bright." These both show the tight bond that Chinese people have had with their homeland.

This special cultural background is probably what sets *The Wandering Earth* apart from Hollywood-style space films.

"What is Chinese sci-fi?" Guo Fan, the film's director, said in an interview. "A vehicle that can really express our cultural and spiritual core can be called Chinese sci-fi. Otherwise, we're just imitating others and telling the same American stories."

And the makers of *The Wandering Earth* may have chosen the best time to tell its Chinese sci-fi story. The film was released on Feb 5, the first day of Chinese New Year. It was a time when many people had just made the hard journey back to their hometowns.

So to them, there is only one possible way to tell the story: Earth goes wherever humans go, because it's our home.

第五节　高中英语读说课设计举例

"读",属于输入;"说",属于输出。英语读说课是以培养学生读、说技能为主要目标的重要课型。学生通过读、说活动习得语言知识和文化知识,发展语言技能,提升思维品质,形成文化意识。作为技能导向的课型,读说课注重先读后说,"读"的内容为稍后的"说"做准备;读说课同样需要基于主题意义的探究,在技能训练中渗透、培育策略意识、文化意识和情感态度。

课例9：Computers

【文本分析】

本课例的阅读材料选自人教版普通高中课程标准试验教科书英语2·必修中的Unit 3 Computers。阅读材料"Who am I?"属于科普类说明文,内容较为抽象,文中有一些专业术语,对于高一学生有一定的难度。计算机以第一人称进行自述,自述其发展演变的历史以及计算机在当今世界各个领域的运用。通过对文章的阅读,学生不仅可以了解计算机的相关信息知识,学到与此有关的语言知识,还能清晰地了解作者的写作思路,从而实现阅读文章理解的三个维度：信息知识、语言知识和语篇知识。

本节课是阅读课的第一课时,内容包括Warming Up、Pre-reading、Reading和Comprehending四个部分。Warming Up部分以图片的形式展现了计算机的发展历程,从最初的算盘发展到当今的机器人,引导学生大概了解计算机的发展史，为下一步的文章阅读理解做铺垫；Pre-reading部分有三个问题，让学生预测语篇的内容、讨论计算机的应用领域、了解计算机的历史，调动学生学习的积极性，为随后的篇章阅读热身；Comprehending部分包括三个练习，分别从事实层面、分析层面和拓展层面考查学生对文章的理解和运用情况。

教学时长：1课时（40分钟）

【学情分析】

授课对象是广东省广州市某区高一年级学生。老师是异地上课，师生之间并不熟悉。老师从学校了解到，上课班级属于实验班，英语基础较好，自信、大气、阳光，但在阅读策略、小组讨论方面仍需老师引导。老师认识到，要迅速融入学生中去，整节课的设计要有"活动"的穿插，激起学生的兴趣；问题设计要由浅入深、层层递进，引导学生开拓思维；让学生积极参与课堂，活跃思维。

【教学目标】

本节课作为阅读课教学的第一课时，经过本节课的学习，学生能够：

1. 通过阅读文本能了解计算机的发展历史与在当今世界各个领域的运用。

2. 运用预测、寻读（scanning）、略读（skimming）等阅读策略整体感知文本，掌握文本的结构，获取文本信息，解决问题。

3. 合理地表达自己的观点并用适当的论据支持自己的观点。

【教学方法】

1. 采用归纳法。学生通过观察与思考，归纳出计算机的发展史。

2. 采用示范法。教师通过示范，引导学生发现共同点，学会概括文章主旨。

3. 采用角色扮演法。学生通过角色扮演，熟悉课文内容，训练口头表达能力。

【教学重难点】

学生能理解与概括主旨；自信地表达自己的观点。

【教学过程】

Step 1：Leading-in

The teacher begins the lesson with a game "Clapping"，about one minute.

教学片段1：

T：I'm.... I'm from.... I know all of you are top in Xintang Middle School.

T: We are good friends now. We should help each other. Please clap your hands and follow me.

T & Students: （Clap hands and say loudly）We are excellent. We are top. We are the best.

（教学意图：异地上课，快速消除师生间的陌生感、吸引学生的注意力很关键。在1分钟的大声拍手、喊叫中，学生消除了紧张感，面带笑容，拉近了师生的距离，眼中饱含期待，为课程的顺利进行撒下了合作、参与、快乐的种子。）

Step 2：Guessing

教学片段2（预测单元标题）：

The teacher uses PPT to show the title "Computers". And then, the teacher asks the questions as follows：

（1）What does the word computers in the title mean?

（2）In the title, we can see the word computers, not computer. Do you know why?

（教学意图：处处留心皆学问。学生会说出诸如有很多电脑、有很多不同种类的电脑、有许多不同层次的电脑等答案。通过这样的提问，培养学生的问题意识，也促使学生多观察、多疑问、多思考，激活学生内在的知识。学生带着疑问阅读的时候注意力会更加集中，阅读兴趣会更浓。）

教学片段3（预测文本标题）：

T: The title of the text is "Who am I?". Do you know who I am?

T: Why do you know I am...?

T: From the pictures in the text, can you predict what the text is about?

（教学意图：让学生根据本单元的标题、文本的标题、文本中的图片等预测文本的内容。预测正确与否并不十分重要，关键是激起学生的阅读兴趣，并形成阅读期待，从而培养学生的阅读预测策略。）

教学片段4（猜物品）：

5位同学走上讲台，1位同学面向PPT演示文稿，高声朗读产品介绍；4位同学面向全班同学，背对PPT演示文稿，认真聆听，猜猜是什么东西。4位同学看谁反应快，猜出谜底，准确说出答案，如果台上的同学猜不到，也可以向全班同学求助，很有《一站到底》的节目味道。

S1: I am very old now. I was born in China. Many people used me for calculating in the past, but now I am a bit lonely because they don't like me now. Do you know who I am?

S2: Abacus。

（教学意图：这样既训练了朗读又练习了听力，全班同学也可同时听、看、猜，人人有事干。同时，猜测的物品分别是算盘、计算器、电脑、手机等，这些东西在随后的阅读中会出现，这些物品都与文本内容有相关性，降低了阅读的难度。）

Step 3：Reading

教学片段5（Skimming）：

The teacher asks the students to finish reading the text in two minutes. And then answer the questions.

T: Please read the text to find out who the speaker is. Write down or underline three sentences to support your idea.

S: It is a computer.

T: Why do you know that?

S: I was built as an Analytical Machine by Charles Babbage.

"My real father was Alan Turing ..."

I was able to share my knowledge with others through the World Wide Web.

（教学意图：此环节旨在引导学生快速浏览、捕捉、加工、整理信息，着力培养学生的阅读策略，并且学会表达观点要有理有据。）

教学片段6（概括主旨与特性变化）：

T: What's the main idea of this passage?

T: Do you know how to get the main idea of each paragraph?

S: I'm not sure.

T: Find out the topic sentence.

Circle the key words in main sentences.

Find out the common points.

S: I see. I have found the key words of the text: The changes and applications of computers.

S：The development and use of computers.

S：The history of the computers.

T：In how many ways do we say the computer changed? What are they?

Size：

Intelligence：

Speed：

Function：

People's opinion：

（教学意图：提取信息，学会概括、提炼观点，这些都是在一点一滴地培养学生的思维品质。思维品质的培养贯穿于每一堂课之中，在于教师的精心设计与启发引导，在于日积月累。）

Step 4：Underlining

堂上画出长难句、优美语句就是在学习与吸收，学习重要词汇的用法，不断积累语言知识。

教学片段7：

T：Which sentence do you think is difficult to understand? Please underline it in your textbook.

S：The sentence in Line 11 on Page 18 is long and hard. In 1936 my real father, Alan Turing, wrote a book about how I could be made to work as a "universal machine" to solve any difficult mathematical problem.

T：Who can tell us the meaning of this sentence?

S：It means...

T：Can you find out some beautiful sentences and underline them in your text book?

S：As time went by, I was made smaller. I think it is beautiful and I can learn the structure "As time went by, I did...". For example, as time went by, I was more and more interested in learning English.

T：Good. Any other sentences?

S：I have also been put into robots and used to make mobile phones as well as help with medical operations.

S：Anyhow, my goal is to provide humans with a life of high quality.

（教学意图：词不离句、句不离篇，每一篇文章都有学生吸收的语言、文化知识，学生要在语境中学习才能学得更好。每节课积累两三句优美语句，学生在句子中学习与掌握词汇的用法，聚沙成塔，终有所成。）

Step 5：Thinking

读前活动在于激发学生的学习兴趣，激活学生的已有知识，引导学生大胆猜测，形成阅读期待，逐步进入一种积极的阅读状态。

教学片段8：

在文本阅读之后，教师先用PPT演示文稿展示六张文本中出现的物品的图片（即算盘、计算器、大型电脑、个人电脑、手提电脑、掌上电脑，见课本P17），然后师生互动，讨论两个问题，激发学生的求知欲，拓展学生思维。

From the pictures, what will it tell us?

What do they have in common?

老师给出示范：I think that...

In my opinion...

I believe that... +理由

例如：I think they all can calculate something（观点）. They can deal with some math problems（理由）.

S：I believe that they are our good friends in our daily life. We cannot finish our work quickly without them.

S：In my opinion, they are being used widely and conveniently in the world.

（教学意图：引导学生进行观察、比较、分析、概括、归纳，培养学生的逻辑思维能力。从六张图片的排列顺序，学生很容易就能得出the history of the computer或the development of the computer。老师做出语言示范，说出观点并说明理由，引导学生合理地表达自己的观点并用适当的论据支持自己的观点。）

Step 6：Speaking

教学片段9（Role play）：

Suppose you are one member of computer family, and introduce yourself. Let people know more about you and your family.

T：Do you know computer family? Can you tell us who is the oldest?

S：Yes. I know that abacus is the oldest one in computer family.

T: Good. Now, in order to let more people learn about computer family, a group perform the family. One of each group choose one member of the family. Please introduce yourself. Remember, performance, not just retell.

S: OK. Let's prepare for it first.

（教学意图：角色扮演，有语言输出又有即兴表演，学生的参与度会更高，而且小组集体表演，学生会减少胆怯、羞怯感，参与的积极性也会更高。）

Step 7: Summary

What have we learned today?

本环节旨在对本课所学内容进行反思与总结，以使知识条理化，巩固所学的学习策略：一是运用预测、寻读（scanning）、略读（skimming）等阅读策略获取信息、解决问题；二是合理地表达自己的观点并用适当的论据支持自己的观点。

Step 8: Homework

（1）Write a 100-word English composition to introduce your computer and it brings you the convenience.

（2）If you were a computer designer, would you describe computers in the future? What are the functions and features?

Please choose one of them and finish it.

【教学反思】

1. 定准课时目标是上好课的抓手

一堂课不可能把所有阅读微技能都教给学生，只能根据课文的行文特点以一两种微技能为突破口。学生是课堂教学的对象，脱离教学对象的英语课时目标没有任何教学价值；课时目标要使课堂教学有的放矢，使学生知晓努力的方向，使课堂评价有据可依，使课堂教学更具灵活性。最后确定课时目标为：训练学生略读、预测、理解大意等基本技能；培养预测材料内容、通过略读寻找大意、归纳信息等阅读策略。从教学效果来看，多数学生都能迅速地从每段的主题句中找出关键词change与application，从而归纳出the main idea of this passage：The changes and applications of computers. / The development and use of computers. /The history of the computers.较好地实现了课时目标。

2. 调整教材内容是上好课的前提

教师要充分利用教材、组织课堂教学，但不能照本宣科，要灵活取舍。由于学生的英语基础较好，教学的重点放在了策略与语言输出上，教师必须对教材进行合理的增删和调整，以达到拓展学生思维的目的。在Warming Up、Pre-reading中，教材上设计了六个问题，由于时间有限，我们重点放在Warming up中的第一个问题：In pairs discuss what they have in common。培养学生的观察、分析与归纳的能力，拓展学生思维。Comprehending部分有三个练习，分别从事实层面、分析层面和拓展层面考查学生对文章的理解和运用情况，我们重点放在了第一、二个练习，寻找事实，分析问题，找论据支持观点。

在教材词汇表中，本课时涉及的词汇有47个，词汇较多，而且有比较多的专业术语，对学生来说难度很大。但文本的体裁与行文特点非常适合培养学生的阅读策略，提高阅读技能，因此老师在课堂上不会花太多的时间讲解词汇。

3. 设计教学活动是上好课的保证

设计阅读课的活动时要注意三个方面：理解性问题的设计要有层次性；活动的设计要与话题相关；要确保学生阅读后有一定的语言输出量。精巧的学生活动设计在于：每一个活动都与随后的教学内容相联系，是随后内容的铺垫与台阶；后一项活动也与前面的内容相关联，是前面内容的延续。例如，在Guessing game活动中，四位同学面向全班同学，听一位同学高声朗读产品介绍，猜猜是什么东西。这样既训练了朗读，又练习了听力，全班同学也可同时听、看、猜，人人有事干。同时，猜测的物品分别是算盘、计算器、电脑、手机等，这些东西在随后的阅读中又会出现；从这些物品的先后出现可以看出the development of computers，这也是Reading中的主旨大意。这个Guessing game活动的设计能够前后关联，很有价值。

［注：文中课例的部分内容选自笔者的《探讨高中英语集体备课的关注点——以一节人教版M2 Unit 3的阅读课的备课为例》一文，刊于《中小学英语教学与研究》］

附：教材文本

选自人教版普通高中课程标准试验教科书英语2·必修 Unit 3 Computers 中的 Using language，Reading：Who am I? 部分。

Who am I?

Over time I have been changed quite a lot. I began as a calculating machine in France in 1642. Although I was young I could simplify difficult sums. I developed very slowly and it took nearly two hundred years before I was built as an analytical machine by Charles Babbage. After I was programmed by an operator who used cards with holes, I could "think" logically and produce an answer quicker than any person. At that time it was considered a technological revolution and the start of my "artificial intelligence". In 1936 my real father Alan Turing, wrote a book about how I could be made to work as a "universal machine" to solve any difficult mathematical problem. From then on, I grew rapidly both in size and in brainpower. By the 1940s I had grown as large as a room, and I wondered if I would grow any larger. However, this reality also worried my designers. As time went by, I was made smaller. First as a PC (personal computer) and then as a laptop. I have been used in offices and homes since the 1970s.

These changes only became possible as my memory improved. First it was stored in tubes, then on transistors and later on very small chips. As a result I totally changed my shape. As I have grown older I have also grown smaller. Over time my memory has developed so much that, like an elephant, I never forget anything I have been told! And my memory became so large that even I couldn't believe it! But I was always so lonely standing there by myself, until in the early 1960s they gave me a family connected by a network. I was able to share my knowledge with others through the World Wide Web.

Since the 1970s many new applications have been found for me. I have become very important in communication, finance and have also been put into robots and used to make mobile phones as well as help with medical operations. I have even been put into space rockets and sent to explore the Moon and Mars! Anyhow, my goal is to provide humans with a life of high quality. I am now truly filled with happiness that I am a devoted friend and helper of the human race!

课例10：Showing our feelings

【文本分析】

本课例的阅读材料选自人教版普通高中课程标准试验教科书英语4·必修Unit 4 Body language中的Using language，Reading：Showing our feelings部分。本文的语篇类型属于说明文，课文以Showing our feelings为标题，突出了"身势语"在日常交流中的重要性。全文共七个段落，可划分为三个部分，分别从提出观点（Body language is very important）、举例子说明、总结进行论述。文中的词汇围绕"身势语"话题的相关性呈现，文中含有较多动词-ing形式作状语的句子，表述直白易懂。

教学时长：1课时（40分钟）

【学情分析】

授课对象是广东省广州市某区高一年级学生，文科班，56人，属于借班异地授课。学生的英语基础比较扎实，学习英语的兴趣和积极性较高，但部分学生对阅读只停留在表面，只是读后做一些练习，少有机会深层理解文本结构与内容。另外，文科班的同学大多性格内敛，对用英语口头表达个人观点自信心不足。大部分学生英语学习热情高，但阅读技巧欠缺，没有阅读标题与深入思考的习惯，较少关注与分析文本观点和理据，极少评价作者的观点。学生在讨论与表述环节会遇到困难，观察欠细致，表述不够准确。

【教学目标】

经过本节课的学习，学生能够：

1. 根据语篇中标题与插图猜测文体与内容。
2. 通过确定中心句、关键词概括文本主旨。
3. 解释常用身势语的内涵。
4. 描述与身势语有关的图片，描述图片的内容。

【教学方法】

1. 观察法。教师引导学生观察图片，学会判断，并用英语准确表述其含义。
2. 分析法。同一动作在不同的情景中表达不同的含义。

3. 解释法。学生评判不同身势语的含义，可以从课文中找到如此评判的解释，有理有据。

【教学重难点】

学生概括文章主旨；运用恰当的词汇表达看法。

【教学过程】

Step 1：Leading-in

Watch a 2-minute TED speech video and answer the following questions：

（1）What is the speech talking about?

（2）What does the speaker think of body language?

（3）What's your idea about body language?

教学片段1：

T：What is the speech talking about?

S：Body language.

T：Good. What does the speaker think of body language?

S：It can help people a lot.

T：Good idea. What's your idea about body language? Or in other words, what's body language?

S：We learned that two days ago. Body language is a type of non-verbal communication, including facial expressions, body posture, gestures, eye movement, touch and the use of space.

S：Body language may be different in different cultures.

T：Well done.

（教学意图：利用短视频吸引学生的注意力，激发学生的学习兴趣；同时，也引出本节课的话题。）

Step 2：Guessing

教师用PPT演示文稿向学生出示阅读文章的标题：Showing our feelings，让学生猜测文章的体裁、内容；展示课本第30页中的三幅图片（面露微笑，不同肤色），辅助学生进行文章内容的猜测。

教学片段2：

T：From the title, can you tell me its genre, narration, exposition or argumentation?

S1: Exposition, I think.

T: From the title, can you guess what it will tell us?

S2: Body language is very important.

S3: It will tell us what body languages is.

S4: It will tell us how to show feelings by body language.

T: Excellent. From the pictures, can you tell us something?

S5: Smiling.

S6: Smiling is a good kind of body language.

...

（教学意图：教师引导学生通过标题的文字以及插图预测文章的体裁，并从体裁所包含的语篇特征预测文章的内容；同时，也为下一步概括段落主旨的教学做铺垫。）

Step 3: Summarizing

The teacher asks the students to read the passage in three minutes and shows the question as follows：

（1）What is the main idea of the text?

（2）How many parts can we divide the passage into?

（3）What is the main idea of each paragraph?

教学片段3：

T: What is the main idea of the text?

T: Do you also remember the way to get the main idea of each paragraph?

S: Find out the topic sentence.

T: Good. The way is as follows. ① Find out the topic sentence（first or last sentence）. ② Circle the key words in main sentences. ③ Find out the common points.

...

T: Please fill in the blanks.

Reading: Show our feelings

Main idea(Para 1): _____

Points: 1. (Para 2) Showing _____

2. (Para 3) Showing _____

3. (Para 4) Showing _____

4. (Para 5) Showing _____

5. (Para 6) Showing _____

Inclusion: _____

（教学意图：训练学生快速寻找段落中心、理解文章大意的能力；通过示范让学生获得正确概括大意的思路和策略；通过回答问题训练学生的归纳能力，为进一步学习和理解文章打好基础。）

Step 4：Getting details & underlining

The teacher uses PPT to show the following questions.

（1）What's the most universal facial expression in the world?

（2）Why may a person smile if he loses faces?

（3）What are some body languages' functions?

　　Frowning or turning one's back to someone shows _____.

　　Making a fist and shaking it almost means someone is _____.

　　Nodding the head up and down shows _____.

　　Shaking the head from side to side means _____ or _____.

　　Looking away from people or yawning means that someone appears to be _____.

　　It's not a good idea to give a hug to _____.

　　It's not good to stand too close to _____.

教学片段4：

T：What's the most universal facial expression in the world?

S：Smile. From the text we know that smile can shorten the distance between people.

T：Very good. As a saying goes：A smile is a powerful weapon； you can even break ice with it.

T: Why may a person smile if he loses faces?

S: To hide his embarrassment. Reading the text we learn that smile does not always mean we are truly happy.

T: I think so. What are some body languages' functions? Can you give us some examples?

S: Frowning or turning one's back to someone shows anger.

...

［教学意图：学生跳读查找了解常用身势语的内涵（身势语→含义；含义→身势语），实现有效沟通。这也为下一步的讨论与表达看法做铺垫。］

Step 5：Thinking & Discussing

The teacher shows some questions and asks the students to discuss them in the group and answer them in the class.

（1）How can you know others' feelings, even if they do not speak to us?

（2）Why should we be careful of our own body language?

（3）Why is it important to watch others as well as listen to them?

教学片段5：

T: You did a heated discussion just now. How can you know others' feelings, even if they do not speak to us?

S: We can watch the expressions on people's faces; we can see whether they face us or look away; we can observe how they hold their arms and hands; we can see whether they are close to or far away from others.

T: Well done (applaud). Why should we be careful of our own body language?

S: We should be careful of our own body language, as we must be sure not to be impolite in other cultures, and we need to communicate without being misunderstood.

T: Why is it important to watch others as well as listen to them?

S: We need to watch other people because they may be communicating one idea in words and a different one in body language.

（教学意图：学习课文之后，对于文中所含信息，学生快速捕捉后，还有一个理解、内化、运用的过程，通过个人思考与小组讨论、分享，学生就会形成自己的观点或看法，这才是最难能可贵的。教师要精心设计问题，引导学生思考并形成看法。）

Step 6：Speaking

Activity 1：Matching. The teacher shows some pictures in the blackboard and some words, such as surprise, anger, fear and so on. Give the students one minute and match them.

Activity 2：The teacher shows four pictures on the PPT. And then asks the students to describe each picture. The students should tell their ideas and use what they learned from the text to support their ideas.

Activity 3：Compare two pictures and tell us the different feelings. Please give us your reasons.

Activity 4：Describe the pictures in as much detail as possible and tell us what feeling it shows.

（教学意图：活动1，辨认表情；活动2，描述身势语的含义，并从所学的课文中得到理据，学有所用；活动3，对比身势语，同样的肢体动作可能表达出不同的含义，尤其是不同身份的人之间；活动4，用英语描述图片。教师要创造一切机会，让学生尽可能多地表达想法、运用语言。在这几项课堂活动中，学生运用所学的body language 的知识认真观察图片，描述图片所蕴含的身势语以及这些身势语表达的情感，学以致用。）

Step 7：Summary

What have we learned today?

本环节旨在对本课所学内容进行反思与总结，巩固所学的学习策略：一是预测策略，根据语篇中标题与插图猜测文体与内容；二是概括策略，通过确定中心句、关键词概括文本主旨；三是表达策略，即细心观察，思考用词，连词成句，大胆说出来。

Step 8：Homework

If your good friend were sad because of not passing the exam. As his or her friend, how would you comfort him or her? Please write a 100-word composition to describe your body language and his or her reaction.

【教学反思】

1. 教学目标设置贴近学生，加大阅读微技能训练，为学生创造更多说的机会

由于大部分学生都愿意开口说英语，他们学习英语的兴趣较大，但缺少科学的指导与训练，抓主旨、概括的能力有待进一步提高。因此，笔者确定本节课的教学目标为：猜测问题与内容、概括文章主旨、解释常用身势语的内涵、语言描述身势语。从上课的效果来看，学生在老师的引导下，认真阅读，找出关键词、中心句，大胆猜测，概括主旨，了解常用身势语的内涵，一步步走来，顺利地完成了预先设定的教学任务。在整个教学过程中，师生展开互动交流，学生在思考与回答问题中，大大增加了说英语的机会。同时，学生也学会了充分利用课本内容，结合问题，回答时有思考、有观点、有理据，论述的逻辑性也增强了。

2. 教授方法，步步示范，学生在课堂上尝试方法，培养策略

在课堂上，教师重要的任务是教授学生方法，学生唯有掌握了学习的方法，才真正具备了打开知识宝库的"金钥匙"，而要教授学生基本的学习方法，教师在课堂上亲身示范是必不可少的，好的示范可以让学生的学习少走弯路，事半功倍。在guessing（标题预测）、summarizing（概括主旨）、speaking（运用课文中的主要信息与观点表达情感）等环节，由于老师先进行了教学示范，学生的表现较好，基本达到教学要求。可是在最后的环节，综合性要求较高，老师仅是给出要求：Describe the body language，但并没有给出较为详尽的教学示范，结果学生的回答不甚理想。可见，在课堂上学习的初始阶段，学生以模仿学习为主，教师要给出清晰、明确的指令并做好示范，学生会更容易"上道"，学有所得。另外，教师要注意培养学生良好的学习习惯，甚至是一些方法与策略，也要长期坚持，形成习惯。教师不可能每一节课都示范，这样做既不可取也没必要，学生要学习、练习、内化，形成自己的策略与习惯，学生不能太过于依赖老师的示范而没有自己的思考。

3. 资源应该得到更充分的利用

课堂上，老师用PPT演示文稿展示出12幅图片，表现各种情感，色彩鲜艳，内容丰富，可是，图片大多一闪而过，没有引起学生太多的思考，换句话说，良好、丰富的教学资源没有得到合理、充分的利用，有资源浪费之嫌。教师可采用分组选择、集中展示的办法，这样课堂资源就可以得到充分利用。同时，也提醒老师，课堂上的图片、PPT演示文稿等，甚至多媒体的使用要合理，不在多，而在精，要充分发掘所用资源的利用价值，多角度、多层次提问，促使学生深入思考，运用语言，解决问题。

附：教材文本

选自人教版普通高中课程标准试验教科书英语4·必修Unit 4 Body language中的Using language，Reading: Showing our feelings部分。

Showing our feelings

Body language is one of the most powerful means of communication, often even more powerful than spoken language. People around the world show all kinds of feelings, wishes and attitudes that they might never speak aloud. It is possible to "read" others around us, even if they do not intend for us to catch their unspoken communication. Of course, body language can be misread, but many gestures and actions are universal.

The most universal facial expression is, of course, the smile—its function is to show happiness and put people at ease. It does not always mean that we are truly happy, however. Smiles around the world can be false, hiding other feelings like anger, fear or worry. There are unhappy smiles, such as when someone "loses face" and smiles to hide it. However, the general purpose of smiling is to show good feelings.

From the time we are babies, we show unhappiness or anger by frowning. In most places around the world, frowning and turning one's back to someone shows anger. Making a fist and shaking it almost always means that someone is angry and threatening another person.

There are many ways around the world to show agreement, but nodding the head up and down is used for agreement almost worldwide. Most people also understand that shaking the head from side to side means disagreement or refusal.

How about showing that I am bored? Looking away from people or yawning will, in most cases, make me appear to be uninterested. However, if I turn toward and look at someone or something, people from almost every culture will think that I am interested. If I roll my eyes and turn my head away, I most likely do not believe what I am hearing or do not like it.

Being respectful to people is subjective , based on each culture, but in general it is probably not a good idea to give a hug to a boss or teacher. In almost every culture, it is not usually good to stand too close to someone of a higher rank. Standing at a little distance with open hands will show that I am not to listen.

With so many culture differences between people, it is great to have some similarities in body language. We can often be wrong about each other, so it is an amazing thing that we understand each other as well as we do!

课例11：A student of African wildlife

【文本分析】

本课例的阅读材料选自人教版普通高中课程标准试验教科书英语4·必修Unit 1 Women of achievement中的Reading：A student of African wildlife。本部分以《非洲野生动物研究者》为题，描写了简·古道尔与她的同事们在非洲原始森林观察非洲黑猩猩的一个片段，并阐释她从事这项工作的重要性以及她所取得的成就。尽管他们在野外的考察工作又脏又累，但他们觉得这样做是值得的。有一些重要的发现是在学校的实验室里不可能获得的，这正是简·古道尔到非洲原始森林来的原因。她通过多年的研究，了解了黑猩猩的生活习性。她强烈呼吁让动物回归自然，反对用动物做实验、做广告或从事娱乐活动。她力图唤起人类理解动物、尊重动物和保护动物的意识，而她所取得的成就无疑是对广大有进取心的妇女的莫大鞭策和鼓舞。课堂教学分别从猜测、概括、讨论、学习重点语句、读说等入手，提高学生的信息获取能力与语言表达能力。

教学时长：1课时（40分钟）

【学情分析】

授课对象是广东省广州市某区高一年级学生。该班是文科普通班，50人，借班开展异地教学。学生能够意识到学习英语的重要性，课堂学习安静而有序，多数学生能够认真听讲，能按照老师的要求完成基础性的练习与作业。学生的学习习惯有待改善，词汇量不够，学习英语的信心不足。学生的英语基础较薄弱，读与说的技能有待提高；学生的整体阅读的意识欠缺，过多关注文章的细枝末节；学生运用英语表达自己的观点的机会较少。

【教学目标】

经过本节课的学习，学生能够：

1. 根据标题、插图预测文章的体裁与内容。

2. 初步掌握方法，概括段落的主旨。

3. 思考与做笔记，表达自己的观点。

【教学方法】

1. 运用情景法。从标题、插图入手，让学生开展预测活动，借此培养学生预测的技能。

2. 运用演绎法。从示范、方法指导入手，让学生概括文章主旨大意。

3. 采用讨论法。学生之间开展交流分享等合作活动，学习与运用所学知识与技能。

【教学重难点】

学生能概括文章主旨；表达观点有理有据。

【教学过程】

Step 1：Guessing

首先，教师在课堂上用PPT演示文稿展示文章的标题，提出如下三个问题，引领学生展开猜想，进入情境。

（1）What does the title "A Student of African wildlife" mean?

（2）From the title, do you know the genre（文章体裁）of the text?

（3）What will the text tell us?

接着，教师又展出两张图片（分别为简·古道尔做报告、与猩猩亲吻），让学生在先前猜测的基础上继续猜测。

教学片段1：

T：What does the title "A Student of African wildlife" mean?

S1：A student and African wildlife.

T：Is the meaning of the word "student" in the title the same as that in "A student of Middle School"?

S1: I'm not sure.

S2: I don't think so. From the two pictures, I guess the text is about the woman in the picture and the title of the passage is "A Student of African wildlife". I think the "student" is the woman. So, I believe that the word student in the title means researcher, not learner.

T: Wonderful. I agree with you.

（教学意图：猜测一定要合情合理，说出的猜想要有理有据，即根据一定的条件去猜测。一开始仅有标题，学生之间的猜测相差甚远，可是，在教师提供了两张图片之后，学生就大体都可以猜到了。教师先设置悬念，再添加新的信息点，学生猜测的兴趣就会愈加浓厚，有利于思维品质的培养。）

教学片段2：

T: From the title, who can get some information?

S: A researcher does a research about chimps in Africa.

T: Very good. Anything else? Please look at the picture and tell us more.

S: A woman researcher does a research about chimps in Africa.

T: Good. Go on.

S: A successful woman researcher does a research about chimps in Africa.

T: Well done. Maybe you can use another word take the place of the word successful.

S: A great woman researcher does a research about chimps in Africa.

T: Excellent. I can tell you that the woman in the picture is named Jane Goodall.

S: A great woman researcher, called Jane Goodall, does a research about chimps in Africa.

（教学意图：说的技能的培养需要老师搭建平台，使学生有机会说，而且有话可说，尽量避免无话可说，或者不知道要说些什么。在上述对话中，学生以一句话为基础不断添加新的信息，句子也可以越说越长。学生既要能观察，获取更多的信息，又要能把信息添加到句子中合适的位置，使表达极具丰富性。）

Step 2: Reading

The teacher asks the students to read the passage in five minutes and shows the question as follows:

(1) What is the main idea of each paragraph?

(2) Can you tell us the summary of the text?

教学片段3:

T: What is the main idea of each paragraph?

T: Do you still remember the way to get the main idea of each paragraph?

S: I only remember to find out the topic sentence.

T: Not bad. Let me tell you again. The way is as follows.

① Find out the topic sentence (first or last sentence).

② Circle the key words in main sentences.

③ Find out the common points.

T: Let's look at the first paragraph and I'll give you an example.

T: Please find out the information and then fill in the blanks.

S: The answer is *watch*, *wander* and *see*.

T: Good. So, the word watch or observe is common point. In other words, the main idea of the first paragraph is watching chimps a whole day in the park.

Para 1

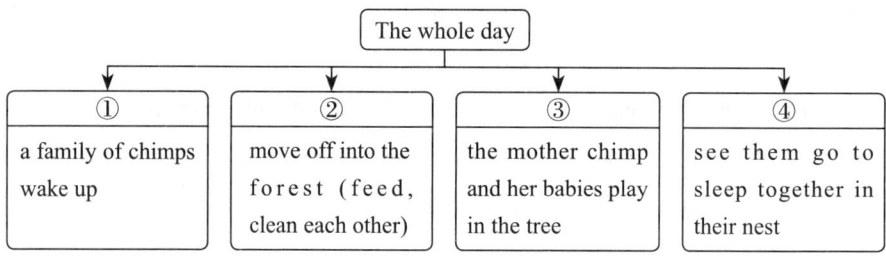

图5.2 The whole day

(教学意图:教师先给出概括的一般方法,然后亲身示范,以第一段为例,按照方法一步一步地做,最后概括出第一段的主旨大意;接着,学生按照方法,对第二、三、四段进行概括。由于有方法指引,学生很快能找到关键词,概括得又快又准。)

教学片段4:

T: Can you use one word to summarize the first paragraph?

S: Watching.

T: Good. Anymore?

S: Observing.

T: One word for summarizing the second paragraph?

S: Studying.

S: Respecting for summarizing the third paragraph.

S: Achievement for the last paragraph.

T: Can you tell us the summary of the text?

S: By observing and recording the daily activities of the chimps for many years in Africa, Jane helped the world understand and respect the life of these animals. We all think that Jane is a woman who has made great achievements and set an example to us all.

（教学意图：教师指导学生用一个词来概括段落主旨，由于学生真正理解了段落的大意，拓展思维，大胆想象，很快就能找到合适的词汇；同时，学生也温故了以前学过的同一意思不同表达的词汇，这样，整个过程学生都兴趣盎然，课堂气氛也很活跃。）

Step 3: Underlining

The teacher asks the students to get some sentences they feel hard to understand or some beautiful sentences, and then underline them.

教学片段5：

T: Which sentence is hard for you to understand? Please underline it in your textbook.

S: The sentence in Line 6 on Page 2 is hard for me. This means going back to the place where we left the family sleeping in a tree the night before.

T: Who can tell us the meaning of this sentence?

S: It means...

T: Pay more attention to the phrases and expressions, such as mean doing, leave...doing and so on.

T: Can you find out some beautiful sentences and underline them in your text book?

S: The sentence in Line 14 on Page 2 is so good that I underline it. *We realize* that the bond between members of a chimp family is as strong as in a human family. I think it is very useful and I can learn the structure "*We realize that...; as strong as*". For example, I realize that I should spare no efforts to read and write, if I want to learn English well.

T: Good. Anything else?

S: <u>Only</u> after her mother came to help her for the first few months <u>was she allowed to</u> begin her project.

S: She <u>inspires</u> those who want to cheer the achievements of women.

（教学意图：每读一篇文章就是在吸收新知，无论是文章中的长难句，还是优美语句，都值得我们去学习与积累。在课堂上，在教师的引导下，学生才会认真地分析长难句，准确地理解句意，熟知结构。优美语句也是如此。）

Step 4: Thinking

教学片段6：

In pairs discuss the following questions. Make notes of your ideas and report to your class.

（1）Why do you think Jane is called a student of African wildlife?

（2）What did Jane have to give up when she went to live in the forest?

（3）Do you think it is important to study chimps in the wild rather than in a zoo? Give reasons.

（教学意图：这一环节主要是给学生小组内讨论与分享的机会，学生在了解了文章主要内容的基础上，组织语言表达看法，大胆开口，这也是一个小小的尝试机会，而且问题也不难回答，使大家都有话可说。）

Step 5: Speaking

Activity 1: Retell Jane Goodall's story in your own words.

Activity 2: Discuss in a group—①What made her a great success? ②What should we learn from Jane Goodall? Discuss with your partners and be prepared to tell the class.

Activity 3: Suppose you were Jane Goodall in an international conference. Many reporters are very curious about what you have done and ask you many questions.

（教学意图：学生的语言输出活动通常需要充分的输入准备。本环节安排了三项活动。①复述文章的主要内容：考查学生捕捉关键词的能力，以及根据一定的顺序与逻辑组织语言复述主要内容的能力；②小组讨论：促使学生思考从Jane Goodall身上可以看到哪些关键因素或个人品质使她走向成功，以此激发学生开动脑筋，进而培养学生的创新思维意识；③答记者问：回答班上所有同学的提问，以此锻炼学生的快速反应与应答能力，并注意语言的得体性。）

Step 6：Summary

本环节旨在对本课所学内容进行反思与总结，以使知识条理化，巩固所学的学习策略：一是预测与概括策略，即确定中心句、关键词，预测内容与概括文本主旨；二是读后即说策略，即抓住关键信息，组织语言，有序表达。

Step 7：Homework

（1）Read and memorize the new words and expressions of Unit 1.

（2）What can you learn from Jane Goodall? Please write a 100-word composition.

【教学反思】

1. 注重方法，教师示范，培养预测与概括能力

预测与概括能力非常重要，是学生应该掌握的必备能力，它直接影响着学生的听、说、读、写能力的提升。课堂上，教师要充分利用语言材料，有意识地训练学生，直到学生真正掌握与应用。教师也要注意如下三点：

一是把方法教给学生。教师要进行课堂示范，碰到典型的篇章，就要结合方法训练学生，切忌教授一遍之后就以为学生已知晓，不再提起。其实，要真正掌握一种技能是需要时间与训练的。

二是整体阅读，把握文章的主体结构。不同的文体，其文章结构有共通之处，教师要引导学生去发现这种规律，从整体上把握文章。

三是正确理解文中的长难句与优美语句。学习句子隐含的结构、句型，为大胆表达观点积累语言材料。

2. 句子拓展，学习运用已有知识

以一个句子为母句，后面的同学在已有句子的基础上进行添加，使句子无限变长。这项活动使学生更加关注句子的结构，会运用介词短语、复合结构、从句、同位语等语法知识，在实际运用中掌握知识。

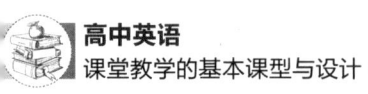

3. 搭建平台，使学生想说、可说、会说

课堂上，在"说"的环节，教师要从台前走向幕后，要保证学生"说"的时间，要设计有利于"说"的活动。在前几个环节，教师要加大输入，要做好铺垫，学生才有可能想说、可说、会说。

附：教材文本

人教版普通高中课程标准试验教科书英语4·必修Unit 1 Women of achievement中的Reading：A student of African wildlife。

A student of African wildlife

It is 5:45 a.m. and the sun is just rising over Gombe National Park in East Africa. Following Jane's way of studying chimps, our group are all going to visit them in the forest. Jane has studied these families of chimps for many years and people understand how much they behave like humans. Watching a family of chimps wake up is our first activity of the day. This means going back to the place where we left the family sleeping in a tree the night before. Everybody sits and waits in the shade of the trees while the family begins to wake up and move off. Then we follow as they wander into the forest. Most of the time, chimps either feed or clean each other as a way of showing love in their family. Jane warns us that our group is going to be very tired and dirty by the afternoon and she is right. However, the evening makes it all worthwhile. We watch the mother chimp and her babies play in the tree. Then we see them go to sleep together in their nest for the night. We realize that the bond between members of a chimp family is as strong as in a human family.

Nobody before Jane fully understood chimp behaviour. She spent years observing and recording their daily activities. Since her childhood she had wanted to work with animals in their own environment. However, this was not easy. When she first arrived in Gombe in 1960, it was unusual for a woman to live in the forest. Only after her mother came to help her for the first few months was she allowed to begin her project. Her work changed the way people think about chimps. For example, one important thing she discovered was that chimps hunt and eat meat. Until then everyone had thought chimps ate only fruit and nuts. She actually observed chimps as a group hunting a monkey and then eating it. She also discovered how chimps communicate with each other, and her study of their body language helped her work out their social system.

For forty years Jane Goodall has been outspoken about making the rest of the world understand and respect the life of these animals. She has argued that wild animals should be left in the wild and not used for entertainment or advertisements. She has helped to set up special places where they can live safely. She is leading a busy life but she says:

"Once I stop, it all comes crowding in and I remember the chimps in laboratories. It's terrible. It affects me when I watch the wild chimps. I say to myself, 'Aren't they lucky?' And then I think about small chimps in cages though they have done nothing wrong. Once you have seen that you can never forget…"

She has achieved everything she wanted to do: working with animals in their own environment, gaining a doctor's degree and showing that women can live in the forest as men can. She inspires those who want to cheer the achievements of women.

课例12：A biography of Isaac Asimov

【文本分析】

本课例的阅读材料选自人教版普通高中课程标准试验教科书英语7·选修中的Unit2 Robots, Reading, discussing and writing：A biography of Isaac Asimov部分。本文的语篇类型属于记叙文，课文介绍了科幻小说作者——阿西莫夫。这篇人物传记使学生进一步了解阿西莫夫的生平以及科幻小说、机器人等。阿西莫夫对机器人的看法深深地影响着以后的作家，甚至科学家对人工智能的研究。

教学时长：1课时（40分钟）

【学情分析】

授课对象是广东省广州市某区高二年级学生。该班是文科普通班，学生的英语基础一般，但思维活跃，敢想敢说。学生习惯于逐字逐句地阅读，缺乏整体阅读的意识与方法；能够读懂文章，但要求概括文章主旨大意时往往无所适从，缺乏概括的方法与适度的训练；平时较少客观评价人物，找不到合适的词语，不知如何寻找理据。

【教学目标】

经过本节课的学习，学生能够：

1. 根据文章标题与插图，猜测文体与内容。

2. 通过确定中心句、关键词概括文本主旨。

3. 评价人物，并能从文中找出支撑的依据。

4. 学习成功人物的优秀品质。

【教学方法】

1. 采用情景法。学生在教师的帮助下从标题与插图入手，开展预测活动，预测文章内容，由此培养预测的能力。

2. 通过推断法。学生从文中找出依据，正确评价人物。

3. 通过课堂体验活动，学习与运用所学知识与技能。

【教学重难点】

概括文章主旨；恰当评价人物并言之有据。

【教学过程】

Step 1：Leading-in

The teacher shows two pictures (the left one is a poster of the film *I, Robot*; the right one is the portrait of Isaac Asimov) and asks the students to observe them and tell something about the pictures.

教学片段1：

T：Do you know the person in the picture on the right?

S：Sorry, I know little about him.

T：He is Isaac Asimov, a writer and scientist. What is the picture on the left?

S：Perhaps it is a poster. Oh I think it is a film poster. *I, Robot* is the name of a science fiction, and it is also the name of a film.

T：Good. Can you describe these two pictures with a sentence?

T：Let me try. The movie, *I, Robot* is adapted from the same name science fiction, which is written by Isaac Asimov.

（教学意图：让学生观察一张海报与一幅人的肖像，然后用一句话说出这两幅图的关联,由此引出本节课。主要是激发学生的学习兴趣,并且鼓励学生要多观察、细观察、多想多说,为本节课定下基调。)

Step 2: Guessing

The teacher uses PPT to show the title of the text and asks the students to get the information from the title.

教学片段2:

T: What does the word biography mean in English?

S: It means something about a person.

T: Good. Can you say it exactly?

S: It means the story of a great or successful person's life written by somebody else.

T: Wonderful. From the title, what can you learn about the passage?

S: Birth and death.

S: Study and work.

S: Job.

S: Experience.

S: Achievements.

...

[教学意图:通过文章的标题与插图,学生猜测文章的内容。学生对biography(自传)一词的正确理解,更能帮助他们准确预测文章的大致内容,同时,为下一环节的阅读、获取具体信息做好铺垫。]

Step 3: Reading

The teacher asks the students to read the passage, get the details and fill in the blanks.(表5.8)

表5.8 Information

Name	Isaac Asimov		
Nationality	1		
Occupation	2		
Birth & Death	Born in ___3___	, on 2 January,	___4___
	Ended in ___5___	, on 6 April,	___6___

续表

Name	Isaac Asimov		
Education	Gained a ____7____ degree in chemistry in 1941. Got his ____8____ in chemistry in 1948.		
Work experience	At the age of 9, started working ____9____ in the store. From 1942 to 1945, as a ____10____ in Navy Yard. In 1949, he became a ____11____ in Boston. In 1958, he became a ____12____.		
Writing career	At the age of 11, found his ____13____ and took himself seriously as a ____14____.		
Awards	Science ____15____ books & ____16____ books.		
Famous works	____17____ (1951—1953) & *I Robot* (1950), in which he developed a set of three ____18____ for robots.		
Marriage	Married ____19____ and had ____20____.		

教学片段3：

T：After reading the text and filling the blanks, can you give us a summary?

S：The passage gives us a brief introduction to a famous American science fiction writer Isaac Asimov, including his birth and death, his education and work experience, his writing career, the awards he received, his famous works and marriage.

T：Good. It's a 30-word summary.

［教学意图：本环节的目的在于引导学生在关键词的提示下，锁定段落，快速查找关键信息，借此训练学生的跳读（skimming）能力；同时，指导学生利用此表格，把握关键词，准确概括文章的主旨大意。］

Step 4：Underlining

The teacher asks the students to underline some sentences they feel hard to understand and some beautiful sentences.

教学片段4：

T：Which sentence is hard for you to understand? Please underline it in your textbook.

S：The sentence in Line 4 on Page 16 is hard for me. Asimov had both an extraordinary imagination that gave him the ability to explore future worlds and an amazing mind with which he searched for explanations of everything, in the present and the past.

T: Do you know the meaning of this sentence?

S: It means...

T: Pay more attention to the phrases and expressions, such as both... and, search for, explore future worlds, give him the ability to do and so on.

T: Can you find out some beautiful sentences and underline them in your text book?

S: The sentence in Line 1 on Page 16 is so good that I underline it and learn it by heart. Isaac Asimov was an American scientist and writer who wrote around 480 books that included mystery stories, science and history books.

S: In 1958, he gave up teaching to become a full-time writer.

S: It was when Asimov was eleven years old that his talent for writing became obvious.

S: These books are famous because Asimov invented a theoretical framework which was designed to show how ideas and thinking may develop in the future.

（教学意图：通过长难句，学生不但可以学习句子的结构、重要的句型、词组或短语，更能从中获得征服英语的自豪感，有利于学生获得自信心。学习优美句子，学生可以不断积累语法、词汇的用法，在语境中学习词汇，而且这些句子学生都可以学习、模仿、积累，将其变成自己语言学习的财富。）

Step 5: Thinking

In your group, read Asimov's laws and then carry out the following tasks.

（1）Which set of laws do you think is better? Give reasons.

（2）What might happen in a world where there were robots if Asimov's three laws did not exist?

Asimov's laws for robots

First Law: A robot must not injure human beings or allow them to be injured.

Second Law: A robot must obey the orders given to it by human beings (as long as human beings are not injured).

Third Law: A robot must protect its own existence (as long as the robot does not injured and as long as the robot does not disobey human beings）.

（教学意图：这一环节包括个人思考与小组讨论。个人对Asimov提出的机器人三条法则有自己的看法，在小组内分享，通过小组的力量锻炼学生的思考能力，也提供机会让每位成员在小组内大胆开口说英语，这也为下一环节在全班内说出你对人物的评价和一分钟演讲做好铺垫。）

Step 6：Speaking

Activity 1：Group acting. Introduce Isaac Asimov in your own words. The more, the better.

Activity 2：Evaluating. e.g. He was _____ . From the passage we know that
_____.

Activity 3：One-minute speech. Suppose you were Isaac Asimov and you would give the students a one-minute speech. The speech contains as follows：

① Introduction yourself.

② Tell an impressive short story in your life.

③ Put forward your opinion.

④ Give the students some advice.

（教学意图：学生的语言输出活动需要教师的精心设计与充分的输入准备。本环节安排了三项活动。①小组内轮流介绍科学家的生平：考查学生对文章的理解，并根据表格呈现的内容要点进行复述。学生既需要大胆表达，又要善于聆听，及时添补内容；②对人物进行恰当评价：促使学生思考学过的能展示人物品质的形容词，以此激发学生开动脑筋，发现问题并尝试解决，进而培养学生的创新思维意识；③一分钟演讲：让学生应用所学知识在类似的交际情境中完成口头交际任务。借助三项活动，学生锻炼了说的能力，实现了从语言输入到语言输出的转化。）

Step 7：Summary

本环节旨在对本课所学内容进行反思与总结，巩固所学的学习策略：一是概括主旨，需要读懂标题，紧扣关键词，顺理成文，力求简洁；二是评价人物，需要把握特征，寻求词汇，连词成句，找到依据。

Step 8：Homework

（1）After class, please make a mind map about the biography of Isaac

Asimov.

（2）What can you learn from Isaac Asimov? Please write a 120-word composition.

【教学反思】

1. 教学环节环环相扣，学生方可渐入佳境

知识间充满联系，课堂中的每一个教学环节都可引发学生学习，同时也为下一环节的任务做准备。"功夫在课外"，教师要精心备课、深入思考，把握各教学环节的联系，因为成功的课堂教学需要教学环节环环相扣。例如，在猜测环节，学生从标题biography的含义就知道人的传记一定会提到出生、职业、教育、经历、婚姻等信息；接着，在找细节、填表格环节，学生会发现表格的左侧会出现出生、职业等信息；最后，在学生概括整篇文章的主旨大意时，这些信息可以直接用。所以说，教师设计的每一个教学环节都有其用意与作用，都在为下一个环节的顺利完成做铺垫。

2. 课堂加大语言输入，也需要长期坚持

学生能说得出、写得出，首先头脑中要有词汇与句子，这就要靠输入、靠积累，而积累得多的前提是输入得多。课堂是语言输入的主要渠道，教师要引导学生画出长难句与优美语句，积累例句，加大语言输入。当然，积累的过程是一个漫长的过程，需要师生长期坚持。

3. "说"的内容是有层次的，"说"的活动也是可设计的

"说"的内容是有层次的，是从简单到复杂，思维层次也是从低阶向高阶发展的，这些都与教师的活动设计密切相关。例如，在本课中，在"说"的环节设置了三项活动。活动1：介绍人物——把阅读中获得的有关人物的信息列举出来即可，要求不高，会朗读就会说，当然，也可以用自己的话来说；活动2：评价人物——需要概括人物的特点，还要在文中找出依据。活动3：人物给读者的启示——个人感悟，影响一生。因此，"说"不断深入。

附：教材文本

人教版普通高中课程标准试验教科书英语7·选修Unit 2 Robots中的Using language，Reading：A biography of Isaac Asimov。

A biography of Isaac Asimov

Isaac Asimov was an American scientist and writer who wrote around 480 books that included mystery stories, science and history books, and even books about the Holy Bible and Shakespeare. But he is best known for his science fiction stories. Asimov had both an extraordinary imagination that gave him the ability to explore future worlds and an amazing mind with which he searched for explanations of everything in the present and the past.

Asimov's life began in Russia, where he was born on 2 January, 1920. It ended in New York on 6 April, 1992, when he died as a result of an HIV infection that he had got from a blood transfusion nine years earlier.

When Asimov was three, he moved with his parents and his one-year-old sister to New York City. There his parents bought a candy store which they ran for the next 40 or so years. At the age of nine, when his mother was pregnant with her third child, Asimov started working part-time in the store. He helped out through his school and university years until 1942, a year after he had gained a master's degree in chemistry. In 1942 he joined the staff of the Philadelphia Navy Yard as a junior chemist and worked there for three years. In 1948 he got his PhD in chemistry. The next year he became a biochemistry teacher at Boston University School of Medicine. In 1958 he gave up teaching to become a full-time writer.

It was when Asimov was eleven years old that his talent for writing became obvious. He had told a friend two chapters of a story he had written. The friend thought he was retelling a story from a book. This really surprised Asimov and from that moment. he started to take himself seriously as a writer. Asimov began having stories published in science fiction magazines in 1939. In 1950 he published his first novel and in 1953 his first science book.

Throughout his life, Asimov received many awards, both for his science fiction books and his science books. Among his most famous works of science fiction, one for which he won an award was the *Foundation* trilogy(1951—1953), three novels about the death and rebirth of a great empire in a galaxy of the future. It was loosely based on the fall of the Roman Empire but was about the future. These books are famous because Asimov invented a theoretical framework which was designed to show how ideas and thinking may develop in the future. He is also well known for his collection of short stories, *I, Robot* (1950), in which he developed a set of three "laws" for robots. For example, the first law states that a robot must not injure human beings or allow them to be injured. Some of his ideas about robots later influenced other writers and ever scientists researching into artificial intelligence.

Asimov was married twice. He married his first wife in 1942 and had a son and a daughter. Their marriage lasted 31 years. Soon after his divorce in 1973, Asimov married again but he had no children with his second wife.

第六节 高中英语读写课设计举例

"读",属于输入;"写",属于输出。英语读写课是以培养学生读写技能为主要目标的重要课型,是学生通过读写活动习得语言知识和文化知识、发展语言技能的重要载体,是学生思维品质提升与文化意识形成的重要途径。作为技能导向的课型,读写课的核心理念是读写结合,读是写之源,写是读之成。读写课需要在教学活动中探究主题意义、渗透策略意识、提升文化意识、培育情感态度。

课例13:Festivals and Celebrations

【文本分析】

本课例的阅读材料选自人教版普通高中课程标准试验教科书英语3·必修

Unit 1 Festivals around the world 中的 Reading：Festivals and celebrations 部分。本部分由五篇小短文组成，其中四篇带有小标题，它们分别介绍了古代节日的起源、亡灵节、纪念名人的节日、丰收节、春天的节日等，使学生了解各种节日的由来及其意义。大多数古老的节日主要是因庆祝冬天的结束、春天的播种、秋天的丰收以及猎人猎取到猎物而产生。亡灵节是为祭奠亡灵、纪念祖先而举行的节日，如日本的盂兰盆节（Obon）、墨西哥的亡灵节、西方的万圣节（Halloween）等。纪念名人的节日有中国的端午节、美国的哥伦布日、印度的甘地纪念日等。春天的节日包括中国的春节、西方的狂欢节、复活节、日本的樱花节等。本节课通过猜测、概括、讨论、学习重点语句、仿写等，加大可理解性输入，使学生有所积累，模仿成篇，从而提高学生的信息获取能力与读写能力。

教学时长：1课时（40分钟）

【学情分析】

授课对象是广东省广州市某区高一年级学生。该班是理科班，学生思维活跃，好动、坐不住，不喜记忆，基础不扎实。学生阅读文章没有技巧可言，边读心中边翻译，阅读速度慢；遇到不熟悉的英语词汇会影响对文章的理解；读与写的技能较为薄弱；学生在写作中暴露出主谓不一致、缺乏句型、句式表达、不会用较为复杂的句子等问题。

【教学目标】

经过本节课的学习，学生能够：

1. 抓住关键词，看懂文章内容，学会概括文章主旨。

2. 运用 skimming（跳读）快速获取文章重要信息。

3. 比较异同，表达自己的看法。

4. 掌握写作框架，学会仿写文章。

【教学方法】

1. 采用情景法。学生在教师的帮助下从图片入手，进入情境，学习与节日相关的词汇、表达。

2. 通过图表法。教师指导学生捕捉信息，比较异同，发表看法。

3. 采用模仿法。学生学会模仿写作，准确介绍节日。

【教学重难点】

快速获取关键信息；书面表达自己的观点。

【教学过程】

Step 1：Leading-in

（1）Look at the following pictures（textbook, P2, Halloween, Dragon Boat Festival, Spring Festival），can you tell us what festivals are they?

（2）Brainstorming：Can you make a list of festivals?

Festivals：New Year's Day, National Day, Spring Festival, Army Day, May day, Father's Day, Mid-Autumn Day, Christmas, Children's Day, Teachers' Day, Duanwu Festival（Dragon Boat Festival）, Mother's Day.

（3）When we talk about Spring Festival, what things can you think of?

Spring Festival：red packet, firecracker, work, date, food, visit, new clothes, dumpling, singing, fun, dancing, memory, watching TV.

（教学意图：看图识节日，激发学生的学习兴趣，也锻炼学生的观察与联想能力；Brainstorming环节，调动学生的已有知识，也与要阅读的内容相关，有承上启下的作用；春节是学生熟悉的年年经历的节日，联想与春节相关的物品，就是要学生熟悉中国的节日、中国的文化，要传承与创新。而提及的这些物品，在接下来的阅读中会碰到，看看是如何在句子中表达的，这样的学习学生会更加投入。）

Step 2：Reading

（1）The teacher asks the students to read the text in silence, and then summarize the text.

（2）Skim the reading passage and then fill in the following chart.（表5.9）

表5.9 Festivals

Kinds of Festivals	Names of Festivals	Countries
Festivals of the Dead		
Festivals to Honour People		
Harvest Festivals		
Spring Festivals		

教学片段1：

T: Who can tell us the summary of the text?

S: Sorry, I don't know how to summarize it.

T: Do you know the key information of the text?

S: Yes. Festivals.

T: Why do you find it so quickly?

S: It's a piece of cake. From the title "Festivals and celebrations".

T: Oh. Can you find out the topic sentence?

S: The first sentence.

T: In the topic sentence, can you get the key points?

S: Ancient festivals.

T: Good. How many festivals does it mention in the text?

S: Four.

T: Now, can you summarize the text?

S: The reading briefly introduces the earliest kinds of festivals with the reasons for them and then four different kinds of festivals that occur in most parts of the world.

S: The passage is mainly about different kinds of festivals, the ways of celebrations and the reasons why people celebrate them all over the world.

T: Excellent. Compare the festivals of the dead in Mexico, Japan and China. What things are similar? What things are different?

S: The Chinese, Japanese and Mexican festivals of the dead all have customs to honour the dead. The Chinese and Japanese go to clean their ancestors' graves, and the Mexicans offer food, flowers and gifts to the dead.

S: There are some differences. The Mexicans eat special food that looks like bones, something the Chinese and Japanese do not do.

（教学意图：概括是学生必须要掌握的能力，概括可以从捕捉关键信息、找到主题句与圈出关键词入手，先概括段落主旨，再概括整篇文章的主旨。skimming是一种阅读微技能，掌握它，学生可以快速获取重要信息，这种技能必须通过大量的有针对性的训练方可获得。）

Step 3: Underlining

The teacher asks the students to underline the difficult sentences and the best one.

教学片段2：

T：Do you have any difficult sentences in the passage?

S：Yes, I have one. The sentence in Line 10 on Page 2 is hard for me to understand. Some festivals are held to honour the dead or to satisfy the ancestors, who might return either to help or to do harm.

T：You don't know the meaning of this sentence, do you?

S：No, I don't. What's the function of "to honour... to satisfy" here?

T：To express the purpose. In Chinese, it means "为了……".

S：Oh, I see.

T：Which sentence do you think is the best in the text? Please underline it in your text book.

S：The sentence in Line 11 on Page 38 is so useful that I underline it and bear it by heart. For the Japanese festival Obon, people should go to <u>clean graves</u> and <u>light incense</u> <u>in memory of</u> their ancestors.

T：Can you tell me the reason why you choose this sentence?

S：I learn what people do on that festival.

S：So do I. At the Spring Festival in China, people eat dumplings, fish and meat and may give children lucky in red paper (in Line 37 on Page 38). I think it is useful.

S：The country, covered with cherry tree flowers, looks as though it is covered with pink snow (in Line 44 on Page 38). It describes something beautiful.

S：Festivals let us enjoy life, be proud of our customs and forget our work for a little while (in Line 47 on Page 38). I like it very much because it brings me the advantage of festivals.

（教学意图：课堂上，教师帮助学生理解长难句是必要的。有些句子不理解，会给学生带来挫败感，会阻碍学生进一步学习，也影响学生的自信心。学习表达优美的句子，分享学生的学习感受，分析这些句子可以用在哪些场合，如何在这些句子的基础上灵活变通，写出更加优美的句子，这些都需要循序渐渐，长期坚持。)

Step 4：Thinking

(1) Based on the reading passage, what do most festivals seem to have in common? Why do you think these things might be important to people everywhere? Talk with your partner and fill in the chart below.(表5.10)

表5.10　Three common things and reasons

Three common things	Reasons why they are important to people everywhere
1	
2	
3	

(2) Discuss in pairs which festivals you think are the most important and which are the most fun. Then fill in the chart with your ideas.(表5.11)

表5.11　Festivals

	Type of festival	Example of festival	Reasons for your choice
Most important			
Most fun			

(教学意图：《课标》指出，学生应学会梳理、概括信息，建构新概念，分析、推断信息的逻辑关系，正确评判各种思想观点，创造性地表达自己的观点……学生通过填表格，快速查找信息；再通过比较异同，提出自己的看法或观点；把众多的信息进行分类，并能说出理由。这些都是在训练学生的能力，提升学生的思维品质。)

Step 5：Writing

(1) The teacher gives an example of "the Dragon Boat Festival" to the students and asks them to observe the following passage and learn the writing structure.

(时间) The Dragon Boat Festival, an annual traditional Chinese festival, is celebrated on the fifth day of the fifth month according to the Chinese calendar. It dates from over 2000 years ago, which falls on June 8th this year. (方式) On this day, Chinese people prepare Zongzi, glutinous (粘黏的) rice dumplings wrapped in bamboo leaves. As the festival name shows, people have dragon boat races to celebrate it, especially in the southern places where there are many rivers and lakes.

（意义）The Dragon Boat Festival is in memory of Qu Yuan, a great poet of ancient China.

教学片段3：

T：From the text, can you find out the sentence about the Dragon Boat Festival?

S：Yes. In Line 22 on Page 2 . The Dragon Boat Festival in China honours the famous ancient poet, Qu Yuan.

T：Good. Study carefully, and you can learn a lot from the text. From the example above, do you know how to introduce festivals?

S：The time, what to do, and why.

T：Yes. Pay more attention to the tense and person.

（教学意图：教师在课堂上指导学生写作，可以先给出范文，让学生去观察，归纳出"节日写作"的基本结构，如节日庆祝的时间、范围、象征、方式等；因传统节日是年年过的，所以用一般现在时、第三人称。学生在心中有写作的基本框架，在具体写作时才不会表达混乱、毫无逻辑。写作是从模仿开始的，因此，仿写练习是必要的。）

（2）In class, the teacher can ask the students to do exercise as follows：

① Tomb Sweeping Day usually _____ April 4—6 every year.

　　清明节通常是每年的4月4到6号。

② The Chinese Spring Festival _____ the first day of the Chinese Lunar Year, which is usually in February.

　　中国的春节是农历年的第一天，通常在2月份。

③ It's in this special day _____ people mourn over their ancestors and remember their great _____（贡献）to the development of our society.

　　就是在这个特别的日子，人们悼念他们的祖先和纪念他们为社会的发展所做的贡献。

④ The hospital was built _____（纪念）Dr. Sun Yat-sen.

　　这间医院是为了纪念孙中山先生而建的。

（教学意图：课堂上，教师引导学生重温有关节日描写的一些经典句式，帮助学生回顾已有知识，为学生的顺利写作做好铺垫。）

（3）Learn to combine the sentences.

① The Mid-autumn Festival falls on August 15th of the Lunar calendar every year.

It is one of the most important traditional festivals in China.（用定语从句或同位语）

_____

② It is popular in China. It is celebrated in many other Asian countries.（用 not only...but also）

_____

③ They will also eat moon cakes. The cakes are round. There is meat，eggs，nuts and other things inside.（定从，with）

（教学意图：学生在写作时，往往写出的都是简单句，而用介词结构、同位语、非谓语形式、从句等，可以将两个或两个以上的简单句合并成较为复杂的句子，表达的内容会更丰富。）

（4）Imitative writing：The Mid-autumn Day.

我国中秋节的情况如表5.12所示：

表5.12 中秋节

时间	每年阴历八月十五日，是中国最重要的传统节日之一
范围	中国及亚洲其他一些国家都会庆祝
象征	人们认为月亮是团圆、运气、财富的象征，在那天会互相表达祝福
方式	在那一天，人们通常回家与家人团聚，共进晚餐。人们还会吃月饼，那是一种圆圆的饼，里面有肉、果仁、鸡蛋等。

写作内容：请根据上表内容，写一篇介绍中秋节的短文，在美国笔友Mike所在学校的校报上刊登。

提示：阴历 the lunar calendar 果仁 nut

（教学意图：由于是模仿写作，学生运用的句型、文章的结构、重要词汇等表达，都有参照的影子，这没有关系，毕竟写作都是先从模仿开始的。学生练习写作，也有一个从不熟悉到熟悉、从熟悉到熟练的过程，在掌握了基本的表达与结构后，才会有自我创新。）

Step 6：Polishing

The teacher asks the students to polish the composition.

（教学意图：润色环节是学生自我提升的关键环节，时间不用很长，主要给学生相互学习的机会，既发现别人的优点，又发现别人的不足，使自己避免再犯。润色文章就是要进一步审视、评判自己的文章，从主题、句型、连贯、拼写、病句等诸多方面进行认真思考。）

Step 7：Summary

本环节旨在对本课所学内容进行反思与总结，以使知识条理化，巩固所学的学习策略，如运用跳读快速获取重要信息；从捕捉关键信息、找到主题句与圈出关键词入手，概括段落主旨乃至文章的主旨；从学习写作框架、温故典型句式、组合句子入手，仿写文章。

Step 8：Homework

Ask the students to write a 100-word composition about one of the festivals in China or in western countries.

【教学反思】

1. 仿写是学生写作初期训练的必要技能

学生在刚刚接触写作时，往往无所适从，不知该从哪里写起，也不知道应该写些什么，不知该如何写。而仿写可以帮助学生认识写作并尝试写作，获得写作的成就感。当然，在进行仿写时，要注意如下三点：

一是注意仿写材料的文章框架。文章写作也是有规律的，不同的文体体现出不同的写作结构，也就是我们所说的文章框架，如本课中关于节日的写作，文章往往包括节日的时间、过节的方式与节日的意义等。

二是注意仿写材料的句型、句式、词组、短语等。文章是由段落、句子构成的，而句子中往往包含一些重要的句型、句式、词组或短语，如文中出现的 according to、date from、in the southern places、in memory of。

三是学习仿写材料中的词汇运用。不同的话题，都会有围绕这一话题而展开的常用词汇，这些词汇也是需要不断积累的，如文中出现的 traditional、celebrate、calendar、prepare、ancient China、festival 等。

2. 整体阅读，概括主旨，运用策略，获取信息

读写课指向整体性阅读，学习文章的结构、过渡、词语表达，为写作做准备。运用基本的策略概括文章的主旨，快速获取必要的信息都是一定方法下的产物，可学可用。学生有了整体阅读的意识，眼光就不会仅仅停留在细枝末节、不熟悉的词汇上，概括文章的主旨大意也变得容易了，捕捉关键词、关键信息的意识也增强了。

3. 画出句子，理解应用，纳入自己的知识系统

每阅读一篇文章，就要从中获取必要的信息，学习重要的句型结构与词语表达，不断积累，尝试运用。当然，对于这些句子，学生既要明白其意义，又要经常朗读、记忆、模仿、内化，在不断的运用中达到熟练化。

附：教材文本

人教版普通高中课程标准试验教科书英语3·必修 Unit 1 Festivals around the world 中的 Reading: Festivals and celebrations。

Festivals and celebrations

Festivals and celebrations of all kinds have been held everywhere since ancient times. Most ancient festivals would celebrate the end of cold weather, planting in spring and harvest in autumn. Sometimes celebrations would be held after hunters had caught animals. At that time people would starve if food was difficult to find, especially during the cold winter months. Today's festivals have many origins, some religious, some seasonal, and some for special people or events.

Festivals of the Dead

Some festivals are held to honour the dead or to satisfy the ancestors, who might help or to do harm. For the Japanese festival Obon, people should go to clean graves and light incense in memory of their ancestors. They also light lamps and play music because they think that this will lead the ancestors back to earth. In Mexico, people celebrate the Day of the Dead in early November. On this important feast day, people eat food in the shape of skulls and cakes with "bones" on them. They offer food, flowers and gifts to the dead. The Western holiday Halloween also had its origin in old beliefs about the return of the spirits of dead people. It is now a children's festival, when they can dress up and go to their neighbours' homes to ask for sweets. If the neighbours do not give any sweets, the children might play a trick on them.

Festivals to Honour People

Festivals can also be held to honour famous people. The Dragon Boat Festival in China honours the famous ancient poet, Qu Yuan. In the USA, Columbus Day is memory of the arrival of Christopher Columbus in the New World. India has a national festival on October 2 to honour Mohandas Gandhi, the leader who helped gain India's independence from Britain.

Harvest Festivals

Harvest and Thanksgiving festivals can be very happy events. People are grateful because their food is gathered for the winter and the agricultural work is over. In European countries, people will usually decorate churches and town halls with flowers and fruit, and will get together to have meals. Some people might win awards for their farm produce, like the biggest watermelon or the most handsome rooster. China and Japan have mid-autumn festivals, when people admire the moon and in China, enjoy mooncakes.

Spring Festivals

The most energetic and important festivals are the ones that look forward to the end of winter and to the coming of spring. At the Spring Festival in China, people eat dumplings, fish and meat and may give children lucky money in red paper. There are dragon dances and carnivals, and families celebrate the Lunar New Year together. Some Western countries have very exciting carnivals, which take place forty days before Easter, usually in February. These carnivals might include parades, dancing in the streets day and night, loud music and colourful clothing of all kinds. Easter is an important religious and social festival for Christians around the world. It celebrates the return of Jesus from the dead and the coming of spring and new life. Japan's Cherry Blossom Festival happens a little later. The country , covered with cherry tree flowers, looks as though it is covered with pink snow.

People love to get together to eat, drink and have fun with each other. Festivals let us enjoy life, be proud of our customs and forget our work for a little while.

课例14：A pioneer for all people

【文本分析】

本课例的阅读材料选自人教版普通高中课程标准试验教科书英语4·必修 Unit 2 Working the land 中的 Reading：A pioneer for all people 部分。本部分文本的语篇类型属于人物传记性记叙文，课文以 A pioneer for all people 为标题，突出了袁隆平在农业领域的重要地位与巨大成就。全文共四个段落：第一段讲袁隆平作为中国著名的农业科学家，研制出了超级杂交水稻，但他却一直认为自己就是一个农民；第二段讲袁隆平的家庭背景、学业以及他的科研情况，他研制的杂交水稻技术已应用到印度、越南等许多发展中国家；第三段讲袁隆平淡泊名利、无私奉献的高尚品质，他过着和普通人一样的生活，而将自己大部分的积蓄都用于科研；第四段讲袁隆平的工作理想和目标，以及他热爱人民和为人民不断进取的精神。文中含有较多动词-ing形式作主语和宾语的句子，表述直白易懂。文中的词汇围绕"农业"话题的相关性呈现。本节课通过猜测、概括、讨论、学习重点语句、缩写等，提高学生的信息获取能力与读写能力；运用恰当的词汇来概括文章的主要内容，发展学生的批判性思维。

教学时长：1课时（40分钟）

【学情分析】

授课对象是广东省广州市某区高一年级学生，理科班，学生的英语整体水平偏弱，大部分学生不愿开口用英语表达；英语学习动机不强，听课时不愿动笔，阅读篇幅较长的文章缺乏耐性，缺乏独立思考的习惯；阅读技能有待提高，不能抓住文章细节信息（主要信息）；较少关注与分析文本观点和依据，极少评价作者的观点；堂上写作的机会少，缺乏写作指导。

【教学目标】

经过本节课的学习，学生能够：

1. 概括段落主旨，描述著名的农业科学家、中国科学院院士袁隆平的重大成就。

2. 解释袁隆平获得重大成就的原因。

3. 对人物进行评价并给出依据。

4. 对文章进行缩写。

【教学方法】

1. 提取关键信息，概括文章段落主旨，培养学生的分析、概括能力。

2. 引导学生查找关键信息，准确评价人物，并从人物的成就中学习领悟成功之道，培养学生综合、评价、创造的能力。

3. 提取核心词汇，对文章进行缩写。

【教学重难点】

有理有据地评价人物；缩写文章。

【教学过程】

Step 1：Leading-in

The teacher uses PPT to show a poem and asks the students to give the poem a proper title. The poem is as follows：

　Farmers weeding at noon，

　Sweat down the field soon.

　Who knows food on a tray，

　Due to their toiling day.

（教学意图：教师引导学生关注诗词中的farmers、sweat、field、food等词，迅速理解诗词的大意，并根据诗词的内容思考后得出诗的标题：Hard-working farmers。答案不是唯一的，学生只要能从内容出发，开拓思维，得出类似的想法即可。这一环节实际上是在教授学生概括的方法，即找出关键词，发现共同之处，然后用合适的词语总体概述。同时，也吸引学生的注意力，激发学生的学习兴趣。）

Step 2：Guessing

教师用PPT演示文稿向学生出示阅读文章的标题：A pioneer for all people，让学生猜测文章的体裁、内容；展示图片（袁隆平蹲在稻田里，手捧稻穗，呈思考状），让学生猜测who is the pioneer? 并进一步猜测文章的内容，理解标题的意义。

教学片段1：

T：Look at the passage on the blackboard and fill in the blanks.

In order to get more rice，farmers have been working hard year after year, but the only way to solve the food shortage problem is to _____ the output of the grain crop per land area through the advancement of _____.

As we all know, one man did it well in China, even in the world.

S: To <u>increase the output</u>; the advancement of <u>science and technology</u>.

T: Good. To increase the output, we should rely on the advancement of science and technology. As we all know, one man did it well in China, even in the world. Do you know who he is?

S: He is Yuan Longping.

T: Well done. How do you know him?

S: From newspapers.

T: What does the word pioneer mean in the title "A pioneer for all people?"

S: I'm not sure. I just know the Young Pioneer.

T: Ok. The word pioneer means a person who is the first to study and develop a particular area of knowledge, culture, etc, that other people then continue to develop.

T: What's the meaning of "for all people"?

S: It means people all over the world.

T: So, who can use a sentence to tell us the meaning of the title?

S: An agricultural pioneer called Yuan Longping has been working on the land for people all over the world.

T: From the title, can you tell me its genre（文章体裁）?

S: Narration.

T: From the title, can you predict what the text will tell us?

S: It will tell us something about Yuan Longping.

T: What things will it tell us about Yuan Longping?

S: About his appearance, study experience, hobbies.

T: Anything else?

S: Most importantly, the achievements.

（教学意图：教师引导学生从标题的文字以及插图预测文章的体裁，并从体裁所包含的语篇特征预测文章的内容；同时，也为下一步概括段落主旨做铺垫。）

Step 3: Reading

(1) The teacher asks the students to read the text, and then summarize the text.

教学片段2：

T: Do you know how to summarize each paragraph?

S: Sorry, I don't know.

T: It doesn't matter, but this time you should listen to carefully. Here are three steps as follows: ①Find out the topic sentence (first or last sentence); ②Circle the key words in main sentences; ③Find out the common points.

T: Now, let's look at the first paragraph and I'll give you an example on how to summarize.

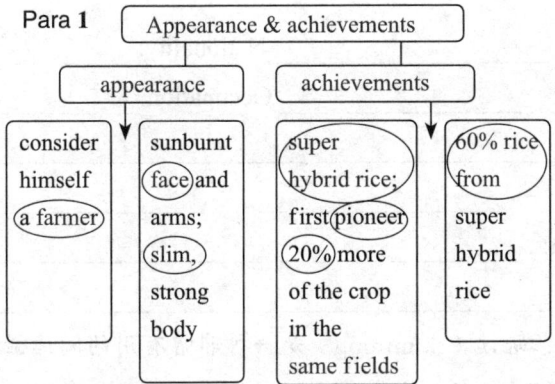

图5.3 Appearance and achievements

T: From the key words *like a farmer, sunburnt face, slim arms*, we can use a word appearance to summarize it. From the information in the passage super hybrid rice; firstpioneer; 20% more of the crop in the same fields; 60% rice from super hybrid rice", we can use a word achievements to summarize it. So, we can use two words appearance & achievements to summarize the first paragraph. Are you clear?

S: We all got it.

T: Ok. Please use one or two words to express the main idea of each paragraph.

S1: Paragraph 1—Appearance & achievements.

S2: Paragraph 2—Biography / experiences & achievements.

S3: Paragraph 3—Personalities / hobbies.

S4: Paragraph 4—Dreams.

T: What's the main idea of the text?

S5: By developing hybrid rice, Yuan Longping enables farmers to produce more rice. Famous as he is, he cares little about money. Instead, he dreams to produce better rice and export it to other countries.

T: Excellent.

（教学意图：教师先给出概括主旨的方法，并以第一段为例，给出示范，指导学生如何一步一步地进行概括，然后学生再运用方法对第二、三、四段进行概括；最后，把四段的要点综合起来，概括出整篇文章的主旨大意。）

（2）Skim the reading passage and then complete the following notes about Yuan Longping.

Name: _____ Nationality: _____

Age: _____ Occupation: _____

Education: _____

Dream: _____

Achievement: _____

Hobbies: _____

[教学意图：跳读（skimming）是一种非常有用的阅读微技能，学生掌握这种阅读技能是很重要的。当今社会，科技发展迅猛，知识日新月异，每日海量信息涌入，有了跳读的技能，就能迅速捕捉到关键词，快速查找关键信息，省时省力，效率高。]

Step 4: Underlining

The teacher asks the students to underline the difficult sentences and the useful sentences.

教学片段3：

T: Do you have any problems?

S: I think the sentence in Line1 on Page10 is hard for me. Yuan Longping considers himself a farmer, for he works the land to do his research. I don't know the word underlined mean?

T: Good question. Who can answer it?

S：The word considers means thinks of；regards 认为.

T：What about the second underlined one?

S：It means grow crops on it 耕种土地.

T：Any more?

S：Please look at another sentence in Line 1 on Page10. Indeed, his sun-burnt face and arms and his slim, strong body are just like those of millions of Chinese farmers, for whom he has struggled for the past five decades. I don't know the meaning of the words underlined.

T：Oh, thank you. Another good question. Now, what does the underlined word "those" refers to?

S：Farmers.

T：What does the word struggled in the sentence mean?

S：It means make great efforts 努力；拼搏.

（教学意图：学生要快速捕捉信息、找出主题句、圈出关键词才能准确概括，但同时也会遇到难以理解的词汇。教师要充分利用这个契机，让已懂的学生教未懂的学生，或者教师给出英语释义，让学生去猜测，这样更有利于学生调动自己所学的知识，在句子中正确理解单词或短语，形成在语境中理解与学习词汇的习惯。）

Step 5：Thinking

The teacher asks the students to read the passage again carefully and answer the following questions：

（1）Is Dr. Yuan more of a scientist or farmer? Do you think he is a businessman? Give your reasons.

（2）How would you describe Dr. Yuan's personality? Use three or four adjectives.

教学片段4：

T：What do you think of Dr. Yuan, more of a scientist or more of a farmer?

S：I think he is more of a scientist, although he works in the fields like a farmer. His main purpose is not to make a profit for himself but to study agriculture and use that knowledge to improve farming for farmers everywhere.

T：Do you think him a businessman?

S：I do not think he is a businessman, because his goal is not to make money.

T：Good. I agree with you.

T：How would you describe Dr. Yuan's personality?

B：As a result of his work with developing hybrid rice, it seems that Yuan Longping must be a very <u>patient</u> and <u>careful</u> man. He didn't give up but kept working on his project. He also seems to be a very <u>kind</u> man who cares about others. He wants to use his invention to help hungry people around the world.

（教学意图：让学生结合文中的信息，探讨人物的个性品质，表达自己的观点，并且论点与论据相得益彰。也就是说，评论要有依据，不能信口开河。培养学生思维的严密性。）

Step 6：Writing

The teacher asks the students write a 100-word composition about Yuan Longping. The contents includes as follows：

（1）What are Yuan Longping's achievements?

（2）Why can Yuan Longping make great achievements?

（教学意图：学生跳读查找人物主要信息并用自己的语言整理、归纳和描述。教师引导学生读懂文章中字里行间隐含的信息，并从这些信息分析、概括出人物的良好品质，通过具体的形容词表现出来，这也是对人物的一种评价。）

Step 7：Polishing

The teacher asks the students to polish the composition. The students can revise the composition themselves or revise it each other.

（教学意图：润色环节有可能就是更正错误的环节，学生利用这个机会认真检查自己的文章，分析句子的语法结构，检查是否有错误的书写、是否有错误的短语搭配、句子是否太啰唆，等等。学生也可以借此机会欣赏别人的作品，学习对方佳句的表达。文章不怕百回改，它就是在不断的修改、润色的过程中变得更好。）

Step 8：Summary

（教学意图：这一环节旨在对本课所学主要内容进行反思与总结，以使知识条理化，巩固所学的学习策略，如抓住关键词进行概括；找出中心句并进行文章缩写等，促使学生形成及时总结、归纳与反思的意识和习惯，提高学习效益。）

Step 9：Homework

（1）After class，please make a mind map about the text "A pioneer for all people."

（2）If you were Yuan Longping，what kind of life will you lead? Will you lead a simple life as he does? Why or why not? Get ready to voice your opinion.

【教学反思】

1. 根据学生的起点，设定教学目标，有利于学生的批判性思维的培养

学生的知识基础有强弱，教师要从学生的实际情况出发，设定切实可行的课时目标。学生没有养成学习英语的良好习惯，他们学习英语的热情不高，听课时不愿动笔、动脑，这些现象都是客观存在的，但从学生的长远发展来看，教师不能因为学生的英语基础弱就一再降低难度，不给学生训练提高批判性思维能力的课堂机会。因此，我们的课堂教学策略是推着学生向前走，可以适当放慢脚步，但绝不能后退。最后，笔者确定本节课的教学目标为概括段落主旨、解释原因、评价人物、提出依据。认知过程维度也从预测、概括、解释到描述、分析、评价，层层推进，向高阶思维进军。从课堂效果来看，本节课对提高学生的批判性思维意识还是有推动作用的，开了个好头，把学生从惯常的背记英语单词、逐字阅读、逐句翻译的英语学习误区中拖出来，开始学习整体阅读，关注主题句、中心句、关键词，学习概括，尝试评价，寻找依据，向思维的更高层次发展。

2. 老师对于学生回答问题的准确性、逻辑性要关注

在本节课的最后一个教学环节，学生需要从文章的信息分析、概括出人物的良好品质，并通过具体的形容词表现出来，准确评价人物。学生在回答中用到了形容词，也说出了文章中的信息即提出依据。从语言的表述来看，似乎没有什么问题，但却暴露出学生对于问题的理解并没有真正到位，界限模糊，有点答非所问的感觉。如学生用kind、clever、brave、careful、active、honest等形容词来描述袁隆平就不符合他的身份了。当然，学生在回答问题时，老师不应该打断他们，应鼓励学生大胆地表达观点，但在最后课堂总结时，教师应该指出学生思维、表达上存在的问题，并指出哪些形容词更能准确、清晰地表现出人物的特性与品质，鼓励学生要做深层次的思考，评价要名副其实，令人信服。

3. 学生的写作任重而道远，教师要长期指导与鼓励

在本节课的写作与润色环节，暴露出如下几个问题，提醒老师在以后的教学中加以注意：

一是时间不足。学生用在写作与润色的时间偏少，主要是因为前面的阅读环节用了过多的时间，造成后面环节时间不充裕。读写课重点在写的部分，老师一定要想方设法挤出堂上的写作时间，因为学生在堂上开展写作训练的机会很宝贵，如果课后去写，学生的专注度不够，效果会大打折扣。在阅读部分的导入、预测、概括、画出句子、思考等环节，具有加大语言输入、训练学生思维的作用，这些环节必不可少，但要有机整合，学生要形成策略、快速完成，也可以分散在课前预习完成。总之，教师要有很强的堂上写作训练的意识，保证学生的堂上训练时间，落实写作的方法。

二是句式转换。本节课主要是训练缩写，学生脑海中缩写的概念就是把很长的文章变短，至于如何变短等他们并不知晓基本的方法。当然，教师之前应该是已将基本的缩写方法教给学生，可是，在本节课中，学生似乎是初学者，对于方法一无所知，写作仍然是我行我素，毫无方法可言。学生仅是在课文中东抄一句、西抄一句，凑够字数，并不理会文章要点、关键信息。教师要在教会学生捕捉关键词、关键信息点的基础上，进一步指导学生学会句式、词汇、短语、句型的转换，避免照抄原文。概括如此，缩写亦是如此。

三是长期坚持。其实，养成一种习惯，形成一种策略，学会一种方法，都需要学习、模仿、训练、内化、创造的过程，这个过程时间比较长，而且还有克服遗忘、保持熟练化的过程，教师要心中有数，并坚持示范与指导、纠错与鼓励，方有成效。

附：教材文本

人教版普通高中课程标准试验教科书英语4·必修 Unit 2 Working the land 中的Reading: A pioneer for all people。

A pioneer for all people

Although he is one of China's most famous scientists, Yuan Longping considers himself a farmer, for he works the land to do his research. Indeed, his sunburnt face and arms and his slim, strong body are just like those of millions of Chinese farmers, for whom he has struggled for the past five decades. Dr. Yuan Longping grows what is called super hybrid rice. In 1974, he became the first agricultural pioneer in the world to grow rice that has a high output. This special strain of rice makes it possible to produce one-third more of the crop in the same fields. Now more than 60% of the rice produced in China each year is from this hybrid strain.

Born in 1930, Dr. Yuan graduated from Southwest Agricultural College in 1953. Since then, finding ways to grow more Lice has been his life goal. As a young man, he saw the great need for increasing the rice output. At that time, hunger was a disturbing problem in many parts of the countryside. Dr. Yuan searched for a way to increase rice harvest without expanding the area of the fields. In 1950, Chinese farmers could produce only fifty million tons of rice. In a recent harvest, however, nearly two hundred million tons of rice was produced. These increased harvests mean that 22% of the world's people are fed from just 7% of the farmland in China. Dr. Yuan is now circulating his knowledge in India, Vietnam and many other less developed countries to increase their rice harvests. Thanks to his research, the UN has more tools in the battle to rid the world of hunger. Using his hybrid rice, farmers are producing harvests twice as large as before.

Dr. Yuan is quite satisfied with his life. However, he doesn't care about being famous. He feels it gives him less freedom to do his research. He would much rather keep time for his hobbies. He enjoys listening to violin music, playing mahjong, swimming and reading. Spending money on himself or leading a comfortable life also means very little to him. Indeed, he believes that a person with too much money has more rather than fewer troubles. He therefore gives millions of *yuan* to equip others for their research in agriculture.

Just dreaming for things, however, costs nothing. Long ago Dr. Yuan had a dream about rice plants as tall as sorghum. Each ear of rice was as big as an ear of corn and each grain of rice was as huge as a peanut. Dr. Yuan awoke from his dream with the hope of producing a kind of rice that could feed more people. Now, many years later, Dr. Yuan has another dream: to export his rice so that it can be grown around the globe. One dream is not always enough, especially for a person who loves and cares for his people.

课例15：Keep it up，Xie Lei，Chinese student fitting in well

【文本分析】

本课例的阅读材料选自人教版普通高中课程标准试验教科书英语7·选修中的Unit 5 Travelling abroad, Reading：Keep it up，Xie Lei，Chinese student fitting in well 部分。本文的语篇类型属于记叙文，阅读（Reading）部分介绍了主人公谢蕾第一次去国外求学进预科班时所面临的问题，以及房东和导师对她的帮助，使她大胆正视困难，迎接挑战，最终树立了信心。

教学时长：1课时（40分钟）

【学情分析】

授课对象是广东省广州市某区高二年级学生。该班是文科班，学生的英语基础一般，大部分学生对阅读只停留在表面，只是完成读后一些练习，很少有机会深层理解文本结构与内容；大部分学生对英语学习有热情，但阅读技巧欠缺，阅读理解不够深入；学生捕捉关键信息、概括主旨的能力有待提高；写作的框架意识不强，缺少必要的写作指导与训练。

【教学目标】

经过本节课的学习，学生能够：

1. 初步掌握方法，概括段落的主旨。

2. 表达观点并提供依据。

3. 对文本进行扩写或改写。

【教学方法】

1. 采用联想法。学生在教师的引导下从标题、插图入手，开展预测活动，预测文本内容，由此培养预测的技能。

2. 通过扩展法，学生学会扩充句子乃至扩写文段。

3. 通过互动法，学生之间开展分享活动，学习、修改与润色文章。

【教学重难点】

概括文章主旨；对文本进行改写。

【教学过程】

Step 1：Leading-in

The teacher asks the students some questions as follows：

（1）Brainstorming：When travelling abroad，what will you prepare for?

（2）If you are offered a chance to study abroad for a year，where would you like to go?

（3）When studying abroad，what problems will you meet?

Travel abroad: Money（traveller's cheque），make plans，transportation，apply for a visa，local conditions and customs...

（教学意图：Brainstorming与另外两个问题吸引学生的注意力，把学生带入主题情景，帮助学生温习相关词汇。学生的回答会涉及国家、大学、留学面临的困难等，这也为下面猜测文本的主要内容做铺垫。）

Step 2：Guessing

The teacher shows the title of the text and a portrait of a person on the PPT and asks the students to guess the contents of the text.

教学片段1：

T：Let's look at the title "Keep it up, Xie Lei, Chinese student fitting in well." What does the expression "keep it up" mean?

S：Sorry, I don't know.

T：It doesn't matter. It means as follows：

① to continue doing something；② to manage to do as much/as well as other people；③ to continue to read and learn about a particular subject. Can you guess the meaning again?

S: I see.

T: What is the meaning of the expression "fit in（well）"?

S: It is the same meaning as get on/ along（well）.

T: Very good. From the title, what information can you get?

S1: Xie Lei is a Chinese student, who is studying abroad.

S2: Xie Lei, a Chinese student, who is studying abroad and has adapted to the life in the foreign country.

S3: Xie Lei is an overseas student, who is from China.

T: Excellent. From the title, can you tell me its genre?

S4: Narration.

T: Good. What can you learn about the passage?

S5: Study life, difficulties, daily life and activities.

（教学意图：首先，学生读标题就有疑问，Chinese student fitting in well好像缺了点什么。原来，在英语标题中，为了简洁，通常只出现实词，而把虚词、冠词、介词、助动词、连词等略去，省略是英语新闻标题的一大特点。其实，表述完整的标题应为Chinese student is fitting in well。从标题获取关键信息，利用标题与插图猜测文本内容，是培养学生猜测技能的好渠道，长期坚持必有所成。）

Step 3：Reading

The teacher asks the students to read the text in silence, and then summarize the text.

教学片段2：

T: Do you remember how to summarize each paragraph?

S: Find out the topic sentence or the main information and key words.

T: Good. You are right. Try to find out 5W1H（what, who, when, where, why and how）. Can you find out the main information or key words? Can you summarize the first paragraph?

S: In the first paragraph, the main information is that Xie Lei boarded a plane for London. So, the main idea of Paragraph 1 is that Xie Lei, a Chinese girl, is studying in a foreign country—London.

T: Well done. What about the second paragraph?

S: The general introduction to Xie Lei and her study.

...

T: How about the summary of the whole text?

S: The article tells about Xie Lei's story of studying in London, where she had to face many difficulties from study to life with effort and gradually got used to the new way of life.

（教学意图：培养学生捕捉关键信息与概括的能力很重要，技能的获得体现在日常的课堂教学之中。教师有方法地指导，并要求学生在课堂上运用方法尝试概括，多次训练，学生必然会掌握概括的技巧。）

Step 4: Underlining

The teacher asks the students to underline the difficult sentences and the useful sentences.

教学片段3：

T: Do you have any difficult sentences in the passage?

S: Yes, I have one. The sentence in Line 4 on the right column on Page 38 is hard for me to understand. Living with host families, in which there may be other college students, gives her the chance to learn more about the new culture.

T: Why do you think it difficult?

S: In the sentence, I find "living with... in which..." confused. Can you explain it?

...

T: Can you find out the useful sentences and underline them in your text book?

S: The sentence in Line 1 on Page 38 is so useful that I underline it and bear it by heart. Six months ago Xie Lei said goodbye to her family and friends in China and boarded a plane for London.

T: Why do you think it useful?

S: I learn the expression say goodbye to sb., board a plane for.

T: Can you make up a sentence using the expressions above?

S: Let me try. Yesterday morning, in Bai Yun Airport, I said goodbye to my parents and they boarded a plane for Jiuzhaigou, a place of great interest in Sichuan Province in China, for travelling.

T: Good job. Anybody else?

S1: She is halfway through the preparation year, which most foreign students complete before applying for a degree course.

S2: You have to get used to a whole new way of life, which can take up all your concentration in the beginning.

S3: Xie Lei lives with a host family who give her lots of good advice.

S4: I have been so occupied with work that I haven't had time for social activities.

（教学意图：阅读文章并画出长难句和可模仿学习的佳句，这是课堂教学中教师指导学生必须要做的教学环节。这也是一种好的学习习惯，每阅读一篇文章，都有好词佳句的积累，这样，学生每天都在进步。）

Step 5: Thinking

（1）The teacher asks the students to read the passage again carefully and fill in the diagram below.

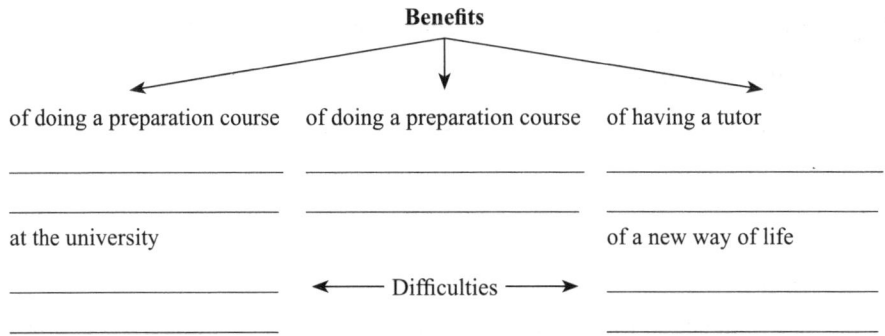

（2）In groups, discuss the following question: What kind of person do you think Xie Lei is? Find evidence in the article to support your opinion.

教学片段4：

T: After reading we know that Xie Lei is studying abroad in London. Can you tell us the problems she met when she first went to England?

S: She didn't know how to use the phone, how to pay on the bus, how to ask a shopkeeper for things she didn't know the English for.

T: Anything else?

S: When she got lost and had to ask a passer-by for directions, she didn't always understand.

T: How did Xie Lei have a balance between study and a social life?

S: Join some university clubs and meet people you have things in common with.

T: Very good. What kind of person do you think Xie Lei is?

S: I think Xie Lei is an excellent hardworking girl because she can face difficulties bravely and she has firm determination. She studies well and has already made progress.

T: Why do you say that?

S1: Evidence 1 is in Line 20 on the left column on Page 38. "*It's not just study that's difficult. You have to get used to a whole new way of life.*"

S2: Evidence 2 is in Line 10 on the right column on Page 38. "*When I miss my family, it's a great comfort to have a substitute family to be with.*"

S3: Evidence 3 is in Line 43 on the right column on Page 39. "*I have been so occupied with work that I haven't had time for social activities.*"

（教学意图：文本的内容被设计成图表，一方面，教师可指导学生根据标题内容迅速查找关键信息；另一方面，也培养了学生的结构意识、框架意识，学生可以将文章的主要内容画成思维导图，清楚文章的结构，有利于学生的思维逻辑性的培养。）

Step 6: Writing

The teacher asks the students to write the expansion of sentence or paragraph. There are five sentences as follows. The students write a 100-word composition.

(1) Xie Lei is a student.

(2) She faced many difficulties.

(3) She asked others for help.

(4) She worked hard.

(5) She adapted to the life.

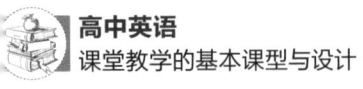

教学片段5：

T：Now，I give you a sentence. In a group，each one add up at least one word to the sentence，and then tells us the longer sentence. And the second one makes the sentence longer than the first one. So，begin. Xie Lei is a student.

S1：Xie Lei is a Chinese student.

S2：Xie Lei is an excellent Chinese student.

S3：Xie Lei is an excellent Chinese student，studying in London.

S4：Xie Lei，an excellent Chinese student，who is studying in London.

S4：Xie Lei，an excellent Chinese student，who is studying abroad in London.

……

（教学意图："扩写"是"材料作文"的形式之一，它是把一段话或一篇较短、内容较概括的文章扩展成篇幅较长、内容丰满、生动形象的文章。学生先学会扩充一句话。学生在扩充句子的时候，绞尽脑汁，自然就会用上同位语、介词短语、后置定语、从句等语法、句法，在用中学、学了就用是最好的学习方法。多做扩写练习，学生会更加关注句子的结构，内容也会变得丰富起来。）

Step 7：Polishing

The teacher asks the students to polish the composition. The students can revise the composition themselves or revise it for each other.

（教学意图：润色环节就是给学生一个相互学习的机会，既可以欣赏别人的习作，学习对方表达优美的句子，又可以发现大家容易出错的地方，引以为戒。句子或文章就是在不断的修改、润色的过程中变得更好。）

Step 8：Summary

这一环节为归纳总结，重在提纲挈领。主要学习了概括的方法，即找出主题句，圈出信息点、关键词；学会句子与文章的扩写，即抓住中心，合理想象，添加细节。

Step 9：Homework

（1）Are you willing to study abroad? If yes，please tell us why.

（2）Are you willing to study abroad? If no，please tell us why.

Please choose one above，and write a 120-word composition.

【教学反思】

1. 启发学生，发散学生思维，提升学生的思维品质

课堂上，教师一方面要帮助学生回顾已有知识，在此基础上引出新的知识内容；另一方面，教师要有意识地发散学生的思维，其中，brainstorming（头脑风暴）就是一种培养学生发散思维的好办法，简单易行。但是，发散学生的思维固然重要，在课堂操作中也要考虑如下三点：

一是开展头脑风暴，发散学生的思维，但还要聚焦才行。例如，在课堂上，老师给出travel abroad，然后让学生围绕travel abroad展开联想，学生会想到很多词汇或短语。如果头脑风暴到此就结束，"发散"的意义并没有充分体现出来，因为学生可能是信口开河，想到什么说什么，并没有想一想自己说的答案是否符合要求。这时，教师要进行第二步，即分类，把学生们说的答案进行分类，那些符合要求的归为一类，这就是聚焦。

二是头脑风暴或猜测等，都要快速反应，不能用时太多，而且只有快速反应，人的注意力才更集中，发散性更强才有利于创造性的发展。

三是重视知识获得的过程，而不仅仅是结果。学生正是在教师的启发下不断深入思考问题，这个教师启发、学生思考的过程就是学生不断学习、不断进步的过程。

2. 画出句子，关注结构，积极模仿，学会表达

学生要实现语言输出，写出好文章，有大量的语言输入是必要的。在课堂上，教师引导学生画出长难句、优美句子就是鼓励学生要善于从阅读材料中发现可吸收的句子，准确理解句子含义，积累这些句子，掌握句子的结构以及其包含的短语、句型等，模仿写出优美语句。

3. 扩写句子是训练与提高学生的句子意识的有效方法

以一个句子为基本句子，每一个新的句子都在原有句子的基础上添加词汇或短语构成，这样，学生就会更加关注句子的结构，就要运用形容词、副词、介词结构、同位语、从句等，从而帮助学生正确运用语言，不断丰富语言表达。

附：教材文本

人教版普通高中课程标准试验教科书英语7·选修中的Unit5 Travelling abroad, Reading: Keep it up, Xie Lei, Chinese student fitting in well。

Keep it up, Xie Lei, Chinese student fitting in well

Six months ago Xie Lei said goodbye to her family and friends in China and boarded a plane for London. It was the first time she had ever left her motherland. After getting my visa I was very excited because I had dreamed of this day for so long. But I was also very nervous as I didn't know what to expect, Xie Lei told me when I saw her waiting in a queue at the student cafeteria between lectures.

Xie Lei, who is 21 years old, has come to our university to study for a business qualification. She is halfway through the preparation year, which most foreign students complete before applying for a degree course. Xie Lei highly recommends it. "The preparation course is most beneficial," she said. "Studying here is quite different from studying in China, so you need some preparation first."

"It's not just study that's difficult. You have to get used to a whole new way of life, which can take up all your concentration in the beginning," explained Xie Lei, who had lived all her life in the same city in China. She told me that she had had to learn almost everything again. "Sometimes I felt like a child," she said. "I had to learn how to use the phone, how to pay bus fare, and how to ask a shopkeeper for things I didn't know the English for. When I got lost and had to ask a passer-by for directions, I didn't always understand. They don't talk like they do on our listening tapes," she said, laughing.

Xie Lei lives with a host family who give her lots of good advice. Although some foreign students live in student accommodation or apartments, some choose to board with English families. Living with host families, in which there may be other college students, gives her the chance to learn more about the new culture. "When I hear an idiom that I don't understand, I can ask my host family for help," explains Xie Lei. "Also, when I miss my family, it's a great comfort to have a substitute family to be with."

Xie Lei's preparation course is helping her to get used to the academic requirements of a Western university. "I remember the first essay I did for my tutor," she told me. "I found an article on the Internet that seemed to have exactly the information I needed. So I made a summary of the article, revised my draft and handed the essay in. I thought I would get a really good mark but I got an E. I was numb with shock! So I went to my tutor to ask the reason for his revision. First of all, he told me, I couldn't write what other people had said without acknowledging them. Besides, as far as he was concerned, what other people thought was not the most important thing. He wanted to know what I thought, which confused me because I thought that the author of the article knew far more than I did. My tutor explained that I should read lots of different texts that contain different opinions and analyse what I read. Then, in my essay, I should give my own opinion and explain it by referring to other authors. Finally he even encouraged me to contradict the authors I'd read! At first lacked confidence, but now I'm beginning to get the idea and my marks have improved. More importantly, I am now a more autonomous learner."

Xie Lei told me that she feels much more at home in England now, and what had seemed very strange before now appears quite normal. "I've just got one more thing to achieve. I have been so occupied with work that I haven't had time for social activities. I think it's important to have a balance between study and a social life, so I'm going to join a few clubs. Hopefully I'll make some new friends."

We will follow Xie Lei's progress in later editions of this newspaper but for now, we wish Xie Lei all the best in her new enterprise. She deserves to succeed.

课例16：The story of Atalanta

【文本分析】

本课例的阅读材料选自人教版普通高中课程标准试验教科书英语2·必修 Unit 2 The Olympic Games中的Using language，Reading& listening：The story of Atalanta。本文的语篇类型属于记叙文，课文阅读的内容是一个古希腊神话故事，讲的是英雄希波墨涅斯（Hippomenes）在神的帮助下用计在同古希腊公主阿塔兰忒（Atalanta）的赛跑中获胜而得以娶她为妻。

教学时长：1课时（40分钟）

【学情分析】

授课对象是广东省广州市某区高一年级学生。该班学生的英语基础比较弱，他们的英语学习需要老师的推动。大部分学生对英语学习抱着无所谓的态度，较少开口讲英语，口头表达能力较弱；阅读的积极性不高，也缺乏篇章阅读的基本知识与策略；学生害怕写作，尤其是堂上写作训练，总是觉得无话可说、无从下笔。教师应通过方法指导学生概括文章段落主旨，培养学生的分析、概括能力；利用文章的悬念，鼓励学生展开思维，进行故事结局续写。

【教学目标】

经过本节课的学习，学生能够：

1. 根据语篇中标题与插图，猜测文体与内容，激发阅读的兴趣。

2. 通过提取关键信息、关键词概括文本主旨，提高概括能力。

3. 合理续写故事的结局。

【教学方法】

1. 采用观察法，了解故事的背景；借助标题与插图，预测故事的内容。

2. 通过概括法，提取关键信息；提炼关键词，学会概括文本主旨。

3. 采用讨论法，学生之间讨论有可能的结局，并学习与运用所学知识与技能，续写故事。

【教学重难点】

学生能理解文本并概括文本主旨；合理想象并写出故事结局。

【教学过程】

Step 1：Leading-in

The teacher asks the students two questions as follows：

（1）Can you tell us the famous fairy tales in western countries?

（2）Generally speaking, who are the main characters in the fairy tales?

（教学意图：本环节激发学生的兴趣。学生在前面的学习中已经对古希腊与古典奥运会有了大致的了解，教师借机简单提及古希腊神话，为下面猜测文本的主要内容做铺垫。）

Step 2：Guessing

The teacher shows the title of the text and two pictures（the king and Atalanta,

Hippomenes and Atalanta) on the PPT one by one and asks the students to guess the contents of the text.

教学片段1：

T：Let's look at the title，who is Atlanta?

S：Maybe Atlanta is a prince or a princess. I guess the story is a Greek story.

T：Good idea. I think it's Greek myths. Anything else?

...

S：I think Atlanta was a princess. The Goddess gave the young some apples and helped the young man to marry the princess in the end.

T：Good. You think it's a love story.

（教学意图：猜测文本内容最能激起学生的兴趣，此时学生的心情最放松、思维最活跃、表现欲最强，口头表达也更趋于真实的状态，这也为整节课的顺利完成定下良好的基调。而且，学生在表达中提及的princess、Greek、Goddess、marry等，在阅读中也会碰到，不会产生陌生感，学生的记忆也会更深刻。）

Step 3：Reading

The teacher asks the students read the text in silence，and answer the following questions. And then，the students summarize the text.

（1）Who is Atlanta?

（2）Why did Atlanta hold the race?

（3）Whom did Hippomenes ask for help?

（4）What did the Greek Goddess of Love give him?

（5）In order to win the race，how did the Greek Goddess of Love do?

教学片段2：

T：After reading and answering the questions，can you summarize the text in about 30 words?

S：Let me try.

T：Please pay more attention to the tense.

S：The story is about a Greek princess，Atalanta，who wanted to choose her husband in a race. Hippomenes asked the Goddess for help and was given three golden apples, and the Goddess told Hippomenes to do as she showed him and could win the race.

（教学意图：学生在阅读的过程中要想迅速捕捉关键信息，圈出5W1H，即what、who、when、where、why和how）的信息很重要，这直接关系到对文本的理解与准确概括文本的主旨大意。圈出关键词汇就是理解了关键信息，也为概括文本内容做好了准备。）

Step 4：Underlining

The teacher asks the students to underline some sentences they think it's hard to understand and the best sentence.

教学片段3：

T：Which sentence do you think is hard to understand? Please underline it in your textbook.

S：I think the sentence in Line 3 on Page 14 is hard to understand. She was so angry that she said to her father that she could not marry anyone who could not run faster than her.

T：Why do you think it hard?

S：In the sentence, I find "that... that... who". Can you explain it?

T：It contains one adverbial clause, one object clause and one attributive clause. It means...

T：Can you find out the best sentence and underline it in your text book?

S：The sentence in Line 2 on Page 14 is so good that I underline it and bear it by heart. But she was not allowed to run and win glory for herself in the Olympic Games.

S：Her father said that she must marry, so Atalanta made a bargain with him.

S：She promised to help him and gave him three golden apples.

（教学意图：课堂上，教师要对学生提出的长难句进行分析，分析句子包含的复杂结构、从句类型，正确理解句子的意义，帮助学生不断温习所学的语法、句法知识，也帮助学生树立学习英语的信心，任何句子都是可以分析与正确理解的，要勇于挑战难度，克服困难。）

另外，学生摘录好词好句也是一种积累，也是一种学习语言的有效方法。

Step 5: Thinking

The teacher asks the students to read the story again carefully and then discuss in pairs.

（1）What kind of person is Atalanta? Can you get the information from the text?

（2）What do you think of Hippomenes? Find some facts from the text and support your idea.

（教学意图：有思考的阅读才是有效的阅读。以独立思考为主，教师给出学生思考的时间，但不宜过长，直入主题，快速归纳观点，找出依据，这样的阅读才是有效、高效的阅读，而且有成果。有一两分钟小组内分享的时间，紧接着转入下一环节的学习，同时，也为最后"写"的环节争取更充分的时间。）

Step 6: Writing

At the end of the text，the writer said it like this：So the race began. Please go on writing the ending of the text properly. The students can express their ideas about what will happen during the race between Hippomenes and Atalanta. Or：Who do you think will win the race. The students can choose one of the questions and write a 100-word composition.

（教学意图：读后续写这样的活动能吸引学生，学生也乐于参与，因为学生想象的空间很大，不一样的思考，就会有不一样的结局；不一样的结局也反映出学生不同的思考状态。教师鼓励学生展开合理、大胆的想象，这也是提升学生思维品质的课堂实践。）

Step 7: Polishing

The teacher asks the students to polish the composition.

（教学意图：润色环节是学生自我提升的关键环节。学生给文章润色的过程实际上就是自我修改文章的过程。当然，学生可以自己从头到尾默读自己的文章进行修改，也可以同桌之间、小组成员之间相互检查，圈出错误或是有待改进之处，组内相互讨论。润色文章离不开主题、错词、病句、连贯、句型、语气等几个重要方面的考量。）

Step 8: Summary

本环节旨在对本课所学内容进行反思与总结，巩固所学的学习策略，如读前预测、抓住关键词进行概括、联想并续写等，促使学生形成及时总结、归纳与反思的意识和习惯，从而提高学习效率。

Step 9：Homework（二选一）

（1）Ask the students to write down the possible ending. After discussing, let every student write down the result they have got. And then ask some Ss to read out their results.

（2）Go to the library to read or get online to search in order to find more information on the Olympic Games and the ancient Greek mythology.

【教学反思】

1. 善于挖掘语言材料背后隐藏的文化元素与人文精神

语言与历史相关，语言与文化相连，语言与社会相通，也就是说，语言承载着历史，述说着文化，描述着社会。一篇语言材料，教师可挖掘的内容有很多，学生可收获的东西也很多。以本课为例，课文是一篇古希腊神话，有三点引发我们思考：

一是纠正一种观念。男女平等，各有所长，更不应歧视女子。女子不一定就比男子弱，哪怕是在需要体格力量的体育竞技方面，文中的公主Atalanta就比其他人跑得快。

二是还你一份信任。人与人之间应该相互信任，也应该和睦相处、相互帮助。在文中，神有无边的法力，神是乐于助人的；同时，人也是相信神的，有困难也乐于向神求助。

三是解决问题的一个途径——求助。人应该依靠自己，有问题应该自己想办法解决，但是，人人都有遇到困难而凭自己之力难以解决的时候，这时，要脑筋灵活一些，适时向他人求助，正如文中Hippomenes为了能跑赢公主Atalanta而向爱的女神the Greek Goddess of Love求助，最后问题得到解决。

2. 猜测与概括，方法与运用，学习与反思三位一体

猜测与概括是重要的学习技能，它直接影响其他技能的掌握；正确的方法可以快速地解决问题，当然，能熟练运用这些方法也是需要长期训练的；反思是学习的一部分，反思可以促进学习，提高学习效率。

3. 续写也是有要求的

续写故事容易激发学生的创作热情，可是，续写也不是天马行空，而是有一些规则的。比如，要考虑故事的人称、口吻、叙事方式，也要有具体的细节等。

附：教材文本

人教版普通高中课程标准试验教科书英语2·必修Unit 2 The Olympic Games 中的 Using language，Reading & listening: The story of Atalanta。

The story of Atalanta

Atalanta was a Greek princess. She was very beautiful and could run faster than any man in Greece. But she was not allowed to run and win glory for herself in the Olympic Games. She was so angry that she said to her father that she could not marry anyone who could not run faster than her. Her father said that she must marry, so Atalanta made a bargain with him. She said to him, "These are my rules. When a man says he wants to marry me, I will run against him. If he cannot run as fast as me, he will be killed. No one will be pardoned."

Many kings and princes wanted to marry Atalanta, but when they heard of her rules they knew it was hopeless. So many of them sadly went home, but others stayed to run the race. There was a man called Hippomenes who was amazed when he heard of Atalanta's rules, "Why are these men so foolish?" he thought. "Why will they let themselves be killed because they cannot run as fast as this princess?" However, when he saw Atalanta come out of her house to run, Hippomenes changed his mind. "I will marry Atalanta—or die!" he said.

The race started and although the men ran very fast, Atalanta ran faster. As Hippomenes watched he thought, "How can I run as fast as Atalanta?" He went to ask the Greek Goddess of Love for help. She promised to help him and gave him three golden apples. She said, "Throw an apple in front of Atalanta when she is running past. When she stops to pick it up, you will be able to run past her and win." Hippomenes took the apples and went to the King. He said, "I want to marry Atalanta." The King was sad to see another man die, but Hippomenes said, "I will marry her—or die!" So the race began.

后记

书稿完成，我终于可以喘口气了。这大半年来，自己似乎被绑在了战车上，前进或后退，自己根本掌控不了。每天，唯有给自己积极的暗示：坚持一下，再坚持一下，就快完稿了，完稿了就幸福了。

我现在真的有一种幸福的感觉：心，轻飘飘的。

一直以来，我习惯了备好课、教好学生，没有想过要出书。一是觉得自己的水平不够，难以写出好的、对别人有帮助的书，"人贵有自知之明"，不能误人子弟，也不能给别人带来不愉快的情感体验。二是觉得没必要，缺乏动力。三是自己没有积累，没有经验，不知道该如何出书。

后来，参加了广州市基础教育百千万名教师培养工程，聆听专家报告、开展教学思想凝练、开展课题研究等一系列有针对性的活动，我的认识有了很大的改变。正如一位百千万的学员所言："我出书不是因为我做得尽善尽美，而是对自己教学生涯的阶段性总结，把自己的教学感悟、教学经验汇编成册，方便与人交流。"韩愈也在《师说》中曰："师者，所以传道、授业、解惑也。"教师出书，阐述自己的教学主张或教学追求，让同仁知晓，这不是"传道"的一种体现吗？

听君一席话，胜读十年书。

我便也有了出书的想法，人一旦有了想法，就如在心中种下了欲望的种子，而且这种欲望越来越强烈，有一种时不我待的感觉。我时常在思考：我有教学思想吗？我的教学思想是什么？我有怎样的教学风格？我应该如何凝练我的教学思想？这种思想下的教学应该怎样？我的教学思想符合《课程标准》与英语学科的核心素养吗？符合英语学科的教学规律吗？这些问题萦绕在我的脑中，挥之不去。

再后来，我注意收集自己上过的公开课，阅读书籍、上网查找指导自己英语教学的相关理论，慢慢就有了这本书的基本框架，形成了这本书的雏形。

我在书中大胆地提出了自己的教学思想：鲜活英语（Fresh English），即教师选择新鲜的语言材料，打造真实、有活力的课堂，着力培养学生的快速阅读（fast reading）的能力、获取信息的能力、自我反思（reflection）的能力，体验（experience）语言活动，形成有效的学习策略（strategy），养成良好的学习习惯（habit），为学生的终生发展奠基。Fresh English makes our life fresher。其内涵包括阅读、反思、体验、策略、习惯等五个要素，这与《英语课程标准》中英语学科核心素养的内容与着力点不谋而合。书中的十六个课例也体现了新鲜英语的教学思想，着重培养学生的预测、概括、反思等基础能力。

本书凝聚了笔者对教育的点点思考，着重课型与设计，本人为此而熬过了一个又一个夜晚，且白天的课还不能落下，实属不易。捧着书的初稿，我百感交集，正如看到孩子的出生，听到孩子的第一声啼哭，如天籁之音，令我久久不能平静。

窗外繁星点点，夜空也依然如往日漆黑而宁静，可我的心情，却不是往日的心情，摆脱了煎熬、彷徨、无助，取而代之的是兴奋、放松、开阔，如释重负，想跳、想飞。

再次感谢所有帮助、支持、鼓励、指导过我的人，向你们致以崇高的敬意。

是为后记。

朱志文